高校体育教学理论与实践研究

王维兴　及莹　赵金凤　主编

中国海洋大学出版社
CHINA OCEAN UNIVERSITY PRESS

图书在版编目（CIP）数据

高校体育教学理论与实践研究/王维兴，及莹，赵金凤主编. ——青岛：中国海洋大学出版社，2021.11

ISBN 978-7-5670-3038-1

Ⅰ. ①高… Ⅱ. ①王… ②及… ③赵… Ⅲ. ①体育教学—教学研究—高等学校 Ⅳ. ①G807.4

中国版本图书馆 CIP 数据核字（2021）第 257522 号

高校体育教学理论与实践研究

GAOXIAO TIYU JIAOXUE LILUN YU SHIJIAN YANJIU

出版发行： 中国海洋大学出版社

社　　址： 青岛市香港东路 23 号　　**邮政编码：** 266071

出 版 人： 杨立敏

网　　址： http://pub.ouc.edu.cn

电子信箱： appletjp@163.com

订购电话： 0532-82032573（传真）

责任编辑： 滕俊平　　**电　　话：** 0532-85902342

印　　刷： 北京虎彩文化传播有限公司

版　　次： 2022 年 2 月第 1 版

印　　次： 2024 年 4 月第 2 次印刷

成品尺寸： 787mm×1092mm　1/16

印　　张： 12

字　　数： 300 千字

印　　数： 1—1000

定　　价： 49.00 元

如出现印装问题，请致电 010-84720900 **与印刷厂联系**

前　言

进入新世纪后，随着体育教育全球化浪潮的逐步推进，现代体育教学改革的特征愈发凸显，引起教育观念、教育方式以及学习方式的不断变化。体育教育学者们发现，作为学科传统奠基理论资源的体育教育面对转变丧失了解释力，已无法对其进行有效构建，难以使广大体育教育工作者提高专业化能力。此外，随着体育教学地位的不断提升，在创新思想的指导下，针对高校体育教学理论与实践的研究逐渐增多，但由于深受传统体育教学思想的禁锢，我国高校体育教学还存在诸多问题。鉴于此，特撰写《高校体育教学理论与实践》一书，旨在为我国高校体育教学的建设与发展提供科学的理论指导，以完善我国高校体育教学，并促进其健康发展。

本书分为九章，重点对体育教学改革背景下的高校体育教学进行系统研究。第一章为体育教学理论变革，具体对体育教学理念转变与体育教学形态变革等若干问题进行了探讨。第二章为高校体育教学内容，阐释了体育教学内容的选择与开发，对现阶段我国高校体育教学内容体系的构建以及改革发展进行了深入研究。第三章为高校体育教学方法，对高校体育教学方法的基本内容及选用进行了解析，在此基础上，对高校体育教学方法体系的构建与创新发展进行了重点研究。第四章为高校体育教学模式，在阐述高校体育教学模式体系基本知识的基础上对常见教学模式的应用进行了科学指导，并对高校体育教学模式体系的构建及未来发展走向进行了深入思考。第五章为高校体育教学设计，对高校体育教学设计的理论基础及模式进行了简要论述，分析了高校体育教学设计的过程与评价，对高校体育教学设计的改革与发展进行了科学研究。第六章为高校体育教学评价，在分析高校体育教学评价基本知识的基础上进行了案例分析，详细阐述了体育教学评价的规范与落实，并就高校体育教学评价体系的构建及其改革与发展进行了系统研究。第七章为高校体育教学管理，在阐述高校体育教学管理基本内容的基础上，分别就体育教学管理的各项内容进行了系统研究，为高校体育教学管理的发展与完善提出了一系列可行的对策。第八章为高校体育教学环境构建，在对高校体育教学环境构成与环境影响进行研究的基础上，对高校体育教学环境的优化途径进行了探索。第九章为高校体育有效教学实证研究，对高校体育有效教学的内涵、相关理论进行了剖析，并由此对其特点与标准研制进行了科学解读。

本书由保山学院王维兴担任第一主编，哈尔滨体育学院及莹担任第二主编，平顶山学院赵金凤担任第三主编。具体负责如下：王维兴编写第一章、第八章和第九章的内容（共计 11.3 万字）；及莹编写第五章至第七章的内容（共计 8.5 万字）；赵金凤编写第二章至第四章的内容（共计 9.2 万字）。全书由王维兴统稿完成。

本书在编撰过程中，参考了许多关于体育学与教育学方面的书籍资料，在此表示诚挚的谢意。由于时间和水平有限，疏漏之处在所难免，恳请诸位专家学者与广大读者不吝赐教。

作　者

2021 年 8 月

目　录

第一章　体育教学理论变革

第一节　体育教学观念的转变

本节讨论揭示中国学校体育教学在不同历史阶段的本质内涵，考察其运动轨迹在不同阶段折射出的不同教育观念，中国学校体育教学的兴起和跌落过程发人深思的，并具有其特殊的时代意向。以史为鉴，可以促进学校体育教学的思想解放、学术解放，推进学科基本理论研究与时代发展之间的同步。

一、中国学校体育教学诉求

学校体育作为一种社会文化，对其的理解与认识必须和时代的变革同步。正如马克思主义一贯坚持的“社会存在决定社会意识”一样。马克思指出，“以往的一切哲学不是完全忽视了人的存在的历史的，现实基础，即以物质生产为表现形式的‘感性活动’，就是把这一基础看成是与历史没有任何联系的‘附带因素’，人的自我由此像动物一样成了被赋予的先验性存在。”“人的思维是否具有客观的真理性，这不是一个理论问题，而是一个实践问题。”所以，以行验知、以行证知，审视学校体育历程的现象与境遇的脉络，可看到中国学校体育的教学路向与论纲具有两个主要特征有待深入辨明。

首先，“现实性”是其研究的主要特征。主要含义应在社会转型和社会实践两个方面。我们认为学校体育在中国学校教学登陆的主要原因是民族性与现代性，不是“百姓耳目之实”的经验，也不是“教育格物致知”的理论，而是出于鸦片战争后与西方社会民族性的抗争而兴起，与“采摘淬砺而补之”固护本朝的维系和延续催生的。其对象和存在的合法形式，最大的动力来源是国家变革的迫切需求。但是却未能顾及其教育意义和作用，使其走向深入、获得民众的理解，它是中国由传统走向现代化历程的产物，彰显出是在中国是一个时代对一个时代转型的连带反应或策应。体育进入学校教育不是自觉觉醒的产物。这一点和西方学校体育现代性概念的起源和文明顺应式的进化，与社会“内外交相成之道”的建构有着明显的不同。它烙印着封建社会到新民主主义社会再到社会主义社会的转变痕迹，表现出既有传统文化遗留的问题，又有新民主主义社会阶段文化的雀跃。为此，就形成了异常纷繁复杂的思想理念和价值目标不明确的冲突。从钦定学堂章程到新中国学校体育的发展实践都深深刻上这一历程的足迹。显然中国学校体育话语权要用社会进程来解释才更有说服力。

其次，表现“学科性”是在社会进程的呼应下被动展开的。为能促进和捍卫学校体育被社会认识，学科必须与时俱进，不断进行“修正”丰富学说，“扩张”寻求新的交叉契合点形成新的学科建构，不断深化学科有机整体使之走向完善，以满足社会发展的需要。因此对学科的自身认同和教育认同的问题就容易被忽视。

这两大特征形成了中国学校体育教学的本质规定及其路向的逻辑关系，反映出新中国诞生前学校体育的教育性始终被置于从属的地位，任何一个特征都没有与以人为本的教育愿望衔接。受其羁绊影响，新中国成立后的30年学校体育的指导理念，仍然是贯穿“图强”的经世致用主义。由于国家的意识形态与学校体育的价值观没有达成一致，虽增强了民众的体质，但却没有使人的精神力量得到丰富。为此学校体育执教为人的教育理念仅仅是囿于表面。对学生学习的尊重、对学生个体的尊重、对学生自由的尊重没有在学校体育上得到实现。在改革开放的环境下，国家意识形态与学术文化价值观和谐连接，国计民生的思想得以流淌。因而，形成中国学校体育文化三足鼎立的局面，即“形而下”的物质文化——技能特征、“形而上”的精神文化——教化特征以及人的活动后果结晶的符号社会文化——娱乐特征，衍生出既有同自然科学联系紧密的科学知识，也有同人文科学联系紧密的美感知识，还有同社会科学联系紧密的生活视域。它们相互渗透、相互交叉、各具特色，构建出具有现代概念体系性的学校体育。

二、中国学校体育百年教学历程

（一）变法自强

鸦片战争失败后，在洋务运动“中体西用”思想以及“强国强种、御侮图存”的爱国精神影响下，引发了体育的兴起。在此背景下，体育作为催化“强国强种”和“复兴民族”的工具应运而生。其研究的对象和存在的合法形式，最大的动力来源是国家变革的迫切需求。虽然其目的只是“采摘淬砺而补之”，固护本朝的维系和延续，但其触动了中国先进知识分子的觉醒，发出了民主与科学的呐喊，冲破了几千年来旧思想教育的禁锢，鼓动西方新式教育占据了学校。学校体育虽然受到传统文化的鄙薄和抵制，但其独特的文化形式和现代教育功能使它势不可挡地进入了学校，从而结束了我国两千多年来学校教育尚柔主静，重文轻武，基本没有体育教学的历史；从而结束了我国两千多年来学校教育“天下无不弱书生，无不病书生”的历史。体育为学校教育注入了新鲜的活力，达到了旧式学堂此前对人的全面发展无法企及的广度和深度，促进学校教学的进步走向更高阶段；给中国带来了“没有身体运动的教育就不能成为教育”的视野，由此拉开了中国现代教育的帷幕。

（二）新中国成立

为摆脱“东亚病夫”的帽子，配合现代化中国社会的转型，使旧国民性格适应新的中华民族国家缔造的需要。1956年毛泽东从制度文化的分析视角，提出了“发展体育运动，增强人民体质”的殷切要求与培养国家集体意志主体的渴望。在中国现代性政治制度层面，确立了体育启蒙的价值目标及其教学强身健体的实践。这一伟大的论述，抹去轻薄芜杂，留下厚重精华，为体育在学校教学找到了位置。同时从新的现代性背景，给予学校体育一个恰当的解释，为中国学校体育的新里程碑式发展揭开了序幕。这种立足于现代民族国家目标，着眼全体国民素质建设的“体育性”启蒙方案，及其体育改造社会策略的工具性、广泛性、深刻性，对中国社会产生了极大的影响，这无疑成为日后中国学校体育的基本特色。

（三）改革开放

随着中国改革开放在经济上的崛起与人民生活水平的快速增长，人民大众对物资与文化生活需求的乘数效应日益高涨。我们应该将“怎样生活”作为时代的主题，这不仅是一个生活智慧问题，也是一个道德认识和文明社会真正来临的标志。为此，这一新生活的诉求，引发生活现代性成为中国社会主义现代化的重要组成部分。鼓励体育成为衡量国民生活的社会福祉目标之一，成为衡量是否能够造福一个国家或民族素质的价值观与构建和谐社会的精神力量，成为增进公民与国家关系和谐发展的一个紧迫的社会任务。它推动学校体育理论走向一个新价值的高度，开启了对终身体育进行诉求的讨论、认识与教学实践的一系列变革发生。

三、百年体育教学面临的问题与发展

学校体育思想和学术渊源可以追溯到远古，但直到16、17世纪的启蒙运动，人们才将体育视为求索人性的展现，实现与宗教的诀别。在17、18世纪工业革命中，体育作为近代工业文明的产物成为学校教育的一门正式学科。作为社会科学的一个分支，学校体育学的诞生以进化论为指导思想，也是“达尔文的孩子”。和其他学科类似，体育学深深熏染着技术主义的研究范式与思维习惯。以致中国学校体育的教学观遵循着追求客观准确的运动形式，描摹各种运动图式的样子与区别，聚焦于突出个体化、个别化独特的运动现象；为寻求抽象化、普遍化的教学图式积攒规律，以发现和改良运动教授手段和方法为使命。沉溺、痴迷在传授某种特定运动状态的形成是否映射着某种物理形态验证假设的主要路径上。其结果把给人类带来福祉的体育变为再确证的技术这一主客体能否接受的关系。诉诸

"人体技能的有效形成"就成为表现我国学校体育教学的"轴心"延续至今。

受社会思潮的跌宕，自体育发端中国学校以来，运动技术就被独尊作为学校体育教学的看家本事，以致成为社会对其学科认同的标志——"体育是一种身体运动，不是价值观"，是一个运动项目流迁、技能聚集的过程，是一堆形象，而不是"思想"。以致拘泥陷溺羁绊于此，推使学校体育教学的操作性走向"技行"功夫——器的产物，从体育"器"的实践层面进行"技艺"教学的诠释成为一种主导趋向；而没有为我们揭示出学校体育作为人的活动的历史运行和机制的丰富性，遮蔽了学校体育深处的根本目的是育人，而非制器。

其一，在"师夷长技以制夷"思想发展的影响下，学校体育被洋务运动"断章取义"式地借用表达自己的意向，也就是只用它来"鼓民力"，未用它来"启民智"。学校体育被限制在中体西用的"用"上，忽略了与"育人"的相互关联。可惜这并非是对其真实精神的自觉把握，因而就相对忽视了对学校体育本身特征的本体论思考，弱化了对其理性的追求。于是对学校体育的理解就在这里脱节了，沿着工具性的路线展开了。这也正是中国学校体育一开始就先天不足的原因。切入到这个层面，可以加深我们对此种形态的理解，寻找学校体育为什么只能培养出"体育勇士"的症结所在。其游离于教育性就不足为奇了。

其二，由于洋务运动"求富求强""强国强军"思想太急切，便顾不及学校体育的育人意义与作用，直白"兵式"体操的开展，中断了学校体育完整形态的建立，导致长达19年的学校体育教学内容显得简陋、不全面、不系统、毫无趣味而言。这种开山之工的不力，遮蔽了其文明本质，使之未能轮渡出学校体育教学的特点，反而会引导人们对学校体育得出错误的认识和判断，谴责体育为"进入罪恶之门"，产生对学校体育的反对和鄙薄。这种带有美好理想的运动图式，由于忘记了"读书其实就是读自己"的道义，以致后来导致技术为上，忽视了人在运动的意志、自由、灵魂、思想、情感等层面的问题，无疑等于把人视同自然受在物一样是"连续性的、同质性的"存在物。

为改变这种现象，完整阐释与迎接21世纪新时期学校体育教学的标新。2004年中国学校体育从大社会、大文化、大教育的新视角去认识体育教学的品格，拉开了具有真正新精神与当代品格的体育新课程教学改革的帷幕。改革使体育教学走出自我领域的演进与繁殖，嵌入多元文化的复归。虽然有新瓶旧酒不和谐之处，虽然有相当多的功课还有待于完成，但"删繁就简三秋树，领异标新二月花"。具体的变化主要体现在以下几个方面。

一是在课堂的发展目标上，催生了"教师是主导，学生是主体"的课堂教学新风貌。引发着眼于形成"知识传递"的教学环境，强调关注学习者"潜能"的存在，支援基于学习者自身意义发现而展开的"选项"教学。修正了以凯洛夫教学论为代表的“以书本为中心、以课堂为中心、以教师为中心”的缺陷。二是在维度上扩大了课堂的外延，吸纳了素质教育、终身体育、健康第一的新知识，开始关注人类发展的隐性部分。由重结果向重过程转变，从手段到目的转变体现了“为学习而设计”的表现。三是学校体育教学进入多元化发展阶段，开始注重竞技性、健身性、休闲性、娱乐性、社会性、生活性，以满足不同学生对知识内容和结构的需求，展现了既能参与又能观赏的文化价值。四是学校体育向追求阶段效益与长远效益相结合的终身体育方向发展，把学校、家庭、社会连接起来，构成大体育的课堂教学理念。

从以上几个方面可以看出中国学校体育百年教学的本质诉求与变迁也存在着从感性、理性到自觉性的逐层递进、不断深化的关系与时空趋向。“不与历史双向寻根”“不与时代相互对话”的研究可能难以长久维持。

从不同角度指出对教学意义的理解并把握这些见解可优化体育教学整体结构的提升，理解现代社会对体育教学的要求，也揭示出体育教学单纯立足于本学科内的认识来促进学习发展是初步的，还远远不够深入。体育要为促进社会进步做贡献，除了发挥本身作用外，还要有自然而生的社会发展规律和文化演变的自觉，推进体育学习与人的对话。准确把握体育课程有助于促进身心发展、思想品德教育、文化科学教育、生活与体育技能教育与身体活动的有机结合。因而促进知识取向的教学理解、实践取向的教学理解和解放取向的教学理解三者之间的融合，是作为体育教学目标的认识和判断逻辑的原点。为此，对体育教学之目的的完整理解和准确设定，应是科学建构体育教学的出发点和归宿点，是我们思考的重点。这对于体育教学建设十分重要，对于学校体育发展也十分有意义。

第二节 体育教学形态的变革

教学形态的变革是体育教学的运动表现形式与作用方式，是对体育教学的一种具体化的理性认识活动，烙印着教育的转向和发展。它反映和表现着体育教学发展的可持续指向，验证着教师是传统还是现代教学的思想和行为，可为教师将教与学的策略运用到具体教学活动中提供选择性指向。从系统论来看，任何系统都是一定形态的集合，又在一定的形态中运行、延续、演化，不存在没有形态的系统。因而，教学是体育教学形态构成集合的总称。因此，研究教学必须研究它的系统以及它同形态间相互作用的方式（如图 1-2-1 所示）。例如，教学关系着重解决为什么而教的问题，学习方式重点解决机体怎样学的问题，教学方式主要解决怎样影响机体去学的问题。因而教学变革与争鸣是认识教学论的途径、解读教学文本的钥匙。本节从教学变革着手，辨析探讨教学系统和教学关系、教学方式、学习方式的嬗变与发展。目的是理清新旧教学形态的本质、范式、论纲与争鸣，科学把握有效教学的实施。后面章节我们会具体讲到有效教学的研究以及教与学的运用。一旦在教学中缺少变革，教学将失去它的方向性，教学效果将事与愿违。因而，捕捉教学变革中隐含的本质形式、观念表达、逻辑关联性，解析教学关系和方式相互依存、彼此渗透、内在转换和沟通的共性。揭示其积极变化和努力的方向对体育教学的影响与启示，可促进我们对体育教学的认识从低级向高级深化；正确把握教学发展的方向，孕育和提升我们的教学水平，为我国体育新课程的实践应用提供参考。

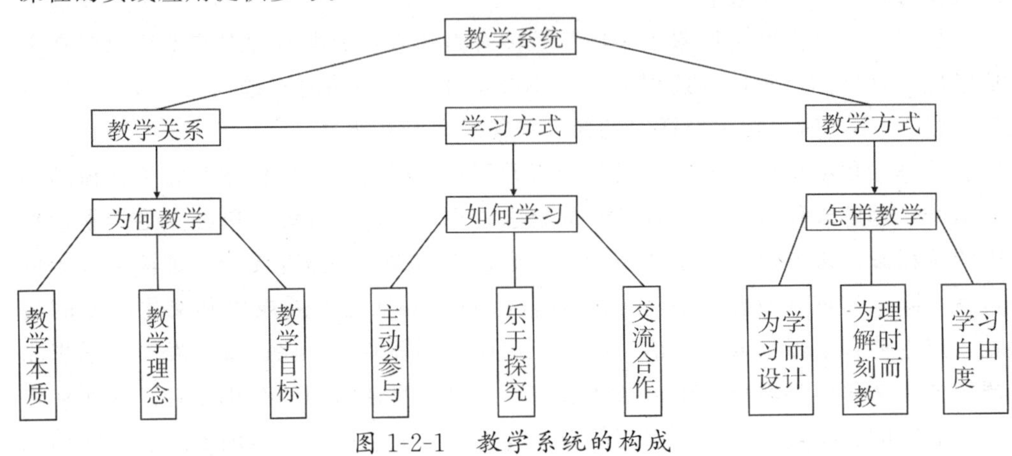

图 1-2-1　教学系统的构成

一、传统教学论与现代教学论

从教育科学发展的视角来看，传统教学论与现代教学论之间既有联系又有区别，它们之间呈现出批判与继承的关系，它们对当代教学理论的发展以及教学实践都产生着重要的影响。对传统教学论与现代教学论的探讨不仅是体育教学论体系研究的重要课题，也是当今教育研究的重要课题。因为它不仅有利于增强教学理论的科学性，而且有助于广大体育教师更好地认识教学，利用合乎时宜的理论来指导教学实践，提高教学质量。对于传统教学论和现代教学论的含义，目前在教育理论界还没形成统一的认识，区分的标准也不尽一致。因为“传统”与“现代”本来就是一对相对的概念。在我们今天看来，夸美纽斯的教学论属于“传统教学论”，但相对于中世纪乃至启蒙时期来说，则是“现代教学论”。因此，区别“传统”与“现代”应以是否反映某一时代社会变革和科学技术的最新成果为标准。凡是自觉地反映那一时代社会变革和社会科技成果的都是“现代”的，而未曾反映的则属于“传统”的。

（一）传统教学论

根据“本质——观念——存在”的逻辑结构，对于传统教学论基本范畴梳理和比较、归纳和概括、研究和确认，可以从中发现传统教学论基本范畴以“教授之术”为出发点，来统摄“教学”“教和学”“教学原则”“教学方法”“教学组织形式”等概念范畴。因而，传统教学论的逻辑起点为教学。而基本概念和范畴则为“教学”“教学过程”“教学目的与任务”“教学内容”“教学原则”“教学方法”等，并以这些基本范畴来演绎和构建其教学论体系。在运用基本范畴的逻辑展开的体系结构上，传统教学论遵循了这样的顺序，即教学的概念、意义、任务、教学过程的本质、特征，最后是对实践的可操作性的理论进行阐述，包括教学内容、教学方法、教学原则、教学组织形式、教学评价等。教学过程的实践便有著名的“明了——联想——系统——方法”的四段教学法和“感知——理解——巩固——应用”的教学过程。为此，传统教学的最大特征就是授——受，教学方式以教为中心。从自身角度出发，有以下论纲与表现。第一，主要根据给定的内容进行教学，把教学内容看作传授的最终目的或者是塑造学生的一种工具。第二，上课时，强调循序渐进的认知组织教学。第三，要求学生熟记知识点，因为掌握知识点是学生学习任务所在。第四，强调学生的模仿能力，模仿能力的高低是评价学生学习好坏的指标。第五，强调教师的言语强化作用。第六，强调权威，主要包括教师的权威和班级制度的权威，其着力点是教师对学生的控制。其操作模式为教师——学生的单向交流，主要关心教师如何教，甚少涉及学生如何学。第七，传统教学方法的封闭式还体现为：知识内容的封闭式——仅限于教材；人际关系的封闭式——仅限于教师与学生之间的单向交流，忽视了师生之间、学生与学生之间的多边交流；课堂气氛的封闭式——强调权威和井然有序。

传统教学论已走向成熟，也加强了对儿童生理、心理的研究。不可否认，上述教学过程的阶段理论一定程度上反映了知识教授过程的规律。但由于受研究者世界观和时代发展的局限，传统教学论从一形成就带着先天的不足和缺陷。随着社会的发展和教学目标的扩展，对信息时代知识与智力、个性之间内在联系及人格不同侧面形成规律的不断揭示，它愈益显现出弊端和不适应。单一的教学过程阶段理论“知识就是力量”，“把一切知识教给一切人”，这是几百年来人们一直信奉和遵循的教育理想与实践指南。这种以“知识教育”为核心的教育理念及其实践，逐渐暴露了它的不适应性和局限性。最突出的问题就是它导致我们的基础教育包括课程、教学和评价体系，逐渐演变为一种以“应试升学”“智育至上”为主要价值取向的教育模式。

教学管理一切依从于教师，教师的角色是知识的传授者，学生是被动的接受者，使学生从话语权到学习行为，再到学习思维都拘泥于“唯师是从”，缺少独立能力和创新能力，趋于保守，结果是难以适应社会发展对能力的要求。如有一位老师问学生，雪融化了以后是什么，很多学生回答是水，但有一位学生回答是春天，这位老师不仅没有赞扬这位学生，反而认为他的答案是错误的，因为答案是雪化了以后变成水，这种知识权威性压抑了学生个性的发挥。其二是权威者意识。自古以来，老师在学生心中是神圣的，老师怎么说，学生就怎么做，学生无条件地服从老师，天经地义，从而严重忽视建立民主和谐的师生关系，不能给学生个性自由发挥的氛围，不能给学生智慧成长的自由空间。其三是强调统一。教师为完成统一的教学目标，常常以"标准化"的方法试图把学生培养成统一的要求。受传统教学论的影响与制约，传统体育课程与课堂教学存在很多问题：一是过分注重体育教师的表演；二是过分要求学生的整齐划一；三是过分注重教学设计的统一；四是忽视学生的感受与尊严；五是忽视体育课堂中的情感活动；六是过分注重体能与技能的结果，忽视过程与方法；七是在教学方面，统一进度、统一标准、统一负荷、统一要求。

传统教学论经历了夸美纽斯、赫尔巴特、凯洛夫等几代教育人的努力与心血，其体系相当完备并有深厚的实践基础。首先，传统教学论首先关注的是教师的"教"，即课堂知识的传授，在教学内容上重视按照学科逻辑顺序组织教材，强调以教材为中心，实行分科教学；在教学方法上，主张教师的课堂讲授和学生的接受学习；在教学组织形式上，强调课堂统一教学。因此，传统教学论遵从教的过程和顺序来建构其理论体系，其次，在师生关系及地位方面，传统教学论强调教师权威至上，教师在教学中起主导作用，学生必须服从教师。最后，传统教学论强调对教学的概念、意义、任务、教学过程的本质、特征以及教学论的学科性质等理论性问题进行探讨，以及对实践的可操作性的理论进行阐释。总的来说，传统教学论与教学实践之间是存在一定差距的。

基于这一视域，传统体育教学论的体系特点与表现有如下几点。第一，学校体育教学中由于受传统体育教学思想影响，在教学内容安排上，仍存在着内容狭窄、陈旧、脱离实际等问题。过于注重运动技术和生物体的改造，忽视了为终身体育服务的宗旨。第二，体育教学理论单一的苏联模式，在方法论上趋向极端。在学习苏联的过程中，未能很好地结合自己的国情加以创新，对旧中国资本主义的学校体育思想简单地加以全盘否定，以致造成学校体育教学思想和教学实践发展的单一化。第三，体育教学在指导思想上突出三个中心——教师、课堂、教材，只是向学生传播和灌输体育知识和技能，忽视了学生个性的发展。体育教学程序化、成人化、训练化，学生成为教学中的被动主体。这种教学思想严重影响了体育教学质量和人才培养质量。第四，在确定体育教学目标的任务上，过分强调社会政治的需要，把学生作为工具。难以给其他教学目标更多的空间和时间，忽视了学生的全面发展，未能体现我国体育教学的特点。第五，体育教学过程突出强调以学习掌握运动技术为主要内容，并通过技术练习进行体质教育的方法论。由于注重运动技术的学习，形成以传习技术为中心的模式，限制了学生个体需要和自主学习的积极性，教学效果较差。第六，在教学方式上，单纯依靠条件反射形成，过于强调讲解、示范单一的灌输式教学模式。在教学方法上，推崇“统一进度”“统一负荷”“统一要求”，以“增强体质为中心”。在教学内容上，过于注重运动技术和生物体的改造，忽视了为终身体育服务的宗旨。客观上将增强体质与传授运动技术、传播体育文化等对立起来，这是最不可取的。

（二）现代教学论

传统教学论的立足点是“教学”，逻辑点是“教会”，终点是“知识”，缺乏对其“为什么学”的深层分析与价值澄清：其贯穿的是教学压倒一切，系统知识的传授是教学唯一的任务。教学方法的尝试与改革，教学原则的完善和普遍运用就是向学生传授更多的知识，把积累知识看作是检验真理的标准。与传统教学论相反，现代教学论的立足点是“会学”，逻辑点是“能力”，终点是“发展”，把知道“知识是什么”改变为“知识是为什么、做什么”。现代教学论认为教育不应仅限于给予学习者坚实的知识基础和培养他们对学习的兴趣，更要培养人的行为和能力并深入精神生活；把学会认知、学会做人、学会做事、学会生活作为检验真理的标准。

首先，否定传统教学观。传统教学观认为教师们的职责是教授教材的内容，以知识积累为导向，以统一内容、统一进度、统一要求为指导，把学生当作“标准件”；教师不仅是教学过程的控制者、教学活动的组织者、教学内容的制定者和学生成绩的评判者，而且是绝对的权威。其次，倡导现代教学观。现代教学是人的教学，是教人的；学生是有生命的、有个别差异的，要重视个性化教学；教学过程也是教师生命成长的过程；教师是教学活动的设计者、组织者、管理者，起主导作用，但是“导演”不是“主演”；人的成长是有个别差异的，要善待、允许个别差异的存在，要给予学生不同的选择；现代教学提倡多一把尺子，多一批人才，“不拘一格降人才”；面向全体学生，让每一个学生都抬起头来走路。

为此，对现代体育教学的理解是体育教学不仅要重视运动技能的传授，更要关注对运动技能的应用体验和顿悟，也就是要把学生知识、思想、感受、情绪等融合在一起，不要陷入传统低水平的事实知识的传授，流于片段性了解与机械记忆。要体现教学是发现、体验、领悟，而不是约束、强制、命令。因而，体育教师的教学行为将发生这样一些变化。首先，要由体育教学的固定化向个性化转变；要由齐步走向差异性教育发展；从过去被动的执行者，变成主动参与课程设计的决策者。其次，要由重传授向重发展转变；要由重体育教师的教向重学生的学转变；要由重结果向重过程转变；在对体育与健康课程目标的认识上，从只关注学生的运动能力表现，变成全面关注学生的发展。最后，要由居高临下向平等融洽转变；在对自身角色的认识上，从等同于一个从事运动技术教学的教练员，转变为促进学生全面发展的、真正意义上的教师。

这一背景将促使体育教学方法发生这样一些变化。首先，从过于强调接受学习、机械训练，到引导学生主动学习；从强调“教”转为强调“学”，“教”的目的是为了最终“不教”或“少教”，是为了学生能自主学习。其次，在师生关系方面，教师从决定学生应该学什么、怎样学转变为与学生合作学习的朋友。最后，在学习进度方面，由过去教师统一制定的进度转变为学生可以根据自己的程度选择教学进度。在运动项目的选择上，从规定的几个项目转变为学生可以根据自己的兴趣、爱好选择体育运动进行学习。

为此体育教师教学方式将发生这样一些变化，体育教师应与学生积极互动、共同发展，注重学生的独立性和自主性，在实践中学习。体育教师要创设丰富的教学情境，营造轻松的课堂气氛，教学活动具有创造性，因势利导。教师不仅要关注学生群体，而且要关注学生个体；不仅要关注学生的知识技能与体能，还要关注学生的态度、情感和价值观；不仅要关注学生的现在，而且要关注学生的未来；不仅要关注体育课程内容与学生生活及社会发展需要的联系，而且要关注学生的学习兴趣和经验；不仅要倡导学生主动参与，乐于探究，而且要培养学生分析与解决问题的能力以及交流、合作的能力。

现代教学论是在对传统教学论反思批判的基础上产生的，其理论体系表现出一些新的特征。首先，与传统教学论不同，现代教学论首先关注的是学生的“学”，关注学生的自主探索与积极参与知识的建构；强调学生的个体差异，主张按照学生的认知特点和兴趣爱好进行教学；关注学生认知的整体性特点和学生的生活实际，强调综合课程；在教学组织形式上，主张小组活动和学生间合作学习。因此现代教学论是以学生的“学”为逻辑起点，构建起“以学为本”的现代教学论体系。其次，在师生关系及地位方面，现代教学论强调学生在教学活动中的主体地位，一切以学生的学为中心；教师不再是知识的权威，而是学生学习的合作者、帮助者和促进者。学生有质疑权威的权利和自由。因此，现代教学论的最大特征就是关注学生的个性、生命、情感。最后，现代教学论以“教学人—存在”的逻辑为起点，以教学实践中的“学习解决”为目的，以可持续发展为“价值”基础，以学习、教学活动联结的“自觉”为范畴，把教学目的、任务和教学过程、教学方法与“人的存在”等概念整合为一个理论体系。这一体系使现代教学论永远“为学习而设计”，充满“为理解时刻而教”的生命活力。

基于这一视域，现代体育教学论的体系有以下几个特征。第一，以基于人的自由、充分的全面发展为基本价值取向，体育教学目标向多元化方向发展，体育竞技性、健身性、休闲性、娱乐性、社会性、生活性将更进一步地增强，以适应社会发展对人才培养的需要，体现出学校体育以人为本理念和人文性的回归。第二，以健康第一为导向，以三维目标为框架，体育教学向整体化、效益化、科学化的综合方向发展，提倡向科学要质量，向方法要效益，为体育新时期教学改革与持续发展提供存在的基础和意义。第三，以尊重并提升人的主体性为出发点，体育教学向多层次性方向发展，满足不同学生对知识内容和结构的要求，以展现既能参与又能观赏的文化价值。第四，以实现个性化、社会化为基本立足点，体育教学向多水平性方向发展，根据不同学生的水平发展，分别制订出教学的不同选择标准、不同模式的评价标准，由重结果向重过程转变。第五，以掌握体育科学知识和终身体育为主，学校体育向开放性方向发展，把学校、家庭、社会连接起来，构成大体育的课堂理念。

二、传统与现代体育教学的关系

教与学的关系问题，是教学论形成和发展的逻辑起点，是对教学活动中要素基本构成的认识和确立。对其的研究一直是教学理论研究中的一个重要课题。教学是教师通过一系列认知、判断和推理获得的客观教学实践活动。教学实践活动无论在何时、何地都是以观念为先导的。可以说，对教与学的关系有多少种理解，就会有多少种不同的教学理论体系。在教学理论发展的历史上，由于人们对教与学关系问题的认识不同，对“教学”这一概念的理解也就不同。以此为基础所建立起的教学方法理论体系对教学对象的行为不同，以致引起很大的应用差异。如受赫尔巴特为代表的“认知主义”“教师中心论”和凯洛夫的“教师为中心、教材为中心、课堂为中心”的影响，过去我国体育教学多是单纯以运动技能掌握的多少为评价尺度的狭窄教学取向，因而在教学方法上呈现统一式、填鸭式、灌输式，迫使学生走向被动、机械的学习道路，湮灭了学生对体育运动的爱好。因此，如何科学、正确地认识和理解教与学的关系问题，就成为教学方法应用的逻辑起点。这不仅是教学理论发展的需要，而且也是体育新课程得以有效实施的要求。明确回答这个问题对于体育教师专业化的提升与发展有着积极的意义和作用。

教学，作为人类社会实践之一，一直具有鲜明的现实针对性。从教学论发展的历史来看，教与学的关系本质存在两个问题，即“为什么教学”和“怎样教学”。换言之，即教学的合目的性和教学的合规律性的指向问题。其核心是辨析对教学目的的认识，其落脚点是在课程内容及教学方法的选择和确定上。例如，从先秦儒家开始，我国古代教育家就已经开始认识到教与学之间有一定的联系，提出了“教学相长”的思想。孔子把学习过程概括为“学——思——习——行”，提出“学而知之”“学思结合”“知行一致”“温故知新”等命题；《中庸》进一步把教学过程具体化为“博学之——审问之——慎思之——明辨之——笃行之”。

从我国古代教育家的思想中可以总结出诸如“因材施教”“启发诱导”“循序渐进”等教学原则和教学方法。需要指出的是，我国古代教育家从学生学习的角度进行教学活动的认识与现代意义上的教和学的辩证统一是趋向一致的。遗憾的是，我们学习了理论，应用了理论，却没有贡献理论。

同样在西方，古希腊哲学家苏格拉底认为，知识是一切让人德行完美的基础，知识不是通过教师直接传授给学生的，而是通过一系列有技巧的对话，是教师帮助学生接受正确知识的过程。为此，苏格拉底主张用“产婆术”的启发式对话法引导学生自己思索，自己得出结论。还有柏拉图提出的“知识即回忆”，即教师的作用就是要调动学生内在因素的教学思想，昆体良提出培养学生自学能力，他们都点了出教与学关系的指向性。

三、传统与现代体育教学的方式

学习方式折射着社会的存在和认知取向，烙印着教育的转向和发展，体现着教师对教育本质的理解，表现着人发展的可持续指向，验证着教师是传统还是现代教学的思想和行为。揭示了学习的本质特征——学习既是意识活动，也是实践活动。学习方式的变革实质上是社会和人类发展对教育缺失生存论的追问。因此，学习方式不仅反映着新课程的存在，也呈现着人本体论的意义。为此自20世纪90年代以来，世界各国为了适应未来社会发展的需要，都不约而同地对本国教育进行改革，而且都把学习方式的转变视为一项重要内容。我国当前体育课程改革强调学习方式的转变，提倡不同学习方式的学习程序和学习情境的设计，为教学的教育性提供依据，反映了时代的发展需求，顺应了世界课程改革的发展趋势。但来自一线的大量信息表明，长期以来，造成我国体育学习实效差的原因虽然是多方面的，但不能正确把握学习方式与教学机制是最需要被解决的。因而本部分以传统与现代教与学方式的变革与构建为主题，从历史演进的角度探讨传统教与学方式走向现代教与学方式变革的本质、区别与特征，深化其在新课程的认识和实践，为教与学方式在体育新课程的应用提供支撑。

（一）新旧学习方式的转变与思辨

学习方式是教会学生学习的显著标志，是新课程三维目标中“过程与方法”的任务。对它的理解影响与制约着新课程的推进。当前新旧学习方式在教学中的冲突，引发了广大教师对此的积极关注。但翻检研究成果发现探讨者少、成果寡，仅有的部分研究大多停留在生存论宽泛的说教方面，缺乏其在体育新课程实践应用根源的认识分析。为此，以下从实践论出发寻找学习方式形成、发展及其特点，评价、比较传统与现代学习方式的本质、特征与区别，试图围绕并通过这些方面的探讨考察、理清学习方式的问题所在，以期为学习方式的正确把握与运用提供借鉴和启示。

1．学习方式的构成

学习方式即学习范式，这一术语最早由美国学者赫伯特・西伦于1954年提出，随着对学习范式研究的不断深入，其内涵也日益丰富起来，综述国内外比较有影响的观点，学习范式定义大致可归纳为三种看法。首先，美国纽约圣・约翰大学的邓恩夫妇是最早研究学习方式的权威。他们认为，学习方式是学生集中注意力并试图掌握和记住新的或困难的知识技能，受周围环境、自身情感特征、社会性需要、生理特征以及心理倾向的影响。其次，我国学者张春兴认为，学习方式是指学生在变化不居的环境中从事学习活动时，经由其知觉、记忆、思维等心理历程，在外显行为上表现出带有认知、情意、生理三种性质的习惯性特征。最后，我国学者陈琦认为，学习方式简单讲就是人们在学习时所具有或偏爱的方式，学习者在研究解决其学习任务时所表现出来的具有个人特色的方式。

上述揭示学习方式概念的观点，存在三个层次的理解：一是把学习方式当作学习者有倾向性的策略、方法和技术。认为学习方式是个体进行学习的首选方法。学习方式决定着学习者个体学习的存在方式，是指个人学习的自然的、习惯的、有倾向性的学习方法选择。二是把学习方式当作学习者有倾向性的学习动机、情感、态度等精神品质的表征。认为学习方式的变革，是学习者行为、情感、认知等方面整体参与方式的领悟。三是学习方式具有稳定性、情境性、差异性和独特性，不同的人具有不同的学习方式。例如，有的学生喜欢独立学习，有的学生则偏爱合作学习，有的学生善于操作学习，有的学生则喜欢内隐学习等。学习方式本身无好坏之分，只有适合不适合某一特定的教学或学习情境之别，每一种学习方式都可能在具体的学习情境中成为最有效的方式。

以上从不同角度表述与细化了学习方式的特征。这对帮助深入理解学习方式内涵十分丰富的概念有积极借鉴的作用。学习方式就是指学生在完成学习任务时偏爱的基本行为和认知取向，它是学习者连续表现出来的学习策略和学习倾向的总和。与学习策略、学习方法既有联系又有区别，共存于一体互动互渗、相互制约、相互影响，互为条件，相辅相成、共同发展。这三个概念的逻辑关系是：学习方式——学习策略——学习方法。相对而言，学习策略则是指学习者为完成特定学习任务或学习目标而采取的途径、方法和手段体系，通常表现为一系列步骤或一系列行为。学习方式比较概括、稳定一些，学习方法则比较具体、灵活、多样一些；学习方式更多地涉及学习习惯、学习意识、学习态度、学习品质等内在心理因素和心理力量，而学习方法则多表现出外显的动作体系。因此，学习方式的转变对促进学生发展更具有可持续性意义。对其的研究与探讨既是体育新课程实施亟待解决的问题，也是涉及学科理论体系建设的根本问题。

2. 传统学习方式的形成

随着 19 世纪工业革命的大规模开展，科学价值观在不断膨胀，整个社会文化氛围中弥漫着人们对于科学价值和科学活动的崇拜。人们开始相信通过运用科学的程序和计算的方法，可以对各种过程和活动进行预测和目标控制，更好地造福人类。从认识论上说，这一思维模式塑造了一个时代，强烈地影响了人们思考问题的方式和选择解决问题的策略。从方法论上说，这就意味着借助于科学的方法，可对社会进行观察、表征、检验以及假设等。再复杂的问题，都可以转化为简单的可以解决的问题。

这一新的认识论的出现和形成塑造了促进社会变革的基础，泰罗科学效率管理的原理之说应运而生。他以生产为中心，以效率为座右铭，提出科学管理要控制“工作”和“工人”。认为通过对时间和组织的研究，工作可以分解成许多微小的运作单位，并可以订出每一运作单位的效率标准，由此改善工作效率以达成生产目的。于是对社会效率的追求和对泰罗原理的信奉被社会各界竞相效仿。教育也不例外，很快影响到学校领域并成为金科玉律。有以下嬗变与启示、经验和教训可供我们研究把握。

第一，受科学主义影响，行为主义和认知主义强烈地冲击着学校教育实践。行为主义学习理论把学习者看作是被控制的有机体，把人的丰富学习简单认为是对外部刺激的应答，教学只要设计好反应—强化的程序就能学好知识；认知学习理论则把学习者看作是一块白板，认为人的物质肉体不能产生思维，把学习抽象为认知的技术体，只要控制好教学的认知设计就能学好知识。为此，赫尔巴特则把学生的学习归结为“教师、课堂、教材”三个中心。他们追求科学化的方法，创建了教学体系是可赞的。但这一控制取向的学习方式，否认了学生的存在。把丰富的学习变成简单的外部或内部的教学设计又是偏颇的。这一背景深深地影响与制约着学习方式形成的环境与思维取向，统治学校达数十年之久。

第二，受泰勒管理影响，博比特等追求科学化的课程设计强烈地冲击着学校教育研究。博比特率先将当时的泰勒科学管理模式扩展到课程研究领域。他提出，教育是一个塑造的过程，如同钢轨的制造一样，通过教育，人格被塑造成所需的形态。教育要达到最高效率，教育家应担当“工程师”的角色，而非哲学家的角色，课程必须有效管理，减少教育浪费，并精确预测其产品。他把学校比作工厂，把理想的成人比作生产过程的产品，儿童则是原料，教师是操作员，生产何种类型和素质的教育产品需由使用教育产品的人确定。随后这一效率信条影响了学校的一切科目，布鲁纳、施瓦布等代表成为其随后的重要呼应者。他们以追求科学化方法为主的课程研究，侧重于寻求科学化的内容，创建了课程认知技术取向的模式。这一认知思想规范了学习方式的样式——教师为教而教，学生为教而学，使之成为半个世纪以来难以磨灭的烙印。

第三，受智力测试影响，单一智力测试成为学习方式的标准。在 19 世纪 80 年代，英国生物学家高尔顿首创智力测试后，更进一步推崇了这一学习方式的形态；1905 年比奈与西蒙编制出世界上的第一个智力测验量表——比奈－西蒙量表；1916 年美国心理学家推孟修订出斯坦福－比奈量表。从此，智力测验被学校广泛使用，智商也逐渐成为学校度量评定学生学习方式的依据与分类筛选各种不同等级学生的重要指标。这种侧重语言、数理逻辑的智力测验使得学生的学习方式严重单一。学生的学习方式局限于书本知识和科学实验，使学生的学习风格局限于听、说、读、写的训练，局限于概念的推理演绎。而且由于频繁考试的压力，使得这种单一性的学习方式成为一种制度，长期占据着学校教育目标的主导地位，学生只能够大量接受与语言逻辑相关的学习，局限于纸笔的学习方式，造成有其他非语言逻辑优势的优秀学生的才华无法得到很好的发展。这种智力测试不仅仅在外在的形式上造成才华被埋没，还可能大大影响非语言逻辑优势学生的自信，进而影响他们的学习动力与态度，使得他们产生失败感，从而厌弃学习、厌弃生活，造成无法弥补的负面影响。这种单一测验标准使学习方式成为被动接受知识、记忆知识的循环，给学习又增添了危机。

这三种影响的崇拜至今尚存，使学对教保持着一种被动的状态，学习方式就是遵循教所设计、规定的道路行进，按照教所提供的“模子”塑形。教的功能发生了僭越，而成为对学的代替和控制。致使学校教学出现了为达成学习目的同时便于控制“人”，把学生划分为三六九等或快班和慢班。以过度的赘述、过度的练习、过度的作业记忆作为教学的图式，以统一进度、统一要求、统一练习、统一负荷作为课堂主导原则。结果学习方式成为接受知识、记忆知识的论纲。学习方式的存在被看成是说明、复演、应用知识的实质目的、机械的形式和学习记忆的过程。人的发展和个性的发展被消解了。学生不再是一个活生生的人，而是一个个大小相同的“容器”。需要注意的是，不能以传统学习方式的缺陷而否定其存在的贡献。传统学习方式并不完全是谬误，只是它在传授科学知识的同时，掩盖了人的主体性和能动性。

传统学习方式这一尚未完成的工程，具有开发性，远未终结。它呼唤着现代学习方式春天的到来。我国今天提倡素质教育改革就折射着这一论证，学习方式终有一天能回归实现其根本表征，解放人的个性和尊严。

3. 现代学习方式的形成

自 20 世纪 60 年代开始，现代性的进步日益反映了用这种理性规划一切、整合一切的传统信念。这是对科学与人文结合的进一步发展，融合了科学的精确性和人文精神的引领性，敦厚了复合生实物的真理。人类对教育实践活动的性质、方式、手段等有了更加全面的认识，逐渐摆脱了科学描述的唯一性，而趋于向人性化的教育价值真理回归。信念引发的学习危机日渐平淡，改变教学就是传授和灌输知识的单一取向，学习就是对真理性的知识不加怀疑地接受和记忆。这一社会思潮不断绵延衍生多种思想和理论为其激浊扬清，也为传统学习方式的变革提供了必然基础。有以下弥足珍贵的启示可供我们研究、理解、借鉴和把握。可以通过以下几个方面进行研究。

第一，终身教育观的建立和学习型社会的提出，改变了学校教育的价值观。21 世纪人类的实践活动由外向度的，即“改造外部世界的实践”，主要包括物质生产、物质交换、管理和社会变革等形式，开始迈向内向度的，即“改变主观世界的实践”，终身教育观、学习型社会等转变。在工业文明时代，人依附于物，人的内向度实践的每一次进步总是需要靠外向度实践的前进而拉动，外向度实践是主宰时代进步的先锋和决定力量，带有主导性。然而，当时代跨越工业文明步入信息时代，一切都发生了意想不到的变化。“内向度的实践在历史上第一次摆脱了被动适应的地位，开始以一种超越现实的姿态，引导和‘提携’外向度的实践”，即“人类的自我挑战，改造自己的主观世界变为改造客观世界的前提”。这样，学习在社会发展中的地位和作用愈加重要和突出，甚至一跃成为信息时代“最富革命性、创造性、主导性的生产力，成为拉动世界飞速发展的火车头。”这一巨大变革不仅确立了学习方式至高无上的地位，更重要的是它从根本上改变了人类旧有的学习方式。意味着学习方式从接受式到发现式的转变已成为时代的要求。

第二，是建构主义等多维教育思潮把教推向学，更新了学校教育的学习方式观。20 世纪 60 年代以后，多元文化论作为一种全球化思潮其态势日趋高涨，对社会、经济、文化不断产生深刻影响。这一深刻的嬗变启迪催生了建构主义、人本主义、后现代主义、多元智力理论等多种教育形态不断地呈现，不断对以教为主的教育理论进行批判扬弃和改造重构，促使学校把教推向学，以适应新时代的要求。在教育领域扬起了新的目标：强调学习与情感、态度、价值观的培养，情感、态度与认知的结合，情感、态度与技能的结合，学习方式与个人素质和社会效用结合。迫使学校体育的教育目标、课程与教学的不断调整和改革，为学习方式的再生长提供动力和支持。其倡导把“教”建立在“学”上的新教育主张，支援学习者基于发现自身而展开的学习方式，超越了传统体育教学机械重复的“授—受”行为。为当前学校体育新课程开启了为学习而设计的教学观，为每一个学生提供满意的教学环境，指导学生学习方式的养成，已成为当前体育新课程的重要理念。这些思想和理念为新学习方式的构建提供了坚实的理论依托。建构主义针对“学习的目的就是接受”“学习就是知识积累”，执着于“控制性教学的表现，学生在场的教学行为”这一弊端。它力求以“新认识论”的视角，对仍然误导着教育的以“教”为主的认识论作出深刻反思。试图把学校变成一个愉快的场所，为学习发现更多的联合因素。教师应从“教”转移到对“学”的方式的关注，推动追求意义理解的学习方式。其强调的“情境”“协作”“会话”和“意义建构”等新颖的教学观点，纠正了传统学习方式的弊端，走出知识论、工具论的误区。如多元智力的心理学意味着每个学生都有更适合其发展的个性化学习方式。多元智力的提出为学习方式的变革提供了基石。使我们破除了“IQ式思维”，跳出了传统教学只有共性没有个性的学习方式。使得学习的发展空间不再局限于传统的语言逻辑领域，运动的、艺术的、音乐的、人际的多个领域都成为学生发展的广阔天地；使得每个学生寻找到最适合其发展的学习方式。如人本主义认为，学习不是一种异己的外在的力量控制，而是一种发自内在的精神解放运动。人生来就有学习的潜能，学生是学习的主体，应弘扬个性学习的培养。倡导学习就是解放，学习就是自因而不是控制。现代社会中最有用的学习方式是了解学习过程，促进认知和情感的统一，以便培养出完整的人等。坚持发展每个学生自主的学习方式，而不是用统一的学习方式促进学生的发展。如后现代主义反省、批判传统学习理论造就的负面影响和结果，着力弘扬主观、个体、多元的学习方式。倡导学习不是分数的奴隶，学习是学习者对自身经验的不断认识、反省。因而教学应是个性的、多元的、开放的。用唯一的标准答案去评价学生，会扼杀其积极性和创造性。教学不是“跑道”，学生不是机器。教学不是控制，应是解放，是师生平等的对话，教师是引路者和共同成长的伙伴。

第三，是“以生为本”的科学发展观和素质教育的理念成为学习方式的新标准。人们不断发现旧学习方式的滞后，大大削弱了学习打造新时代的革命性力量，造成了人力资源的滞后，阻塞了人类社会发展进步的速度，成为影响社会进步与发展的屏障。正如国际著名学术团体——罗马俱乐部在1979年对学习问题的研究报告《学无止境》中所说：“一个不容忽视的事实是：当代学习的不足，导致了人类状况的恶化和人类差距的扩大。我们的学习方法令人震惊的落后，这种状况使个人和社会应对全球问题所提出的挑战，都未能做好准备。这种学习上的失败，意味着人类在准备方面，仍处于全世界都不发达的水平。学习上的失败从根本上说是我们一切问题的问题，这是因为这种失败限制了我们应对每个全球问题的能力。”面对这一困境，随着社会的发展和人类对时代认识的不断提高，世界各国都相继进行了教育改革，设置了“以生为本、学会学习、全面发展”的目标。如我国根据人类发展的要求和时代前进的趋势，重新审视教育培养目标，提出了素质教育和科学发展观等作用于教育和社会的改进。从而把握了时代变革对教育的要求，这一政治构建从思想高度为开启新的学习方式夯实了社会环境。

上述多元思潮和理念对传统教育形态的批判大体是中肯的。它指出了传统教学把丰富的学习方式变为机械地、单一地接受知识和记忆知识方式的滥觞，为建构新的学习方式作出了贡献。

4. 传统与现代学习方式的思辨

上述研究论指出，学习方式的变革是由传统学习方式转到现代学习方式，就是要把被动的学习方式转换为主动的学习方式，把单一性的学习方式转换为多样性的学习方式。那么传统与现代学习方式的论纲是什么呢？归结上述理论与思想有以下特征与区别。首先，传统学习方式以接受知识、记忆知识为论纲。学习方式单一、狭窄、片面，属于低认知机械记忆的层次。只构建了个体的基本认知心理结构，遏制了高层次发散思维与非认知心理结构的统一发展，没有把学习看成是培养智力和发展个性的统一。可以认为传统学习方式有点像盲人摸象，抓住学习的某一方面误当成整体，似乎有道理，其实是局部之理不能臻于全面发展。其次，现代学习方式以“主动参与、乐于探究、交流合作”为特征，以发现知识、学会学习为论纲。

现代学习方式以多元素质的发展方式打破了传统的以单一智力为依据的接受式学习方式。鲜明指出学习方式的目标是终身学习。只有学会了学习，才能够在各种条件下灵活地学习适应新的环境和新的工作。知识时代对个人而言，最重要的不再是固定知识的获得，而是获得知识和处理知识的能力。为此学者钟启泉、崔允漷等在《普通高中新课程方案导读》一书中指出，教育部基础教育司调查组的调查表明，我国义务教育目前的教与学的方式，以被动接受式为主要特征。长期以来，我国基础教育过于强调以接受学习、死记硬背、机械训练为特征的被动接受式学习方式。提出要对这种状况进行改革，建立新的学习观和学习方式。

需要强调的是，一是新课程对现代学习方式的描述虽然进了一大步，但也没有能够进一步分清层次与维度。本文认为针对传统学习方式的被动性与单一性的两大特征，我们的学习方式变革的目标就是要追求学习方式的主动性与多样性。即现代学习方式应当具备主动性与多样性两大特征。主动性特征对应学习方式的第一层逻辑分类维度，学习方式的动机、情感、态度的层面；而多样性特征相对于学习方式的第二层逻辑分类维度，是学习方式的策略方法层面，即学习方式的变革是要变学习方法策略的单一记忆性为多样性，变学习动机、态度、情感的被动性为主动性；最终在技术层面和精神层面上实现现代化的转变。二是学习方式尽管具有稳定性特征，但由于受到社会、家庭、学校教育方式的影响，它不是固定僵化、一成不变的，而是可以改变的。在体育教学中，我们不能整齐划一地要求所有的学生都要采取某种专家们自认为最有效的学习方式，而要根据具体的教学和学习情境，指导学生采用最适合或比较适合的学习方式。因地制宜，与时俱进，没有最好，只有适宜是选择学习方式的最好态度。体育新课程要求转变学生的学习方式，是十分可行也是十分必要的，其意义非常深刻且久远。三是学习方式不是学生拿来就用的“学具”。它是以学生个体的身心发展为基础，并潜移默化地受学生所处的学习环境的影响，在教师指导和训练下，逐步形成和完善起来的。所以，不能片面地仅把学习方式看作是完成特定学习任务的工具或手段，更不能把学习方式的转型看作如汽车调头般简单的事情。要充分认识学生的个体特征、环境及教师的有效指导对学生学习方式形成与转变的影响，加以有效迁移方可顺利实现学习方式的建立与完善，促进学习能力的形成。

综上而述，我们认为对传统与现代学习方式的研究，如不从普遍性的必然对学习方式变迁的背景、构成思想的情境进行分析和探讨，就去对学习方式品头论足是毫无益处的。如美国学者斯蒂文·贝斯特所说：“反思不能只限于所见到的那些概念或陈述，还应包括使这些概念或陈述得以诞生的背景。”研究从文化现象和知识的地位考察了传统学习方式走向现代学习方式的历史嬗变，指出了时代是奠定学习方式变革的应然性基础。从反对两元对立的角度解释了新旧学习方式的关系与构建。提出了学习方式犹如一个可以随时代迈进多次擦去字迹的黑板，它渗透在过去、现在、未来的时间之中。主张学习方式是一种历时兼共时的建构，这两个视角既相辅相成又各踞一隅。对其的理解与认识需要从连续的历时态和间歇的共时态两方面去理解才是真理。因而，对于“学习方式”的看法，不要简单地看待，应有前事是后事之师的辩证观点，应通过对传统学习方式走向现代学习方式的历史重建来把握学习方式的材料意义，而且整体理解其内在意义才是可为的。

（二）体育学习方式的种类

从理论上讲，把握学习方式的前提之一，是对其科学的性质有一个正确理解与合理设定。人们恰恰在此问题上分歧最大。它分别代表着传统教育与现代教育的不同理解。以往由于我们对其相互的关联重视不够，致使体育新课程虽有新主张和新理论却难以连接与确立。反思其中缘由，问题的症结还是“思”的超越不深。概括而言，学习方式的本质具有三重规定性，即共约性、工具性和可解释性。三种属性对应着三种基本关系，即“学习方式——教学方式”的关系、“学习方式——社会发展”的关系、“学习方式——人”的关系。以下沿着学习方式的分类，这一框架进行主体性、应然性、实然性与已然性的“注解——论证”“批判——前导”“建构——更新”的批判与诠释，把真理尺度与价值尺度有机地统一，让大家把握应用。

1. 根据学习内容分类

作为一种基础的学习方式，接受学习是一种古老的学习方式，随着人类社会的发展，已积淀形成人类学习的本性，成为人类主导的学习方式。由于人类社会早期生产力低下及认识能力不足，其反映的本质是模仿、记忆的内部加工、复制和再现的这一直观的思维方式。正如日本学者佐藤正夫所言：“在启蒙期以前，教学方法专注于死记硬背。教师原封不动地向学生灌输现成的知识，学生机械地背诵书本的方法沿袭下来了。”因而在接受学习中，学习的内容往往是以现成的、定论的形式提供给学生，它不要求学生通过独立的探索去发现知识。如果长期发展下去，接受学习就变成了既缺乏生气又没有热情的刻板程序，受到以美国哲学家、教育家杜威为代表的新教育的抨击。一时间接受式学习成了“老鼠过街人人喊打”。几乎同时，美国另一位心理学家奥苏贝尔对接受学习展开了探讨，澄清了人们过去的一些模糊认识，如接受学习与发现学习的关系，接受学习与有意义学习的关系。从理论上有力论证了接受学习不一定就等于机械被动的学习，并为有意义地接受学习提供了理论支持和实践指导，也为多种学习的融合奠定了基础。当代教学实践表明，接受学习并没有退出历史舞台，而是以改造的状态和更强的态势与其他学习方式融为一体，共同为学生发展服务。

由奥苏贝尔的研究可知，发现学习是在接受学习的基础上发展起来的一种新型学习关系，学生通过自主探索、实验、思考，在原有知识的基础上建构新的知识。其整合了“知性”与“经验”的关系，能够使学习过程最大限度地展开。为从根本上改变接受式学习的单极方式找到了可行之路。为每个学生富有个性的发展奠定了更为坚实的基础，有利于培养学生创新意识和实践能力，成为 21 世纪教育与改革中最大的亮点。但如果我们把其视为学习的唯一标准加以过分强调，就会走向绝对。难以把握其给教与学的关系带来的新认识，就会走入唯一的客观主义“认知论”的泥淖。因为，学生的探究与发现是在一定的知识经验基础上进行的，缺乏必要的知识基础，进行探究易陷入盲目和浪费时间，发现的成果也微乎其微。可见接受学习能使学生在较短时间内获得最大的知识经验的优点是不容否定的。因而，我们不能武断地认定体育（刺激——反应）接受学习就是机械学习或被动学习，这不利于学习的发展，因为人类的认知是由低级走向高级的，二者缺一不可，各有利弊，要互为基础，相辅相成。

2. 根据学习形式的品质分类

自主学习是建立在“人是有主观能动性的，能积极地与客观事物相互作用”的认识基础上的，是学习的最高境界。是指学生个体在教师的引导下，自主确定学习目标、制订学习计划、选择学习方法、监控学习过程、评价学习结果的学习。以弗拉维尔为代表的认知建构主义学派认为，自主学习实际上是元认知监控的学习，是学习者根据自己的学习能力、学习任务的要求，积极主动地调整自己的学习策略和努力程度的过程。他主学习则是建立在“人是被动地、消极地适应客观世界”的认识基础上的。在他主学习中，学生过多地依靠外界的力量，需要别人不断督促，一旦少了外界的管束则学习容易处于放任状态。但他主学习是迈向自主学习的阶梯，“皮之不存，毛将焉附”就是这个道理。

所以，在体育教学中，教师要引导与培养学生对为什么学习、能否学习、学习什么、如何学习等问题有自觉的意识和反思。适时帮助引导学习者自己选择学习内容，由“要我学”变成“我要学”。在学习中从终身体育的角度，特别强调学生体育自主学习的重要性，就是要改变长期以来大多数学生的体育学习属于他主学习的状况，促进全体学生终身体育能力的发展，实现学生自主学习方式的养成。对其梳理发现，学生自主学习受以下特征的影响与制约（如图 1-2-2 学生自主学习的特点所示）。

学习策略与方法	人格特征	学习品德与水平
学习能力	主体素质结构	成就动机
知识结构	智力发展	身体素质

图 1-2-2 学生自主学习的特点

3. 根据学习的组织分类

合作学习是指学生在小组或团队中为了完成共同的学习任务，有明确的责任分工的互助性学习。合作学习以学习小组为基本的组织形式，体现了体育集体教学的生生互动促进学习的优良特征。在学生相互帮助共同达成教学目标的过程中，培养学生完整的认知行为的同时，把体育新课程提倡的“三维目标”有机整合起来。

独立学习强调的是学生自己思考、自己计划，独自完成学习任务。独立学习是合作学习的基础，两者之间是一种水涨船高、相辅相成、互相促进的关系。假如合作学习中每个成员都有较强的独立学习能力，对每个问题都能提出自己独到的见解，那么这样的合作学习就会在一个很高的平台上运行，这样的合作才是有效的、有意义的。否则，合作学习很可能会流于形式。同理，有效的合作学习也会促使学习者在相互合作、相互学习、互相砥砺中不断加深对问题的认识，久而久之，个人解决问题的能力也会不断提高，最终提高学生独立学习的能力。

所以，教师在体育教学中要把单个练习和综合练习、自主练习和合作练习等有意识地匹配与有机整合，使学生能够适应不同的学习方式，避免只对一种学习方式过度匹配而忽视了其他学习能力的培养。

4. 根据学习实质的联系分类

奥苏贝尔是美国当代著名的教育心理学家，他的有意义学习理论不仅在美国有很大的影响，而且对我国教育心理学的理论发展和教学改革也产生了重要影响（如表 1-2-1 奥苏贝尔的学习分类理论所示）。因此，有意义学习是体育新课程关注的一种学习方式。有意义学习要求学习者原有的认知结构中必须有适当的知识与新知识产生联系。新的内容或知识的观念与学习者认知结构中已有的事物表象或者已经被理解的知识产生联系，那么就会产生有意义学习。如果新知识不能和旧知识产生实质性联系，那么这种学习就是机械的。对此，认知学习理论有一个很重要的方法“先行者组织”策略，可以帮助解决此问题。如教师在教学篮球课时，针对学生不易理解的内容，可在课前运用“先行者组织策略”要求学生提前进行资料准备，通过查询与收集有关材料帮助学生形成原有知识和新知识的联系。这也恰同我们传统教学的课前“预习”，遗憾的是我们没有对此办法形成明确实施的意图与具体的教学操作步骤与策略，以致使其仅仅成为教学程序的机械运行，没有带来更多的教学效果。

表 1-2-1　奥苏贝尔的学习分类理论

学习的种类	接受学习	发现学习
有意义学习	有意义接受学习	有意义发现学习
机械学习	机械接受学习	机械发现学习

奥苏贝尔学习理论的意义不仅在于他主张有意义地接受学习，构建了课堂学习的四种类型。更重要的是指出了如何建立学习者良好的认知结构与特征，使我们理解了产生有意义学习必须具备三个条件：第一，在学习者的认知结构中，是否有吸收并固着新观念的上位观念；第二，在学习者的认知结构中，起固着作用的观念是否清晰分辨；第三，在学习者的认知结构中，起固着作用的观念是否巩固。奥苏贝尔的学习分类理论，对教师教学目标决策至少有三方面的意义：一是教师在确定目标时应考虑如何帮助学习者进行有意义学习而不是机械学习；二是根据不同学习类型的关系确定教学目标的层次；三是根据影响学习的认知结构的三个特征，选择有助于学习者形成良好认知结构的教学目标。

5. 根据学生对所学内容的感受程度分类

体育的课堂学习大多是间接学习体育知识与技能，在短时间内要学习大量的知识和技能，其学习过程是以模仿性和反复练习为特征。由于体育学习属于逆向建构，学习者的高峰体验必须在技能熟练应用的基础上才能感受、理解体育，发现体育与自我的关联而生成情感反应，并由此产生丰富的联想和深刻的领悟。由于反复练习是体育技能学习的必经之路，这些单调、乏味、艰苦、不断重复的技能练习易使学习者身心疲惫，继而产生厌烦的情绪影响学习活动。因而，在体育教学设计中，教师要灵活运用多种教学模式与同质的学习方法帮助克服这一不足。如挖掘教材内容的情趣美，实施快乐体育学习；在教学组织形式上，实施“低起点、小步子、多形式、快反馈”的体育学习；在教学方法上，巧用降低难度法、层次学习法、游戏法、趣味练习法等不断变化的方法吸引学生的注意力，从易到难，层层推进完成身体练习，改变部分教材学习的枯燥性，从而使学生在兴趣盎然的练习中体验学习，提高教学质量。

上述对学习方式的不同维度进行的区分，可以帮助我们发现它们之间存在着相互关联、相互渗透、彼此融合的关系。启示我们应当用一种全新的思维对待学习方式，要用“关系性思维”将任何一种学习方式看成是“学习方式群”或“学习方式体系”中的一种，而不是孤立地认识它们。这样，我们就会有一种整体的、深刻的教学思路。如将“接受学习和发现学习”与“有意义学习和机械学习”组合时，便会得到有意义接受学习、有意义发现学习、机械接受学习、机械发现学习；将“有意义学习和机械学习”与“合作学习和独立学习”组合，便会得到有意义合作学习、有意义独立学习、机械合作学习、机械独立学习；将“合作学习和独立学习”与“间接学习和体验学习”组合，能得到合作式间接学习、合作式体验学习、独立式间接学习、独立式体验学习。这样的组合能使我们全方位、立体地对某一种学习方式有全新的认识，有利于我们更好地运用学习范式推进体育新课程的实施。

（三）体育学习方式的设计应用

研究表明，教师教的方式决定了学生学的方式。例如，教师采用“满堂灌”的教学方式，学生接受知识的方式也必然是被动的、机械的。另外，学的方式也影响教的方式。为了达到预期的学习效果，教师必须把教的方式与学生学的方式相匹配。国外学者在讨论学习方式与教学方式的关系时指出，教师的教学方式并不是要完全依据学生的表现来教学，而是要在教学方法与学习类型之间争取某种平衡。平衡状态便是教学在某种程度上以学生偏爱的方式进行，教师应该识别并帮助学生客观地认识自己所偏好的学习方式。对于学习方式不同的学生，教师应均衡地实施匹配策略，以使每一类学生都有机会按自己偏爱的方式接受教学的影响，避免只对一种学生实施过度的匹配而忽视其他学生的需要。为此，体育学习方式的构建要实现下列三个方面的转变，一是学习方式上，从接受式学习向以自主体验、互助交往为主要特征的学习转变；二是教学方式上，从以规范动作的讲解示范为主要形式的直接呈现向以学生体验、感悟为主要形式的间接呈现方式转变；三是师生互动方式上，由传统的教师教、学生学的单向传递活动转变为师生双方相互交流，相互沟通，教学相长，共同发展。

1. 创建有利于学习方式转变的教学结构

这种设计突破传统以教为主的体系，建立以学生学习和发展为中心的新体系。不仅传授知识与技能，还善于把实践—体验—自主探究等教学方式结合起来，重视挖掘创设学生“学中做”“做中学”的途径与方法，把学习的过程还给学生，把教学过程变成学生学会学习、主动建构知识的过程，从根本上实现学生学习方式的转变（如图 1-2-3 领会式教学模式所示）。如领会式教学模式，在快速跑学习中，教师首先让学生带着问题练习，然后提出为什么有的同学跑得快，有的同学跑得慢，让同学们进行总结。紧接着让同学们再练习，再总结，在做中不断改进与提高，完成学习目标。从而激发学生主动学习的积极性，有助于提高学习效率。

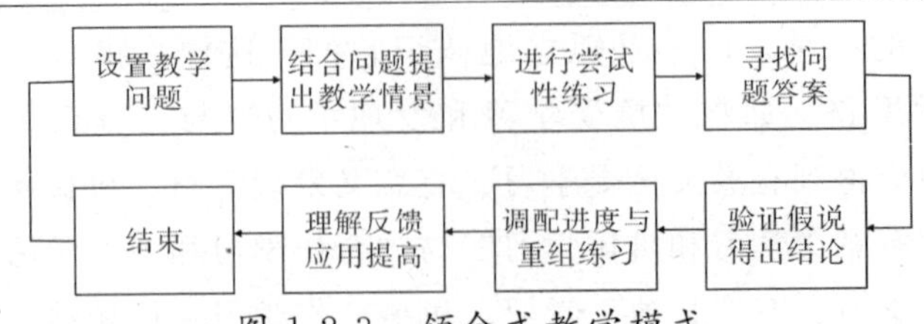

图 1-2-3 领会式教学模式

2. 引导教学方式和学习方式变革

这种设计通过设置多样化的学习过程和练习方法，以连续不断的排列与衔接层层促进学习驱动力，激发学生的主动性和学习兴趣。为“学习而设计”的转变提供了途径和手段，如以水平四——田径模块“接力跑”课堂教学为例进行阐述。

3. 激发学生自主学习

好的学习情境设计，具有吸引学生主动学习的“磁力”，培养学生形成学习策略的体验，进而做到学会学习。借用学生先前的认知结构进行迁移，对促进技能建构有着积极的意义。如在健美操教学中老师教学生左边的动作组合练习，要求学生自己思考练习右边的动作组合练习。老师教一种动作组合，要求每组学生思考总结，创编出新的组合，交流展示。上述练习设计这一结构特点，体现了教学情境服务于以学生为主体的教学活动功能，让学生经历知识的产生、发展及运用过程，使得有意义地接受学习、探究学习、合作学习等方式得以有机结合，可有效促进与改变传统教学单一接受的学习方式。

4. 促进学习方式的变革

耐力跑是学生比较厌烦的一项练习，作为体育教师采用何种练习手段来调动学生的练习兴趣和积极性，是颇费神思和周折的。例如，采用“蛇尾追蛇头”“两蛇相争”“火车挂箱”“分段接力”等教学设计可以较好地解决此问题，促进学习方式的变革。以下教材拓展的程序与方法可以帮助实现学习途径多样化、问题设计开放化、练习内容生活化（如图 1-2-4 教材拓展所示）。

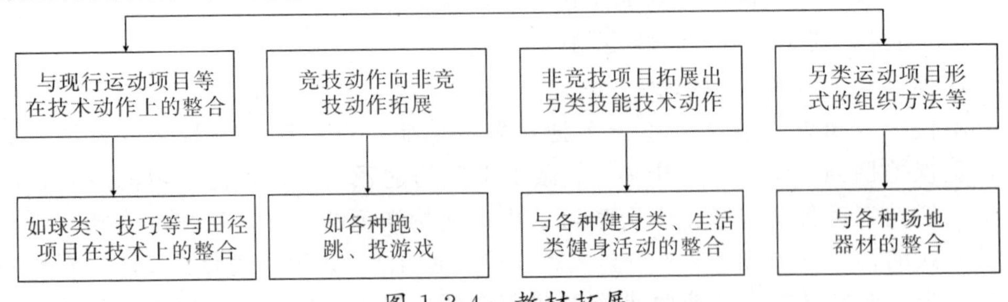

图 1-2-4 教材拓展

综上所述，学习方式的变革是体育基础教育课程改革的重点所在。学习方式包含着策略方法的技术性和情感态度的精神性两个层面，有着丰富的内涵。本文以学习方式从传统走向现代为主题，探讨了学习方式现代化的社会学、心理学、教育学的多学科原因，总结出学习方式变革的必然性、可能性、应然性基础；探讨了学习方式，从以单一性和被动性为特征的传统学习方式转向以多样性和主动性为特征的现代学习方式的逻辑过程；追寻了现代学习方式以实现人的精神内涵为目标。指出在学习方式变革中，出现的非此即彼式的片面抛弃传统的学习方式，肤浅理解现代学习方式所带来的形式主义的弊端；提出了要辩证继承传统学习方式的优点，深刻地理解现代学习方式的本质，使得学习方式的变革真正落实到人的发展上。

5. 体育学习方式的应用

第一阶段，体育的特点是习得性、重练习、重形态、重经验，初始学习易枯燥。围绕这一特点，该阶段体育教学的方法与手段要为学生提供多样化的练习。从多角度、多方式改变单一的学习模式，多方面、多层次营造学习环境，激发学生运动兴趣，促进学习能力的形成。让不同练习的刺激性与新颖性使学生遗忘学习过程中的枯燥性，为促进体育认知和情感的培养等奠定基础。现在我们在体育学习中常常只强调学生完成体育学习的任务，而很少追问学生的情感反应，是不会获得成功的。

第二阶段，《论语·学而》说："学而时习之，不亦说乎!"不仅指出了学习过程中知与行的统一，更强调了由此获得的愉悦的情感体验。为此，该阶段体育教学的组织形式应重视挖掘学习内容的情趣美和教学组织过程的快乐享受。努力利用教学资源燃发学生对学习快乐的理解与施教；促进和激发学生体验运动的乐趣和成功进步的感觉。开启在教学中实现"个性学习"的教育思想，建立自由学习的度、释放自主学习的力量；着眼于形成"知识传递"的教学环境，关注学习者"潜能"的存在，支持基于学习者自身意义发现而展开的"选项"教学、分层教学等。

第三阶段，体育学习方式需要重视依靠情感整体协同机制的支持、运用和关注、培育，尽量制造有助于大脑支持体育习惯形成的条件，以帮助学生养成终身体育意识和积极的人生态度。如帮助学生理解"健康工作五十年，幸福生活一辈子"的含义。如提供"学习意义"的体验，复现知识多维面孔，让学生"享有"懂、会、乐的全过程。促进学生天生运动本能的生长，学生爱学，教学才有意义。为此，该阶段体育教学的模式应"授人以渔"，采取扩充和补救等教学措施，使教学方式适应学生学习的个别差异。帮助学生学会学习，教会学生在课外享受运动，体验运动的快乐。实践证明，没有养成运动习惯，就不会产生对体育的热爱。

目前正在进行的体育新课程改革将促进学生学习方式的变革作为教学改革的重中之重，力图以学生学习方式的变革为着眼点，发起一场教学领域彻底而深刻的变革，最终促成学生学习方式的变革，使学生得以健康地发展。同时这也深刻地反映了现代教学论研究思维方式的转变。因而，作为一名体育教师，不应囿于传统的圈子故步自封，而应借着体育新课程改革的契机，转变自己的研究思路，研究学生学习方式变革的背景、特征，并以此为基点对教学价值观、教学功能观、教学关系及教学方式等诸多方面的建构进行探讨，以便更好地帮助、引导学生，实现学生学习方式的真正变革。

四、传统与现代体育教学方式

经文献检索、资料查询后发现多年来我国学者没有对“教学方式”的研究，只有拓展性的话语“实现教学方式和学习方式的转变”。这一缺失阻碍了对“教学方式”科学性的完整认识，导致我们只能从一些只言片语来把握它的存在，难以从它的理论发展和实践逻辑为教学活动提供指导。日常用语“方式”是指说话做事所采取的方法和形式，只要约定俗成就可以了，但“教学方式”作为教育教学专业的一个科学概念，必须要有明确的内涵与外延才可指导我们的教学活动。科学和哲学告诉我们，任何一种学科，都必须存有已然、应然、实然三个递进的学说才是完善的。因而，教学方式不再是一个可有可无的范畴。必须对其区分考察，理清它的准确内涵与理论形态，为课堂教学提供完备的理论支撑。基于此，本文对传统与现代教学方式进行客观省察、理性分析与概括，并尝试构建关于教学方式的概念与应用，以强化其教学功能与作用。

（一）体育教学方式的构成与实施

1．教学方式解析

一般说来，涉及定义的方法问题，常采用“种概念＋属差”的方法。首先要确定它的上位概念（种概念），其所属的概念系统；其次，要明确它的内涵，即这个事物区别于同一系统中其他事物的属性（属差）：最后，划定其外延，即包含哪些具体的东西。其中，如何揭示概念的内涵是关键所在。依据这一思路尝试对教学方式给出以下解释与定义。

第一，我们认为，教学方式首先是一种价值观。它可以唤起某种预期，传递一种信息：如果以某种方式作出反应，就可以得到某种效果。它是教师对教学活动认识的客观表现，隐含折射着一种教育理念。如具有现代教育价值观的教师就会采用“以学为主”的教学方法和形式。反之，如具有传统教育价值观的教师就会采用“以教为主”的教学方法和形式。第二，教学方式是选择教学方法与手段的形式表述与细化，是衡量教与学要素、功能和关系的尺度。其上位承接理念的归属与界定，下位对接实践应用的效力与实现。如“关注学生的学习过程，实现教学方式和学习方式的转变”，否则“皮之不存，毛之焉附”。第三，教学方式是教育的基本活动形式。支配着教师怎样教，对教师的教学行为具有引导作用。是教师依据自己所追求的目标，以及教学的实际状况，对教学形态选择与运用、重组或再造的认知。在一定程度上，上述概括说明了教学方式含有三种属性之间的关系。突出了教学方式存在着两个特点：一是教学方式具有指向性和集中性，鉴别教学行为、方法的选择；二是支配着教师怎样教的取向，对教师的教学行为具有导引作用。

研究认为，教学方式属中位教学观，介于教育理念与教学策略之间：与教学模式一样同属于中位教学观，但教学方式与教学模式是有实质区别的。教学模式是从策略上支配着教师怎样教的取向，对教师的教学组织与方法具有指导作用。教学方式则是从教学指向和形式上导引着教师怎样教的设计，对教师的教学行为具有导向作用。诚然，两者都对教师的教学行为发生作用，存在着千丝万缕的联系与具体行为的重叠、交叉，均可属于中位教学观念的范畴，可视为一体，但在逻辑上却是一体两面。教学方式是立足于指向上导引教学，教学模式则具体于实践应用上构建教学。为此，教学方式的外延是一个很宽泛的概念，它反映一定教育理念在教学的表现形式与作用方式。而教学模式的外延却没有那么宽泛，它本身的制定或选择受教学模式指导思想的规范与制约。

据此，我们认为教学方式的内容构成是可以明确的，它既是一定教育理念的表现形式与作用方式，又是编织教与学关系的理性认识。可为教师将教与学的策略运用到具体教与学活动中提供选择性指向。因而可给出如下的定义：是在一定的价值观指引下，有目的、有计划对教学形态进行作用的理性认识。它以教学形态为落脚点，以学习理论、教学理论和教育传播学理论为基础。为教师把教与学的策略选择运用到具体教与学活动中提供行为性指向。总而言之，它回答了在教学设计之前“我要带领学生去哪里的问题”。对教学过程、方法或技术的选择具有导教、导学的制约作用。依据上述属性与含义，我们认为教学方式的功能：它不仅大大地影响着教学效率，也深深地左右着教育者行为的发生与改变，制约着教学活动的组织与教学行为的发生，可为教学活动提供预期的决策。

教学实践表明，一个完整的教学过程应包括课前、课中和课后三个阶段。教学方式的任务：应为教学前确定教与学形式、选择教学媒介、组织协作活动、形成教学形态、达成课程目标提供决策。即为教师将教与学的策略运用到具体教与学活动中，提供理性和直觉思维的认知图式分析。为此，教学方式的应用体现出三个准则。一是有价值规定性。蕴含有规定性的教学判断，能反映出一定教育理念的倾向、主张、态度等系统观点的取向。二是有原理性。能为消除教与学设计的矛盾性、预期教学设计方案的假设提供理论解释。三是有逻辑性。是指具有组织要素的属性，能明确教师将做些什么、学生做些什么，可为教学活动组织形式的建立提供预期决策。

2. 体育教学方式的构成

由于教学方式是一个广泛使用但含义又不明确的教育教学用语，以下先对体育教学方式构成的内涵与外延进行梳理分析；接着分别概括教学方式的宏观水平与微观水平的构建与实施，最后以具体的教学案例加以说明，以促进对教学方式的理解与把握。

通过上述考察，我们可以看到体育“教学方式”是一种具体化的理性认识活动，是连接教学设计的一座桥梁。可为理解教学、设计教学和加工教学提供行为性导引。研究对象表明，教育理念属于上位概念，教学方式属于中位概念，教学设计属于下位概念。教学方式的本身并不去研究教学的本质、规律、方法与手段，它只是导引教育理念，为教师的教学设计施以具体的意向性选择。系统论指出，世界上一切事物、现象和过程都是由不同元素的层次构成的。按照这种观点，我们认为教学方式是个体认知的表达，可由低到高区分为三个层次与三个成分。其一，教学方式是一种内部认知的准备状态，它可使某些行为的出现成为可能。例如，一位具备现代教育理念的教师，在一般情况下总能够按照以学生为主体进行教学设计。同样一位学习态度认真的学生总会认真按时完成作业。其二，教学方式的形成不是先天的，而是通过与环境的相互作用而形成改变。通过学习的效果影响主体教学方式选择的内部状态。其三，教学方式的形成受个体自我意识的组织与监控，包含认识、情感、意志三种成分与顺从、认同和内化的社会模式。

依据皮亚杰的同化理论中“主体对客体的认识程度完全取决于主体具有什么样的认知结构”这一观点我们认为，教学方式受个体自我意识的组织与监控可包含三种成分。一是认识成分。教师对现代教育理念的认知度决定着他的教学方式的偏向。二是情感成分。教师对教学方式认知体验的成功，可强化其对该教学方式选择的自爱、自尊和自豪感等。三是意志成分。成就感的产生，可激励教师对该教学方式进行自我检查、自我监督和自我追求的整体性概括，形成牢固的行为模式。因而，教学方式的发展存在着个体从客观自我意识向主观自我意识的过渡，从他律向自律的过渡，从无性意识向有性意识的过渡。不但能影响个体对自我的调控，还可以对同一群体的发展产生顺从、认同和内化的社会模式或榜样。这一命题应引起我们的关注。教学方式伴随着相应的教学理解，教学实践活动及其结果是教师主体观意向对教学方式的投射（见表 1-2-2）。对其的理解有助于促进发展，能够帮助每位教师在普通教学条件下提高教学水平。

表 1-2-2 教师主体观意向对教学方式的投射

特征	次序	教学方式	初一、初二（2026 人）	初三（612 人）	高一（1777）人
喜欢	1	教学方法好	78. 0	86. 0	85. 0
	2	知识广博，肯教人	71. 9	90. 8	88. 1
	3	耐心温和，容易接近	75. 6	78. 5	77. 0
	4	实事求是，严格要求	57. 5	62. 2	61. 1
	5	热爱学生，尊重学生	59. 9	58. 6	53. 7
	6	对人对事公平	52. 4	42. 8	44. 4
	7	负责任，守信用	33. 8	32. 8	36. 4
	8	说到做到	36. 0	24. 0	24. 4
	9	讲文明，有正气	18. 2	13. 4	16. 2
	10	组织性、纪律性强	14. 4	8. 1	10. 6
不喜欢	1	对学生不同情	71. 7	72. 3	70. 4
	2	经常责骂学生，讨厌学生	72. 4	69. 1	70. 4
	3	教学方法枯燥无趣	61. 5	74. 6	88. 6
	4	偏爱，不公正	64. 3	61. 4	51. 7
	5	上课拖堂，下课不理学生	67. 8	57. 3	57. 3
	6	说话无次序，啰唆，不易懂	48. 9	56. 0	53. 5
	7	只听一面之词，不调查就发火	43. 3	33. 1	35. 8
	8	不和学生打成一片	26. 1	33. 1	35. 8
	9	布置作业太多、太难，又不批改	28. 3	19. 3	17. 8
	10	恶意向家长告状，以小夸大	25. 2	14. 7	11. 7

3. 体育教学方式的实施

由此可见，教学方式是一种有计划、有目的的理性认识，是一种目标导向的系列活动。在实施教学方式之前，为教师进行必要的准备，即确定教学意向，选择教学方式找到实施教学活动的思路与目标。诚如教育家杜威认为，知识不仅包括“知什么”而且包括“知如何”，不仅包括客观事物属性与联系所反映的认识结果，而且还包括知道怎样去操作和行动。国外学者告诉我们，教学方式的研究不仅包含理论的启蒙也应有实践的行动，只有把教学方式的研究与教学实践结合起来才是完美的。因而，科学地概括教学方式的实施运用，以助广大教师对这一情境作一理解，建立既深入实际又可超越其上的行动。借此讨论影响教学方式适配的内外条件、组织层次、建构模式等，帮助深刻理解教学方式实施的基本思路。

首先，是体育教学方式实施的路向。根据系统论和分类学两者在知识学习的具体规律，对其概括、组织可以抽象出更具体的类型理解，促进教学方式的自我解释活动。基于此，赖格卢斯提出行为主体、行为动作、行为条件和行为程度的分析因素。我们认为教学方式的实施可分为两种模式：一是“目的—目标计划”模式，二是“目标—手段计划”模式。第一种模式的组织层次，是从目的到目标的取向。按照目的与目标之间是一般与特殊、普遍要求与具体结果的关系，来表明教学方式这种行为在一定的框架内所要达到的程度。以“教学总目标—课程目标—单元目标—课的目标”为水平描述，依据教育理念或理论进行阶梯型的寻绎选择与之相应匹配的教学方式，推进教学形态的展开（见图 1-2-5）。由于该模式从关注课程外在方案的进行到注重教学方式实施的情景，试图通过指明在何种情景下以何种方式来描述教育方式的选择，教学方式的产生是“文本”与解释者之间通过对话创造出来的，这样可使教学方式更贴近目标，但对制定者提出了较高的要求。因而，对这一模式的运用要求具有相当的理论结合实践和经验，适合于对现代教育理念具有整体概括能力的教师。第二种模式的组织思路则不同，是从行为目标的形式到策略技术的取向。按照从具体到抽象，从个别到一般，它先把宽泛的目的一步一步分解为具体目标，然后根据教育理念或理论的学说，选择合适的教学行为。以“教育理念——教学目标——教学方式——教学行为——教学组织”为水平描述，引导教学方式展开（见图 1-2-6）。因而，这一模式的运用体现了行为的更具体性，适合于对现代教育理念尚不具备整体概括能力的教师。不足之处是，由于一系列的设计没有经过理论处理，教学方式难以确定范围，不能保证教学形态的设计符合教学结果的预测。

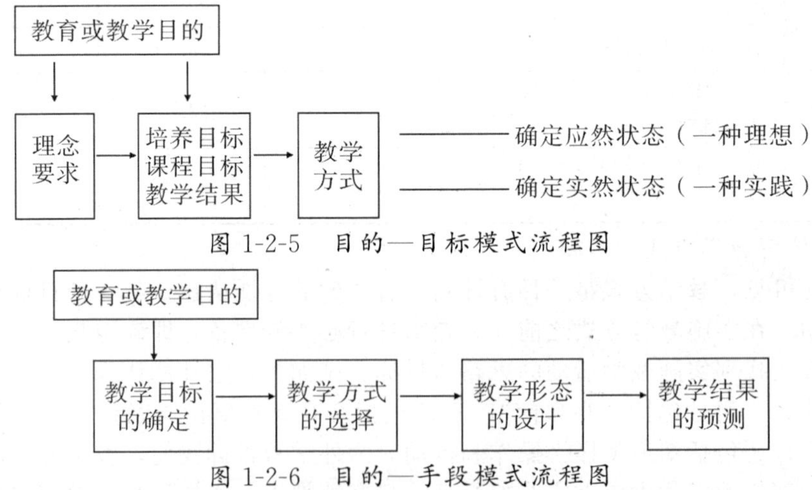

图 1-2-5　目的—目标模式流程图

图 1-2-6　目的—手段模式流程图

其次，是体育教学方式的实施策略。教学方式作为一种意向活动，尽管前面在理论逻辑上对其进行了一定程度的宏观阐释，但如果没有微观实践条件的帮助和支持也难以获得成功。由此而知，教学方式是关注教学设计在宏观水平上对教学内容的范围、组织和排序的预期决策。可为我们在教学前对教学结果的假设提供解释情境和行为引导，对教师备课时的认知控制有积极的效应。我们认为掌握这些知识后，可显著促进教学设计水平的提高。需要理解的是，教学方式的揭示不是让你成为一种机械的人，而是让你成为有足够余地去施展才华和个性的人。为此，对其驻足与讨论的目的是帮助我们进一步考察加深对课堂教学的认识，解释和预测课堂教学现象及其发展。拓宽我们思考的视野，启蒙孕育教学方式的新视域、新行为来指导实践。便于我们把体育课堂教学认识得更为透彻，把体育教学理解得更加彻底。因而，对它的研究是十分重要的，也是十分必要的。

（二）传统体育教学方式的讨论与特点

1. 传统体育教学方式的讨论

所谓体育传统教学论，是指20世纪50年代以来以凯洛夫为代表的苏联教学论在中国建构的基本理论框架。众所周知，新中国成立后，由于我国教育理论的"一穷二白"，我们不得不囫囵吞枣地接受苏联的示范模式发展自己。受其影响和制约，我们以"实践—认识—实践"的旧唯物主义认识论为论纲，以行为主义为教学理论，以三个中心为教学主导，机械套用泰勒原理：学校应达到什么样的教育目标？要提供什么经验以便达到这些目标？如何有效地组织这些教育经验？我们如何确定这些目标是否达到？因此，在教学中强调形式化，着眼于严密的逻辑，重视形式演绎系统，忽视人文精神。沉迷于"授—受"的狭隘认识，滞后于"为什么教""教什么"和"怎么教"的设计，忽视了学的关系存在。其结果是，我们未能摆脱"知性制式""先验预设""学理至上"的理论范式，以致几十年未能走出"应试教育——以知识积累为导向"的模式。

2. 传统体育教学方式的特点

从哲学立论审视，传统教学论是一种旧唯物主义认识论，沿袭套用了"实践—认识—实践"的公式，在实践中执行的是逻辑经验主义。这种思维使得教学理论在应用过程中出现取其"形"而舍其"义"，陷入形而上学与形式主义的泥淖。正如德国文学家恩斯特·卡西尔所言："如果没有把握它的核心实质和本真形式的意愿或能力，充其量不过是从表面借取一些个别因素，那么这些因素不可能转化成真正的能力或动力。"这一批判命题指出，传统教学方式驻足思考的不是人的发展，而是强调学科体系的形式化。从概念出发，着眼于逻辑上的严密，重视形式演绎推理系统，遗忘了教学方式存在人的发展认知。因此，长期以来，在教学方式的研究中存在着机械唯物论研究方法的影响，具体表现在：一是将教与学、师与生、主与导、知与行、文与道等两元对立，往往强调一面排斥另一面。二是将教学看作一个孤立的静止的线性系统，是所有属性与要素的不同组合。三是窠臼于寻求"上所施下所效"的教学真理。

其讨论的呼唤存有以下几个方面的特点。首先，把教学方式理解为"教师为中心、教材为中心、课堂为中心”。传统的体育教学方式所对应的教学目标是对知识完整的累积和储存。它并不关注学生学习方式、学习能力、学习品质及习惯的改善和提高，即只关注“学什么”，而忽视“养成什么”。这也就意味着，教师的教学方式就是把握教学实施进度的方式。因此，在传统体育教学中，最常听到的一句话是“老师怎么教，你就怎么学”，“教学方式”被理解为传递知识文本的控制方式。遗忘了教学方式表现着人发展的可持续指向，验证了教师是传统还是现代教学思想的持有者。其次，传统教学方式把学看成教的“应答”关系。传统教学方式将学定位于教，教师是既定方式的阐述者和传递者，学生是既定方式的接受者和吸收者。教学就是教师负责教，学生负责复制教师讲授的内容的单向“培养”活动。将教学方式刻板化为单纯的传授—接受。它赋予的职能，是系统地传授知识；规定的任务是接受、领会和牢固地记住教师所传授的知识。教学方式成为一种主动传授与被动接受、控制与服从的不平等关系。把学看作是依附于教的“应答性”行为，而很少从学入手研究学生学的特点与规律，以便使教更好地服务于学，加强教与学的联系。遗忘了教学方式的本质以及学生在学习活动中的主体地位。最后，重结果轻过程的教学。传统体育教学重结果轻过程，着眼于以反复操练和精雕细刻为主要方法，把体育知识形成的生动过程变成了单调刻板的技能传授。致使教学方式太机械、沉闷和程式化，缺乏生气、乐趣和对好奇心的刺激。这样的教学方式重视的是学生学会了什么，强调的是接受知识、积累知识，注重教学效率。这样的教学方式有利于学生按计划完成学习任务，但难以培养学生对运动的热爱，容易抑制学习体育的主动性发展。导致学生只能以模仿和机械记忆的方式进行学习。

（三）现代体育教学方式的讨论与特点

1. 现代体育教学方式的讨论

现代体育教学方式以“教师主导、学生主体”的关系进行论纲寻绎。组织开展“为学习而设计”“为理解时刻而教”与“最近发展区”的教学活动，促进学生学习内隐情感的生发和外显技能的融合。以知情意行为导向，创立了有效的十大体育教学模式。如快乐体育教学模式，强调激发主动性，强化感受性，着眼发展性，渗透快乐性和贯彻情感性。如成功体育教学模式，利用低起点、小步子、多成功、快反馈等，实现下列三个方面的转变。首先，正确认识和发挥教师主导作用，注重引导全体学生全面发展与主动发展；充分发挥学生学习的主体性，激发、维持并强化学生学习的主动性、积极性和创造性，让其享受学习成功的喜悦；发扬教学民主，处理好师生关系，促进师生和生生间的沟通、接触与相互作用。其次，对学习情境施以暗示、成功激励的原理，促进角色转换，引发和培养学生主体意识，促使他们自觉投入学习，主动开展学习活动，在不断进步的活动中获得充分发展。最后，依据马克思关于人的活动与环境相一致的理论，借鉴现代心理学的研究成果，建立了“选项教学”“分层施教”“情感驱动”“合作对话”“意义建构”等基本原理。将知识的系统性、活动性、审美性与愉悦性融为一体。

克服了传统体育教学方式重讲、重练、无情境的缺陷。凸显了现代体育教学方式不仅重视客观目标的实现，而且也重视潜在的、主观的心理教学效果。

体育教学力求产生四个方面的体验：一是充分的运动，在生理上获得快感；二是学到了新知识，明白了新道理；三是技术上有所提高，收获了成功的体验；四是在运动中与同伴相处和睦、愉快。由此更好地实现了体育教学价值的存在。其讨论的目标有以下几个方面。首先，教学方式是实现学生学会学习的过程。现代教学方式不只是传递“文本课程”——课程计划、课程标准和教科书的知识，还有体验课程——感受、领悟、思考课程的作用方式。完成知识传授与学会学习的统一。遵循课程标准变革的“为学习而设计”的体悟。实现学生“学会学习”的目标取向。转变传统教学单纯满足知识的传递与接受的价值观，回到确立以学生主体健全发展为指归的价值观。其次，教学方式是师生交往、积极互动、共同发展的过程。“体育新课标”强调，教学是教师的教与学生的学的统一。为此，教学方式要创设师生、生生交往的互动，情感体验与知识分享的共同发展过程。构建以自主、探究、合作为基本特征的“体育学习共同体”，平等交流合作。共享、共创知识的师生、生生互动，全面健康发展的教学方式。再次，教学方式重结果更重过程。教学方式是达到教学目的的活动程序，所以必须重结果。基于学生学习存在的客观差异，以及同一个学生在不同方面也存在差异的事实。为此，“新课程标准”强调重结果更重过程的教学。在向体育教学要求结果的同时充分尊重学生客观存在的差异因材施教，实施多层次、多组合的选项学习。在教学方式上力求做到整体推进与个别化相结合，既要有对个别资优学生可创设高于同级目标的教学方式，又要有对学习困难者的特别指导。努力改变传统教学统一进度、统一负荷、统一标准、统一要求的不足，使每个学生都能各得其所、各展其长。最后，教学方式要着眼于学生成长的价值观。“一切为了每个学生的发展”是体育新课程标准的核心理念。教学方式既重视学生认知领域水平的提高，又重视学生在情意领域的发展。发展学生特长，扬长带短，促进学生发展的教育选择，减轻学生担心失败的心理负担，让学生获得成功的体验，获得学习乐趣，变厌学为乐学，走向热爱体育、终身体育。

2. 现代体育教学方式的特点

第一，科学化特征。提倡向科学要质量，向方法要效益。第二，教育化特征。更加重视教学活动中“育”的因素，从而使“教学”演化为“教育”。第三，心理化特征。更加注重培养以健全人格为核心的心理素质，使体育活动进入学生的内心世界。第四，社会化特征。要求体育教学内容与方法要全方位体现出学校体育，既是体育又是文化，既是锻炼又是娱乐，既是运动又是教育，既能参与又能观赏的社会文化特征。第五，人文化特征。培养学生理解体育是人文化的载体，文明进步的阶梯，触摸社会的舞台，人通过体育学习可以发现人在文化和文明中自觉意识的体现。能树立人的信心，重塑人的价值，回归人的世界。第六，终身化特征。教育学生关怀生命、保护生命。要将体育贯穿人的一生，提高人的健康水平，为人的生命服务。

3. 体育教学方式的发展

现代体育教学方式的发展与展望的进程，是拓宽教学空间，追求整体效益；缩短教育者与受教育者的心理距离，缩短教学内容与学习者的需求距离。基于这一视域，现代体育教学方式有以下发展趋势。第一，教学对象——发展人的概念，教育的核心是做人。第二，教学目的——唤醒健康意识，弘扬体育精神。第三，教学模式——追求多元，把握目的，满足需求。第四，教学内容——拓展运动外延，充实健康空间。第五，教学过程——突破模仿，指导创新，重在参与。第六，教学方法——尊重差异，启发内化，和谐愉悦。基于这一视域，现代体育教学方式要在以下方面进行转变。第一，从单纯为教学服务到为学生成长与发展服务的转变。第二，从人为的教育到为人的教育的转变。第三，从重结果到重过程的转变。第四，从重“三基”到重全面素质发展的转变。第五，从与感情无关到与感情相关的转变。第六，从教学的统一性到“三自”多样性的转变。第七，沟通“课堂”和“生活”两个世界，催化体育教学向生活乐趣转变。

4. 新旧体育教学方式的思辨

上述揭示的传统的体育教学方式，本质上是教学认识观。它认为教学活动是一种特殊技能的认识过程，教学方式的任务就是捕捉自然世界的生物本质和真理的认识过程。历史表明，我们在教学方式的使用与选择中有一个致命缺陷，只关注知识如何学得更快、更多，而对“为什么教学”和“怎样教学”这样一个目的论、价值论问题并不关心。反映出指导思想上如果仅停留在物质和有形的层面来理解体育教学，只重视其形而下的东西，而看不到形而上的东西，无疑是走不远的。

为此，从教学论的高度看，体育教学方式有两个维度要抓好不可偏颇：一是打好技术维度，二是发展文化维度。当前我们只关注打好技术维度是不足的。因为，人类社会之所以需要体育活动，不仅是因为社会个体要受到先天不可抗拒的同化和异化规律的新陈代谢的制约，也需要体育支撑和呵护健康。还有人类个体的文化意识不是先天遗传而来，而是后天习得的结果。人的这种反应特性，决定了人需要选择一种特殊的传递形式——体育。这就决定了体育教学方式既具有指向个体生命结构与功能存在的属性，也有“人化”的养育职能。为使这条“规律”永不停息地起作用，体育教学不能没有为人类撑腰的“人化”功能发展的方式。

正如康德从哲学的高度把教育分为两种：自然的教育方式和实践的教育方式。“自然的教育”方式视人为自然存在物，教人保养和训练，使人按自然规律生长发育；与此不同，“实践的教育”方式把人作为理性存在物，旨在教人遵循理性的法则即道德规范，促使人从自由王国走向必然王国。这一命题表明体育教学方式不能单纯关注学科自然状态，要从自然中走出来。如果仅仅立足于本学科内的认识来促进社会发展是初步的，还远远不够深入。体育要为促进社会进步做贡献，除了发挥本身作用外，还要有文化演变的自觉，扩大自己与之有亲缘关系的教育领域，帮助社会实现与人的对话，为人的教化培土。

因而，当我们以“生命生活观”审视体育教学方式的时候，教学方式就不再是那种简单意义上的、没有人的生成与生命意义的、抽象的认知方式，而是一种人的生命得以展开、生命领会与精神自觉的生成过程。“体育新课程标准”倡导把教学方式指向于“现实的生活世界”，在精神实质上与人的可持续发展理念在本质上是统一的，因此，要促进传统教学方式向现代教学方式转变。改变传统的教学方式中学生被动地记忆、重复练习的程序和答案，走人以对话、互动、合作和共同成长为核心的全新教学方式。正如学者钟启泉所言，在所有的教学之中，进行着最广义的“对话”。不管哪一种教学方式占支配地位，这种相互作用的对话是优秀教学的一种本质的标识。

上述对教学方式的分析讨论可知，传统体育教学方式给我们带来了一个误区，那就是把技能标准作为唯一评判体育教学发展的依据。其结果是体育教学没有给人带来扩大文化理解性的指数。这一命题使我们感到教学方式的转变对于体育新课程是如此的重要。因而，体育教学方式变革究竟是什么、它有什么特征、具有哪些类型、受到哪些因素影响、当代发展的趋势如何等，是值得我们展开辨析与讨论的。

第二章　高校体育教学内容

第一节　高校体育教学内容的选择与开发

教学内容是体育教学最重要的构成要素之一，是连接教师与学生的重要载体。如果没有教学内容，教学活动就无法正常进行；如果教学内容的选择和使用不够科学，就会直接影响预期教学效果的实现，也就不能完成体育教学任务和体育教学目标。由此可见教学内容的重要性。本章围绕体育教学内容展开论述，对体育教学内容的基本知识、选择、加工及开发、教学内容体系构建以及现阶段体育教学内容的改革与发展进行系统研究，为科学构建现代体育教学内容体系、促进体育教学内容的发展完善提供理论指导。

一、体育教学内容概述

（一）体育教学内容的概念

体育教学内容，是实现体育教学目标的重要物质载体，主要是指在体育教学过程中对体育知识和技能体系等方面的选择和运用。教学内容从书面知识变为学生的知识积累和运动技能提高这一过程要以体育教学目标为指导，通过合理的教学方法和教学组织在一定的教学环境中进行转化，这一转化过程的所有内容就是教学内容。

可以通过以下几个方面深入理解体育教学内容：第一，体育教学内容是教学的材料和依据，在体育教学实践中，教师对体育教学内容的选择要以实现体育教学目标为指导，根据自己的教学经验和对体育教学的理解，从众多体育教学材料中选出最佳的、最能实现教学目标的内容，是教师从丰富的体育文化知识和技能理论当中精挑细选而来的；第二，体育教学内容在教师与学生中间扮演着中介和媒体的角色，是教师和学生之间的信息交流；第三，体育教学内容制约体育教学方法和教学手段的选用；第四，体育教学内容决定体育教学的效果和体育教学目标实现的程度。

（二）体育教学内容的特点

第一，教育性。体育教学内容的教育性表现在通过体育教学内容的学习，能实现体育教学功能，促进学生的知识、技能、生理、心理、社会适应能力的发展，对学生的道德品质有正面引导作用，能使学生成为更健康、完善发展的人。在现代体育教学内容中，其教育性可以通过以下几个方面进行充分的体现：促进受教育者身心发展、摒弃落后危害活动、活动冒险性和安全性的统一、广泛的适应性、避免过于功利性。

第二，实践性。体育教师将体育教学内容传授给学生，主要是通过学生的身体练习进行的。体育教学内容最大的特点是其主要构成是体育运动项目以及相关的身体练习，所以其实质上是身体运动的一种实践，而其他教学内容都不具有这种特质。从本质来看，体育教学内容的学习并不单单是学生大脑思维的活动，不仅需要学生对教学内容进行理解，通过学生的思维活动解决其懂与不懂、知与不知的问题，还要通过学生实际从事运动学习和身体锻炼，使学生在身体运动中体会肌肉本体感觉的形成与动作记忆，解决其会与不会的问题。而后者的身体实践是体育学习的主要内容和形式。

第三，健身性。体育教学内容主要围绕体育展开，并通过学生的身体练习实践实习，因此必然具有健身性。体育教学内容健身性具体是指学生学习体育教学内容，参与体育锻炼，在此过程中，通过身体承受一定量和强度的运动负荷，为学生提供了体能增强以及健康增进的可能性，使身体素质得到提高和改善。增强学生的体质是体育教学内容健身的具体表现。体育教学内容的健身性的科学实现必须建立在科学控制学生身体练习的运动负荷基础之上，对运动负荷的科学安排与控制要符合学生身心发展特点、符合教学内容的基本要求和范围，否则体育教学的健身性就不能实现，并且还会对学生身心产生不良影响。

第四，娱乐性。早期体育运动具有娱乐性，娱乐性是其起源和产生的根本原因。现代体育教学内容为各项体育运动，这些体育运动多源于运动游戏，故具有较强的娱乐性。在体育教学中，体育教学内容的学习方式往往是运动学习以及运动比赛，这是实现体育教学内容的重要和有效途径，这些运动之所以具备乐趣，就是源于运动学习和运动竞赛过程中存在的诸如竞争、合作、表现欲等一系列的心理过程，在这些心理过程中就能够体会到很大程度上的乐趣，有助于提高学生体育学习和参与的兴趣。

第五，人际交往的开放性。体育教学内容有很多，但大多数内容的主要形式都是集体性活动，与其他学科教学内容相比，体育教学内容的实现过程中师生之间的交流与交往更加频繁，师生之间的人际交流更加开放，这对于学生良好社会适应能力的提高具有重要的促进作用。具体来说，在体育教学实践中，学生参与体育教学活动主要是以集体为单位的活动形式来进行的，而以集体为单位的运动需要以团队间每个成员位置的不断变动方式进行。因此，体育教学中各种人员的沟通和交流变得日益频繁，师生及学生之间的人际交流呈现出开放性特征。通过体育教学内容的学习能够帮助学生有效地提高社会适应能力。

第六，非逻辑性。和其他学科相比，体育教学内容复杂，各具体的内容之间并无必然的先后逻辑顺序，甚至彼此之间可以相互代替，如先进行田径教学与先进行球类运动教学并没有任何影响，而且不同的教学内容可以实现同样的教学效果，如提高学生的身体素质、培养学生的团队意识等。教师可以自由选择，不必考虑各内容之间的逻辑顺序。体育教学内容的排列并不是直线递进式的，而是复合螺旋式的，它是由众多的相互平行的身体练习和竞技运动项目组成的，不同体育教学内容可以相互替代，如体育教学中对不同运动项目以及身体练习的选择。体育教学内容的非逻辑性使体育教师在教学实践中有更多的选择，也正是因为这种选择自由性的提高要求教师必须能准确判断哪部分教学内容最有利于促进学生发展、最能实现体育教学效果，因此说这种选择的难度也增加了。

第七，规定性。所谓规定性，具体是指体育教学内容的实现具有体育教学条件的规定性，如一些教学活动需要借助一定工具、器械进行，需要在规定的场地、设施内进行。游泳、滑冰等对运动环境和气候也具有一定的要求。如果这些教学内容离开特定条件、空间、环境等，就会发生质的变化，也可能不复存在。

二、体育教学内容划分

（一）体育教学内容的层次划分

根据学校体育教学内容的产生，可以将体育教学内容的层次进行宏观和微观层次的划分。

1. 宏观层次

在我国教育系统中，学校基础教育课程模式将从单一模式转向多元化发展。以这一基本思想为依据，从宏观层次来看，体育教学内容主要包含了上位层次（国家课程和教学内容）、中位层次（地方课程和教学内容）和下位层次（学校课程和教学内容）三个层次。

首先，上位层次（国家课程和教学内容）。国家课程和教学内容是体育教学的上位层次，体育教学内容是由国家的教育行政部门统一规定的，各个地方学校必须服从，体现出一定的强制性。对我国基础教育教学质量的好坏有着决定性影响。国家课程和教学内容充分符合国家意志，能够使学生在接受基础教育之后达到我国的预期体育素质，在体育方面成为一个合格的公民。国家在体育课程和教学内容的开发上，依据的通常是不同教育阶段的性质与培养目标，通过这些因素对体育课程标准等方面进行制定，从而编写出符合实际的教学内容。这些因素在我国基础教育体育课程框架中是作为主体部分而存在的，它无论是涵盖的内容，还是所占课时比例，都比地方课程和学校课程的内容和课时比例多。

其次，中位层次（地方课程和教学内容）。地方课程和教学内容是体育教学内容的中位层次，具体来说，它是针对国家规定的各个教育阶段的体育课程内容来进行开发的。地方课程教学内容体现了与教学的具体实际情况（政治、经济、文化、民族等）的适应性，该部分教学内容的开发者大多为省一级的教育行政部门或授权的教育部门。地方课程和教学内容可以使地方体育教学资源得到充分利用，与当地的教育发展情况紧密结合起来，体现出一定的地域性特点。

最后，下位层次（学校课程和教学内容）。学校课程和教学内容是教学内容的下位层次，是与体育教学最接近的一部分教学内容，决定了学校体育教学的最终实施。学校课程和教学内容具有多样性和选择性的特点，其主体是体育教师，它以国家课程和教学内容、地方课程与教学内容为前提进行具体实施，并将科学评估本校学生的特点和需求，对当地社区和学校的体育教学资源进行充分利用，以学校的办学思想为依据作为基础。在体育教学中，体育课程资源的开发要以国家教育方针、国家或地方体育课程和教学内容等为依据，教学内容的设计要充分体现出独特性和差异性，以实现学校体育教学目标、促进学生的身心全面健康发展、满足每一个在校学生的体育学习和体育发展需求。体育教学内容的上位层次、中位层次和下位层次三部分内容的建设是由国家、地方、学校共同完成的，这三个层次的职责不同，所以其涵盖的范围和在教学当中所占的比重也有所不同。

2. 微观层次

任何一门学科课程的实现都是以教学内容为载体，根据教学内容论的观点，教学内容是包含多层意义的，体育教学内容也不例外。从微观层次来看，根据体育教学内容具体化的程度，体育教学内容的微观层次包含以下四个方面。

首先，第一层次——体育课程标准所示的学习内容。体育课程标准对体育教学内容的选择具有重要的指导作用，教学内容是为实现体育课程目标服务的，教学内容应符合课程标准要求，如体育与健康课程标准下，教学内容应充分考虑学生运动参与、运动技能、身体健康、心理健康、社会适应的实现。这种分析实际上是活动领域的一种表述，并非常规意义上的体育教学内容。

其次，第二层次——课程标准所示的水平目标。体育教学内容微观层次的第二层次是第一层次形式上的具体化，是对通过体育教学学生应达到的具体学习效果的一种要求。和第一层次教学内容相比，第二层次的教学内容更重要的是实现体育课程的能力标准，即通过具体教学内容的学习学生应该达到一个什么样的能力标准和层次，掌握哪些知识和技能，达到什么样的水平是比较合格和合理的。

再次，第三层次——体育教学的教学物质设施。这一层次指的是教学中需要具体运用到的硬件与软件等物质设施，也就是说属于普遍意义上的教学内容教具，比如足球、武术、游泳等运动项目，以及这些项目进行所需的场地器材和设备。这一层面的体育教学内容是通常我们所说的教学内容。该部分教学内容依据不同功能和形态、按照大小练习循环多少也可以分为四个层次，具体如图 2-1-1 所示。

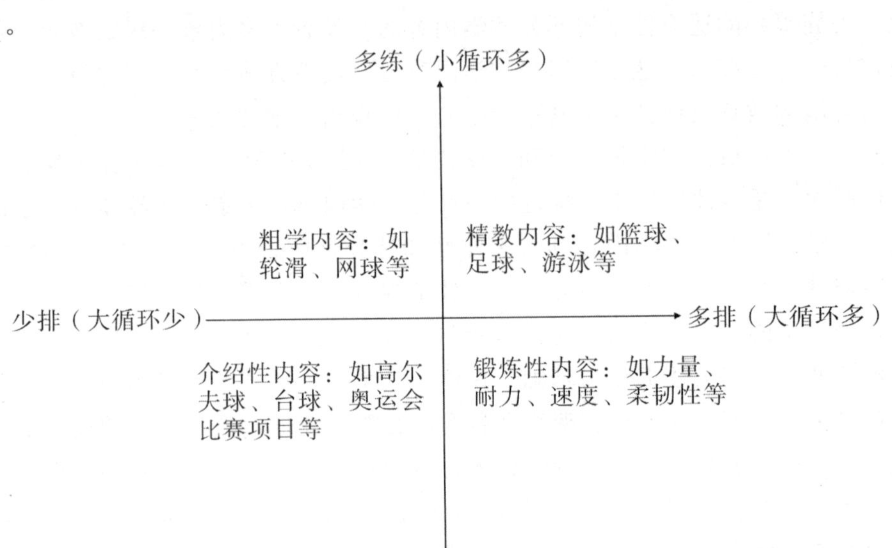

图 2-1-1 依据教学物质设施的体育教学内容分类图

最后，第四层次——体育教学的教学方法与手段。某项教学内容下位的具体教学内容，在体育教学中，练习教学内容、游戏教学内容、认知教学内容等都属于这一层次。例如，一项运动的具体练习教学内容、游戏教学内容以及认知教学内容等一系列拆分开来的教学内容。

（二）体育教学内容的类型划分

1. 体育教学内容分类的基本要求

要求一：与教育价值取向相一致

随着社会和教学需要的发展，并没有哪一种体育教学内容的分类是一成不变的。不同时期学校体育教学的目的不同，教学内容也不同。不同体育价值观下的体育教学内容也不同。以东西方体育文化为例，西方学校体育教学旨在通过体育运动的方式加强学生的身体健康水平，并以体育运动为手段增强学生的心理健康度和与社会融合的适应度，培养学生的竞争意识和本我个性。而我国学校体育教学更侧重于“强国护种”的政治目的，在不同教育价值取向下东西方的教学内容选择表现出明显的差异。现阶段，我国强调素质教育，学校体育教学内容日益丰富和多样化。

要求二：以体育课程目标为中心

一切教学活动都要围绕着体育教学目标进行。体育教学内容应为满足体育教学的目的和任务服务，它是实现体育课程目标的重要手段，因此，体育教学内容的分类必须要考虑到能否有效帮助体育课程目标的实现。体育教学内容往往是多功能的，所以对体育教学内容进行分类必须充分考虑体育运动项目或身体练习的特点与功能，以便于为更好地实现教学目标选择相适应的教学内容。

要求三：与学生发展规律相符合

体育教学内容要充分考虑学生的身心发展特点。学生正处于青春发育期，不同年龄阶段的学生，其年龄阶段的生理特征和心理特征具有不同的表现，教师在选用具体的教学内容时，应考虑教学内容是否符合该年龄阶段学生的特点。针对学生此年龄阶段的生理和心理特点选择适当的体育教学内容，充分遵循了学生身心发展的基本规律。机体和心理在一定年龄阶段的可承受运动负荷与从事运动项目是对应的，教师应充分把握这一规律。以小学低年级的体育教学内容为例，在这一阶段体育教学的运动技能的目标主要是对学生的基本活动能力进行发展。因此与该阶段学生相符的教学内容比较适合采用以基本活动能力与游戏来进行分类，如此做对于发展小学生的基本活动能力以及对小学生在体育兴趣方面的培养是非常有利的，从而充分调动学生学习体育的积极性与主动性。

要求四：有利于教学实践的开展

对体育教学内容的科学分类应始终坚持为体育教学实践服务的基本教学理念。对体育教学内容进行具体分类时，应便于体育教师在体育教学实践中对体育课程内容进行选择与安排。体育教学内容的分类不但要合理，而且必须符合科学规律，分类的正确与否将交由实践验证。

要求五：紧密联系其他教学要素

体育教学体系包括多个教学要素，教学内容是其中重要的一个，体育教学内容的分类应当做到与体育教学方法和评价方法相互联系，以形成一个完整的系统，从而成为一个整体，这样有利于体育教学评价的顺利进行，也就是说，进行体育教学内容分类时，必须要树立系统观念。

2. 体育教学内容常见分类方法

现代体育教学内容丰富，涉及的体育运动项目种类繁多，因此进行体育教学内容分类时，必须要充分考虑按照逻辑进行分类。对体育教学内容进行合理的分类能够使教师和学生对于体育教学内容的认识更加深刻，同时应有助于教学目标的实现。大多数体育教学内容之间的关系是平行的，并没有过多的纵向逻辑关系，加之体育教学内容往往是可替代的，因此在体育教学内容的分类上，争议还是比较多的。目前，体育教学内容的分类方法大致包含以下几大类。

方法一：根据体育教学功能分类

根据我国体育课程相关的文件，以三维健康观、体育的本质特征、体育与健康课程等几个领域的目标为依据对体育课程的内容体系进行了重新构建，体育教学内容被划分为包括运动参与、运动技能、身体健康、心理健康以及社会适应等五个方面。

方法二：根据体育教学目标分类

根据体育教学的目标进行分类，在体育教学分类方法中比较常见。这种方法是依据人们赋予的体育教学所要达到的目的进行分类的。比如发展学生身体素质的练习、提高学生运动技能的练习、培养学生运动安全和运动损伤预防的练习等。根据体育教学目标对体育教学内容进行分类的方法能够使根据多种目的的身体练习进行人为的规定得以实现，能够使教学内容具有一定的目的性，对于打破陈旧的、以竞赛为目的的教学内容编排体系也非常有利，从而保证学生能够学到比较多的体育教学内容。

方法三：根据机体活动能力分类

以人体的基本活动能力为依据进行分类，就是根据人类具有的走、跑、跳、投、攀登、负重等基本活动能力，从而对所有的运动项目、身体练习按照这一标准进行分类。根据人体基本活动能力对体育教学内容进行分类的优点在于，有利于促进有目的、有针对性地对学生的基本活动能力进行培养，并且不会受到正规体育运动项目规则的限制，有利于在从组合教学内容的基础上来对学生的各种身体动作和发展基本活动能力进行发展，尤其适合对低年级学生的教学内容进行分类。该分类方法的缺点在于，通过不同教学内容的学习对于学生掌握体育运动技能、发展体能等方面具有一定的局限性，对于高年级学生来说其要求往往无法满足，容易使高年级学生失去体育学习兴趣。

方法四：根据身体素质内容分类

身体素质主要是指人体的运动能力，主要包括力量、速度耐力、灵敏、柔韧等基本身体素质。体育教学的主要目标之一就是帮助学生增强身体素质。因此，根据身体素质对体育教学内容进行分类是一种非常重要和普遍的分类方法。具体来说，根据身体素质内容进行分类，可以根据速度、力量、耐力、灵敏、柔韧，或者根据与动作技能相关的体能分为速度、力量、灵敏、协调、平衡、反应等，也可以根据与健康相关的体能将身体素质分为心肺耐力、柔韧性、肌肉力量、肌肉耐力、身体成分等，可以将这样各个不同运动项目的身体练习进行完全不同的分类组合。该分类方法既有优点也有缺点，优点在于能够有利于学生正确认识各种体育运动项目与身体练习并促进学生体能素质的全面发展，同时，还能够有目的、有针对性地使学生的体能获得非常大的进步。缺点在于，由于在体育运动项目当中，许多项目并不是以提高某一方面身体素质为前提的，因此对待这类项目时这种分类显得比较模糊，而且这种分类在学生对体育教学内容文化特性的认识上可能使学生产生误区，即体育学习主要是体能素质提高，容易忽视体育理论知识学习和体育专项技能训练。

方法五：根据体育运动项目分类

根据运动项目对体育教学内容进行分类是一种非常普遍的分类方法，在体育教学中应用较为广泛，该分类方法是按照各个运动项目的名称和内容进行具体的系统分类的，大致可以分为球类、体操、田径、武术、体育舞蹈、冰雪运动、水上运动等，对各式各样的运动项目根据特点加以详细地划分。根据运动项目对体育教学内容进行分类便于学生明确了解学习内容，对于学生了解和掌握体育运动文化具有非常大的帮助。但是同时应该充分认识到，该分类方法对一般学校体育常设体育项目教学并无不良影响，但是对并没有被列入正规体育比赛的项目当中的一些运动项目容易忽略，而且在正式比赛的项目当中，很有可能由于规则、技能等方面具有相当高的水平，使教学内容与学校体育教学不相符，因此，需要对竞技性过强的体育项目教学内容进行适当的加工、改造，使其与学生的生理发展和心智发展水平相符，这对体育教师对体育教学内容的加工、改造能力具有较高的要求，如果体育教师的能力有限而强行加工和改造教学内容，则很有可能导致原有体育教学内容性质发生变化。

方法六：综合交叉分类

综合交叉分类是一种将基本部分与选用部分、理论与实践教学内容、各项运动的基本教学内容与发展身体素质练习教学内容等相互交叉的综合分类方法。从分类角度来讲，综合交叉分类与一般事物分类原则相违背，不是用同一标准对体育教学内容进行衡量的。但是，采用综合交叉分类对体育教学内容进行科学分类，能够准确地将不同学生的不同年龄阶段身心发展特点和对学生学习的基本要求反映出来，对达成体育教学目标有非常突出的作用，在有助于保持运动项目的固有特点和系统性的基础上，同时增强学生进行身体锻炼的实效性，从而在体育教学内容的运用上使运动项目的技术和学生身体素质的联系综合、全面协调发展。

三、现代体育教学内容的构成要素

学生学习体育、保健原理与知识有利于其更深刻地理解体育对人类社会、对国家、对自己未来发展的重要意义，有利于学生科学从事体育健身实践、自觉参与各项体育活动。体育、保健原理与知识教学内容是体育教学的基础内容，通过该部分教学内容的学习，学生应掌握基本的体育常识，了解体育保健的相关原理，并能在日常生活实践中科学运用体育保健知识来指导自己的体育锻炼活动，提高体育锻炼的科学性、安全性。该部分内容教学应密切联系生活实践，并注意教学内容的系统性。切忌教学内容的支离破碎、简单无逻辑的知识罗列。当前，我国体育教学日益受到重视，学校体育教学内容丰富多彩。当前，在我国各级各类学校开设的体育教学内容主要包括以下几个方面。

第一，田径运动。田径运动是体育教学的基本教学内容。它与人的走、跑、跳、投等基本活动能力有内在关系，所以被誉为“运动之母”。田径运动是体育教学内容中最基本的部分，对于学生基本身体素质的提高和为学生参与其他体育活动奠定良好的基础。田径教学内容包括走跑、跳跃、投掷等几类运动项目内容，通过田径运动教学，学生应了解田径运动文化、掌握田径运动原理、掌握田径运动各类运动项目的运动技术，并能在课外科学从事田径运动，为之后的田径专项学习和其他项目学习奠定知识和技能基础。

第二，球类运动。学校体育教学内容中的球类运动教学主要包括足球、篮球、排球、乒乓球、羽毛球、橄榄球、网球等球类运动项目的教学。球类运动教学的目的在于使学生了解球类运动概貌、认识球类运动的基本规律和特点、理解球类运动文化、掌握和提高球类运动技能。和其他教学内容相比，球类运动教学的内容较为复杂，学生掌握球类运动技战术需要一个较长的时间并付出艰辛的练习。在进行球类运动的教学过程中，教师应根据具体教学内容的逻辑顺序合理安排学生学习，如先进行技术学习，再进行战术学习；先学习战术配合，再学习战术实施，再进行攻防转换。总之，球类运动教学内容的教学应建立在遵循球类运动特点、技能发展规律、学生认知规律和技能学习规律的基础之上进行。同时，教学过程中，应注意教学方法的科学选用，以促进学生全面、准确掌握教学内容。整个教学过程中，还应注意将球类运动基本理论知识、球类运动技术、球类运动战术、球类运动竞赛等教学充分结合起来。

第三，体操运动。体操的历史较为悠久，自人类进入文明时代后，体操就一直伴随着人类的发展，它还与人克服各种外界物体的心理欲求有联系。因此是体育教学的重要内容。现代体操运动包括技巧、支撑跳跃、单杠和双杠等。它是一项有助于发展个体的力量，协调、灵活、平衡等能力的运动，通过体操运动教学，学生应掌握体操运动文化与基本常识，了解体操运动的基本原理与特点，掌握基础的体操技术动作，并能在课余体育活动中进行一些实用性较强的体操技能练习，以提高自己的体能素质水平和体操技能水平。在体操教学过程中，对具体教学内容的选择应充分考虑到它的竞技、心理、生理等方面，力求将这些方面在教学过程中充分体现并全面地呈现给学生，使学生能够通过体操内容的学习来增强体质、提高运动能力。教学中应注意动作难度、幅度、改变动作连接方式、运动负荷等的循序渐进。

第四，民族传统体育。民族传统体育是我国优秀体育文化的重要组成部分，是我国体育教学区别于西方体育教学的一个重要内容。我国民族传统体育传承发展五千年，内容丰富、种类繁多，民族传统体育纳入高校体育课程教学是传承我国民族传统体育文化的重要及有效途径，我国民族传统体育项目具有丰富的文化内涵，学生通过该部分教学内容的学习，能有效实现强身健体、调节心理、养生保健、技击防卫等目的，同时，对于学生增强民族自豪感和民族自尊心也具有重要的促进作用。具体来说，了解民族传统体育中的礼仪文化、道德内容，培养学生的爱国精神、民族自尊心，使学生能保持足够的学习热情，掌握几项技能以养成终身体育锻炼的习惯，并能为民族传统体育文化的传承培养更多的接班人。在体育教学中，学生学习我国民族传统体育内容需要付出比其他项目更多的耐心，这主要是因为我国民族传统体育对学生的身体素质要求较高，尤其是武术基本功的练习需要学生具有扎实的基本功基础，否则就不能完成一些具有难度的技术动作和套路练习。民族传统体育教学应分配较多课时。需要特别注意的是，我国民族传统体育项目内容来源于人们的日常生产生活，与生活习俗、民族风情等息息相关，因此，在教学中，体育教师应注意突出我国民族传统体育教学内容的文化性、范例性、实用性，特别重视民族传统体育教学内容的文化背景和意义的阐述，为我国民族传统体育的可持续发展营造良好的文化氛围，并培养一批优秀的文化传承人。

第五，韵律运动。韵律运动包括健美运动、民间舞蹈、健美操、体育舞蹈、韵律操、艺术体操等内容。教学目的在于改善学生的体态，培养学生的动作节奏感和肢体表现力。在体育教学实践中，安排韵律运动的教学，应注意从韵律运动的特点入手，通过学习使学生了解韵律运动的舞蹈、音乐理论基础和特点，提高学生的审美意识和审美能力，并通过技术动作练习提高学生肢体的艺术表达能力，并注意在韵律运动的练习过程中培养学生的自我创造意识和创造能力。

四、体育教学内容的选择

体育教学内容有宏观和微观之分，这为地方和学校具体体育教学内容的确定提供了必要的参考，同时给予了非常大的自由性。我国幅员辽阔、民族众多，形成了丰富多彩的地域体育文化、民族文化。不同地区的学校在选择体育教学内容时，应充分考虑本地区、本民族的特点，选择具有地方特色的民族传统体育内容，一方面可以使学生产生亲切感，提高学生体育学习的兴趣；另一方面，有助于本地区体育文化的推广、普及和传承。在体育教学实践中，体育教师对任选体育教学内容的选用不是无章可循的，教师应在体育教学大纲的指导下、在充分分析学生身心发展特点的基础上，对本地区体育活动内容进行考察、筛选，选择具有代表性的、能促进学生身心发展的、有助于实现体育教学目的的体育运动项目，并在教学过程中注意充分体现出所选体育教学内容的文化性、地域性、民族性、可操作性和实用性。

体育教学内容选择是现代体育教学设计的核心问题，因此，选择应准确、科学、得当。

（一）体育教学内容的选择依据

1. 体育课程目标

体育课程目标是体育教师在教学工作中必须始终牢记的一个内容，在选择体育教学内容时应对备选的教学内容进行筛查，或者直接根据体育课程目标去寻找合适的教学内容。课程目标是选择教学内容的重要依据。体育教学内容是实行体育课程目标的重要手段，要促进课程目标的实现，就必须选择与之对应的教学内容，这是毋庸置疑的。体育课程目标编制过程中，每一个阶段都作为教学内容的先导和方向，所以它经过了多方专家的合理思考验证，对各个方面的影响都进行了认真合理的验证。体育课程目标具有多元性的特征，体育运动项目和身体练习也具备可替代性的特征，体育教学内容丰富，应从中选出最能实现体育教学目标的一部分教学内容来。

2．客观教学规律

体育教学内容的选择应符合体育教学的客观规律，在不同教学阶段选择不同的体育教学内容。体育教学内容的选择应符合学生身心发展规律、学习认知规律、技能形成规律等。体育学习需要学生主动参与，而主动参与就是说，学生自身的积极和努力是必不可少的。通常学生如果面对感兴趣的事情，其参与的动力会大大增加，学习的效率也将倍增。因此，对体育教学内容进行选择的一个必要的因素就是学生对于体育的需要和兴趣，以便于充分调动学生学习的积极性与主动性。教学初期应选择娱乐性较强的体育教学内容，教学过程中应注意多样化的体育教学内容的选择。体育教学活动的主体是学生，教学内容选择应符合学生的生长发育、技能发展的客观规律。具体来说，在选择体育教学内容时，学生的需要是必须要考虑的。体育教学以促进学生身心发展为目的选择相应的体育教学内容。

3．学生发展需要

学生是体育教学的对象，体育教学内容必须要让学生可以接受，并且产生兴趣。所以进行体育教学内容的选择时，学生的特点就决定着教学内容当中的各项要素。绝对不能忽略学生的实际情况。体育教学内容应能满足每一个学生的体育发展需要，通过体育学习，每一个学生都能有不同程度的发展。

4．社会发展需要

学生的个体发展无法脱离社会的发展。因此，体育教学能够在健康方面为学生打下良好的基础，所以在进行体育教学的内容选择时，除了考虑学生本身的需求，社会现实发展的需求也必须被考虑进去。社会是学生实现自我价值的最终归宿，体育教学内容必须能够满足学生在社会上发展当中各方面的需要。除此之外，体育教学内容必须做到与社会生活和学生生活联系在一起，这样才能让学生体会到它的作用，其功能才得以实现，因此，体育教学内容的选择与社会实际相符是非常重要的。

（二）体育教学内容的选择原则

1．教育性原则

进行体育教学内容选择的时候，应始终坚持体育教学育人的根本目的和任务，充分体现体育教学内容的教育性。第一，体育教学内容选择应从教育的基本观点出发，分析其是否与教育的原则相符；第二，体育内容选择必须与体育课程的主要目标相匹配，确立“健康第一”的指导思想，并以此作为体育教学内容当中最基本的出发点；第三，体育教学内容选择应看重彰显文化内涵，在学生学习体育技能的同时更能深刻体会到体育文化修养带来的益处；第四，体育教学内容的选择应考虑对学生品德、智力、体质等方面的全面发展是否有利，对不同学段学生的发展特点和规律都要充分考虑到，其个体差异与不同需求将会在其中起到很大的作用，确保每一位学生受益；第五，体育教学内容选择应与社会的固有价值观同步，有利于满足现代社会对学生的发展要求。

2. 科学性原则

科学性在体育教学内容的选择中具有十分重要的作用。体育教学内容选择是否科学直接关系到教学的效果与质量、教学目标的实现及学生的发展。第一，体育教学内容的选择必须有利于学生身心的协调和共同发展。对虽然有利于学生身体健康，但对于学生的心理健康并不合适的教学内容应摒弃，反之亦然。教学内容的选择必须使学生身心均有所发展；第二，体育教学内容要使得学生能够从根本上对科学锻炼的原理和方法有一个深入地了解，增加学生从事体育锻炼时的自觉性和积极性；第三，体育教学内容本身的科学性。科学性不足的新型体育项目不应进入课堂；第四，体育教学内容的选择应与学校的具体实际相结合。

3. 趣味性原则

兴趣是帮助一个人学习最好的老师，学生学习体育基本知识在很大程度上受其体育兴趣的影响，体育学习兴趣是决定学生体育学习的主导力量。因此体育教学内容的选择应注意突出趣味性。一方面，对竞技性强的教学内容应予以摒弃或进行健身性改造。大多数竞技运动项目的健身价值和教育价值是不可低估的，但是，教师过度关注竞技运动项目教学的系统性和完整性，用培养运动员的方法进行体育教学，会导致很多学生厌恶体育课。另一方面，要根据学生的各方面特征尽量选择他们感兴趣的、有趣味的内容。在选择体育教学内容时必须充分考虑学生的兴趣。

4. 实效性原则

所有对学生健康有利的教学内容都是教学内容选择的良好范围。实效性，具体是指体育教学内容应具有实用性、简便易行、有助于学生身心健康的有效发展。国家相关文件在教学内容的改革中，强调要改变教学内容当中的“难、繁、偏、旧”以及教学过程过度的偏重书本知识的现状，体育教学内容应避免该方面内容。体育教学内容的选择一定要兼顾选择与学生自身的体育学习兴趣和经验相接近的以及大众喜欢的、社会上比较普及的，加强学生生活与现代社会和科技发展之间的联系，同时强调运动项目的健身娱乐效果，为学生的终身体育奠定基础。

5. 适应性原则

体育教学内容的选择过程中，体育教师应充分考虑所在地区及所在学校的气候、地理、经济、文化等条件，选择的体育教学内容应具有付诸教学实践的可能。

6. 民族与世界结合原则

体育教学内容应体现民族性、符合我国实际，同时要与世界体育发展接轨，建设体育强国。民族的就是世界的。不能对自己民族的东西盲目自信，但同时更不能有崇洋媚外的思想。体育教学内容的选择应该与时俱进，体现当今时代中国的特色。总之，体育课程内容的选择要在保留我国民族传统体育当中精华部分的同时，对国外好的课程内容有选择地加以借鉴吸收。将一切优秀的体育文化都纳入到体育教学中去。

五、体育教学内容的加工与开发

（一）体育教学内容的加工

1. 体育教学内容的加工要求

首先，应当考虑学生基础。对体育教学内容的加工应充分考虑学生的基础，如认知能力、理解能力、身体条件、机体承受能力等，使体育教学内容的加工与学生情况相符合，使学生通过体育教学内容的学习能切实促进身体生长发育和心理健康发展。

其次，应当满足学生需要。满足学生需要是体育教学内容加工的一个重要要求，在体育教学过程中，学生是教学的主体，不能只考虑体育教学内容本身的难易程度，还应考虑体育教学内容的多少、逻辑性是否能满足学生学习和发展的需要。

最后，应当符合加工要求。对体育教学内容进行加工处理，目前主要采取两种方法，螺旋式排列和直线式排列，以整合出新的体育教学内容。不论是哪一种排列法，都需要注重不同的体育运动和身体练习的特征。螺旋式排列强调相同教学内容在不同年级或水平重复出现的阶段性提高，直线式排列指学习了一个运动项目或进行了某种身体练习后，不再重复出现。两种排列不可交叉，否则就会影响教学效果。

2. 体育教学内容的加工程序

第一，审视教学观点。体育教学内容的选择应从社会的生产生活以及教育、科学等发展的实际出发，充分考虑社会发展对人类健康的要求，分析和评价现有的体育教学内容。观察教学内容对学生进行锻炼、增进健康、思想品质培养是否有利。将与教育要求不相符，也不利于学生身心健康的内容舍弃。

第二，整合教学内容。依据不同学段学生身心发展的特点进行选择，对体育教学内容的功能进行分析，并整理合并具体的体育运动项目和身体练习，进而作为体育教学内容的基本素材。

第三，确定课程内容。结合学校条件和学生情况确定体育项目，并对体育项目的具体练习内容进行加工处理，在体育教学中，可供体育教学内容作为素材的体育运动项目和身体练习是非常多的。然而，体育教学的时间有限，因此要对具体的内容进行整合、取舍，使最终的教学内容最有利于实现体育教学目标和促进学生发展。

第四，可行性分析。在选择体育教学内容时，要分析教学内容实施的可行性。这主要是因为，体育教学实践受地域、气候条件等诸多因素影响，某一教学内容在某一个地方适合，在另一个地方却不适合，在选择时，一定要为各地、各校选择和实施体育教学内容留下足够的余地，保证在实际体育教学中的执行弹性。

（二）体育教学内容的开发

体育教学内容的开发，旨在寻找更丰富、更适合体育教学实际和有利于促进体育教学目标的教学内容，一般应从以下几个方面着手进行。

第一，延续传统体育教学的内容。现代体育教学内容丰富，在长期的体育教学改革过程中，一些体育教学内容被保留和传承下来必然有其科学性的存在，这一部分教学内容能切实促进学生身心发展、符合体育教学课程目标要求、具有良好的学生基础，因此对这部分体育教学内容应予以保留，只是在体育教学过程中，可以通过改变教学模式、教学方法、教学手段等进行体育教学创新，更进一步地体现该部分体育教学内容的教育性、趣味性、健身性、科学性、社会性。

第二，参考上级课程文本的建议。所谓上级课程文本，具体是指“国家教育行政部门规定的统一课程和教学内容，它体现国家的意志，是专门为未来公民接受基础教育之后应该达到的共同体育素质而开发的体育课程和教学内容”，上级课程文本具有导向性和政策性，它充分考虑到了各地的不同情况，给地方、学校、体育教师一些自由的空间以及自由发挥的余地。因此，在选择教学内容时，各地方学校要在上级课程文本的建议下，有针对性地对本校现有体育教学内容进行丰富。

第三，修改上级课程文本的规定。我国体育教学课程文本对教学内容的规定是宏观的，这是充分考虑了各个地区以及学校的具体情况可能存在的不一致性，而实际上上级文本所涉及的教学内容也未必能考虑周全，在实际的体育教学过程中很有可能出现与本地、本校实际教学情况不符的情况，针对此类情况，应对上级课程文本规定的教学内容进行适当修改，前提是必须在领会和坚持上级文本精神和规定要求的基础上进行。

第四，改造传统体育教学的内容。对传统体育教学内容中不符合时代特点、学校和学生实际的内容进行有针对性的改造。随着时代的发展和体育教学的改革，一些传统体育教学内容已经无法适应学校体育教学的需要。因此，为了使传统体育教学内容更好地发挥其优势，以便为体育教学服务，需要对其进行适当的改造。具体来说，对某个具体的学校体育教学内容资源而言，从中提取一些要素，改变一些要素，增加一些要素或舍弃一些要素就可以形成一个新的体育教学内容。如降低难度、简化规则、游戏化、实用化、生活化等。

第五，引进新兴的体育教学内容。体育运动是不断向前发展的，体育教学也应是不断向前发展的，在发展过程中，必然会有新的体育运动项目和新的体育教学内容出现。近年来，为不断丰富体育教学内容，一些体育教师尝试将一些新兴的体育运动项目纳入到学校体育教学中来，如街舞、瑜伽、拓展训练等，这些新兴的体育运动项目引起了广大学生的学习兴趣和好奇心，使体育教学收获了不错的效果。因此，吸引新兴的体育运动项目是切实可行的，能为体育教学注入新的活力，有助于激发学生体育学习的热情。社会进步令体育运动更加丰富多彩。学生更加追求新鲜的体育项目，所以体育教学内容也要注重推陈出新。我国多民族的特性决定了各个民族都有出色的民族特色体育项目，这些民族项目既各具特色，又有良好的健身价值，在体育教学内容的选定中应适当根据具体情况加以选用，以突出体育与健康课程内容的时代性。需要注意的是，体育教师在引进现代的新兴运动项目，应依据现有的原理、规则、方法、场地器材条件等，考虑新的教学内容是否与本校条件和学生发展相适应。

第二节　高校体育教学内容体系的构建过程

一、体育教学内容体系的构建思路

《新课程标准》充分重视各阶段内容的衔接和体育知识系统化问题，对学生在体育教学过程中学习的递进性和知识的系统性进行了充分考虑，在课程目标上进行了一些新的描述。例如，在球类与体操学习目标的表述中，水平四的目标为“基本掌握一两项球类运动中的技战术”“完成一两套技巧项目动作或器械体操动作”；水平五的目标为“较为熟练地掌握一两项球类运动中的技战术”“较为熟练地完成一两套技巧项目动作或器械体操动作”。从“基本掌握”和“完成”到“较为熟练地掌握”和“较为熟练地完成”。但是，如果水平四与水平五学习的球类项目不同，体操内容不是同一类器械体操内容，则无法保障从“掌握”到“熟练掌握”的递进式发展，各阶段教学水平就不能实现一致性，无法保证采用“大循环”排列方式实施体育教学内容，进而无法保证学生运动技能掌握的系统性。

为了使学生通过体育学习切实掌握一两项体育运动技能，必须科学选择教学内容，实现体育教学内容的系统性，具体来说，就是从国家体育课程教学内容中选择适合本地区教学情况的各年级、水平阶段适中的体育教学内容，充分保障教学内容选择的灵活性与规定性；使学校体育教学内容形成一个严谨、灵活的体育教学内容知识系统，促进学生循序渐进地、系统地学习体育教学内容。

二、体育教学内容体系的框架构建

首先，体育教学内容体系构建应当具有逻辑性。体育教学目标与体育教学内容关系密切，这是一个常识性问题，在本章内容前面部分也反复强调过。体育教学内容的逻辑性应充分参考不同体育课程教学目标的阶段性要求，坚持“目标统领内容”的理念，课程目标的阶段性、逻辑性对体育教学内容不同阶段的选择具有重要的指导作用。在体育教学实践中，不同教学阶段的体育教学目标不同，高年级的体育课程教学目标与低年级的体育课程教学目标之间是递进的关系，因此不同教学阶段的教学内容选择也应是由少到多、由表及里、由简到繁的递进过程。各个阶段性课程目标引领着与之相适应的体育教学内容。体育课程目标指导下的体育教学内容要尊重机体适应规律、技能发展规律、学习认知规律、符合学生不同阶段的体能素质发展的敏感期，这是学校体育教学内容体系构建逻辑性的重要意义所在。

其次，和体育内容一样，体育教学内容丰富，看似庞杂无序，但是深入研究体育教学内容的多条逻辑线可以发现，通过对体育教学内容各要素的控制，可以实现不同阶段学生所学习的体育教学内容难易适度，进而在整个受教育时期，实现教学内容学习的递进性，促进各方面素质的系统性发展。蔺新茂和毛振明等学者结合学生学习体育教学内容的递进性和系统性，提出了一个相对完善的与学校体育课程的目标相匹配的体育教学内容体系，其基本框架具体如图 2-2-1 所示。

三、学校体育教学内容体系的构建说明

（一）体育教学内容体系的逻辑说明

由基础到提高、由部分到完整共有三条逻辑线，具体如表 2-2-2 所示。

基础类技术体育教学内容，提高类、拓展类体育教学内容、终身体育教学内容三类体育教学内容之间是基础与提高的关系。从对上述三类体育教学内容的逻辑关系分析来看，在各类体育教学内容中，三类内容的每两个相邻的体育教学内容之间均具有技术基础性和技术提高性递进关系，而不同学段、级段在选择和排列体育教学内容时，应遵循这一逻辑关系，体现不同阶段体育教学内容的阶段递进性。

（二）体育教学内容体系构建的基本要求

现阶段，要保证体育教学内容的系统性、完整性，促进学生对体育运动技术的有效性掌握，以为其参与终身体育奠定必要的技能基础，应在教学内容体系构

建中明确以下三个方面的要求。

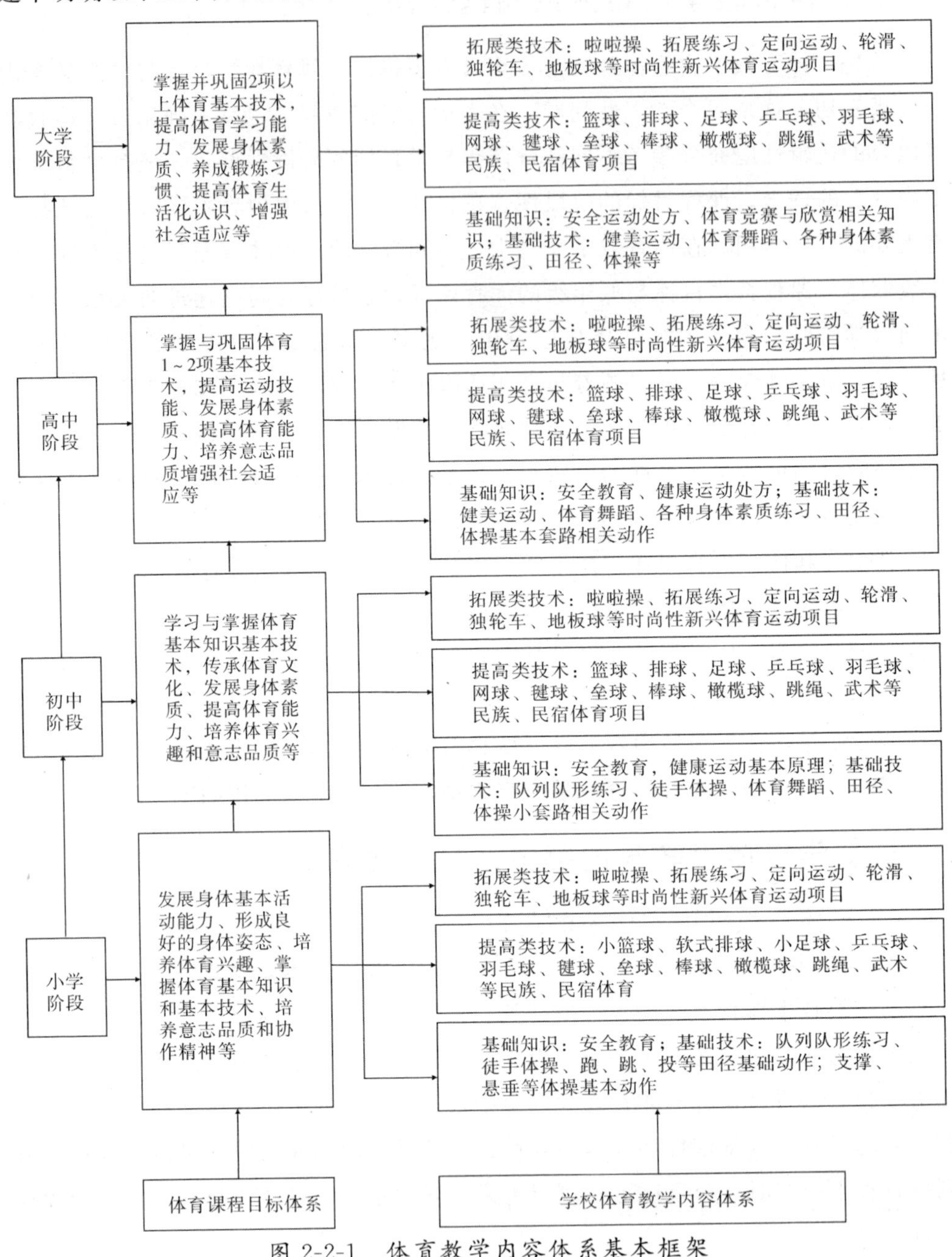

图 2-2-1　体育教学内容体系基本框架

表 2-2-1　体育教学内容体系中各内容的逻辑线

逻辑线	内容关系阐述
体育教学目标的逻辑线	体育各阶段性目标是从基础到提高、从部分到全面逐渐提高的
基础类与提高、拓展类体育教学内容与终身学习能力的逻辑线	基础类技术的掌握为各项提高类、拓展类技术的学习提供了素质基础、心理基础；提高类技术的学习为学生提高终身学习的能力，养成终身体育习惯奠定了基础
体育教学内容之间的逻辑线	无论是基础类技术，还是提高类和拓展类技术，其自身均有从基础到提高、从部分到完善的逻辑关系

首先，在国家层面，体育教学课程管理体制必须制定明确的课程目标，使学校体育课程目标切实为学校体育和体育课程服务，并以此为指导科学选择体育教学内容。

其次，在地区层面，各地区在选择规定体育教学内容时，必须充分考虑各地区的大众体育特色、传统体育优势，同时结合国家体育事业发展和地方体育发展的需要，在体育教学内容的选用方面能充分体现地方特色。

最后，在学校层面，学校对体育教学内容的科学选择和使用，应根据学生的年龄和学习特征进行，同时要在教学内容选择上尊重体育教学内容自身的技术逻辑和技术教学的规律，保持体育教学内容选择的灵活性，使之始终遵循客观教学规律。

第三节　高校体育教学内容体系的改革发展

一、体育教学内容改革的方向

（1）改变体育教学内容的体育锻炼和达标相统一的趋势。

（2）解决体育教学内容与学生社会体育活动之间的差距。

（3）解决体育教学中与体育教学内容难度有关联的“教不会”“教不懂”的问题。

（4）解决学生因体育教学内容缺乏娱乐性而排斥体育课的问题。

（5）解决乡土教学内容开发不足的问题。

（6）解决体育教学内容民族化的问题。

二、体育教学内容改革的建议

（1）以学生为本，体育教学内容的选用应更多地从学生如何学以及他们兴趣的角度出发。

（2）实现教学内容选择的自由性。改变体育教学内容规定过死的现象，扩大教学内容弹性，使地方学校和教师对体育教学内容的选择、设计更具灵活性。教学内容应范围广阔，让学生和教师选择体育教学内容的权限更宽广。

（3）逐渐淡化竞技运动的技术体系。

（4）重视女性教育，适当增加女生喜爱的韵律体操和舞蹈内容。

三、体育教学内容改革新体系

体育要做到与学生的日常生活相结合，与社会发展相结合，在新的体育教学改革方针指导下，体育教学内容改革强调内容的丰富性与实效性，一般认为，体育教学内容新体系应当包括身体教育、保健教育、娱乐教育、竞技教育和生活教育等五个方面。具体分析如下。

第一，身体教育。身体教育是指以健身为目的的体育教学。身体教育的目标是要提高人的各项基本活动能力。学校体育的本质决定了学校体育必须为提高学生的体质健康水平服务。“健康第一”是当前体育教学的重要教学指导思想和理念，因此，体育教学要重视学生健康素质水平的提高，重视学生身体成分、肌肉力量、有氧耐力及柔韧性等与健康相关的运动素质的发展。

第二，保健教育。保健教育与学生的健康生活息息相关，具体是指在学习相关体育知识的过程中确保学生的安全和健康，这其中生理和保健知识也是必不可少的。在体育教学内容中必须重视运动处方的理论和实践，从而将保健教育和体育教学结合起来。为学生成为一个健康的人奠定重要的理论知识基础。

第三，娱乐教育。娱乐教育是新时期提高学生体育学习和参与积极性及主动性的必然要求，是体育教学内容发展的一个重要内容，应该得到重视。体育教学内容中的娱乐教育可以非常灵活地结合在社会的每个角落。每个人及每个民族的娱乐体育活动都是丰富多彩的，因此促使它成为体育教学内容是一种有益的选择。因此，应在学校大力推广我国民族传统体育。现阶段，开设民族民间体育，如武术、踢毽子、荡秋千、爬竹竿等，扩大学校体育资源与体育课程资源，丰富学校体育的内容对促进我国传统体育文化传承与发展具有重要意义。

第四，竞技体育。竞技体育主要是以专项运动项目为主要内容的教学内容，在过去政治因素影响下，竞技体育一直是学校体育发展的重点，之后随着国家对体育教学“健康第一”“以人为本”“终身体育”的强调，竞技体育在学校的地位有所降低，但仍是学校体育的重要教学内容。竞技体育是社会体育文化的重要组成部分。在增进学生健康，培养学生的运动兴趣、提高学生的运动技能，培养学生积极进取的人生态度，增强竞争与协作精神、团队意识、心理调节能力、责任感等方面具有重要作用。但在教学过程中切忌照搬对运动员的要求而进行体育教学，应针对在校学生进行加工、改造、处理，适应学生实际情况和需求。

第五，生活教育。生活教育在这里指防卫训练、拓展练习、冒险教育及健康生活教育。社会发展影响着每一个人，城市化发展的加快使人们渴望接触自然，包括学生，因此很多学生希望亲近大自然。而这种追求，在体育教学内容方面又可以有新的选择。

四、体育教学内容的未来发展趋势

（一）以学生为主

体育教学内容的选择与确定将受到各个方面的制约。在过去的体育教学大纲中，体育教学内容的选择与确定往往更重视教育工作者对于教学内容的价值取向，因此重视的仅仅是教师的教。随着体育教学改革的不断进行，目前，体育教学逐渐摆脱了传统的以实现体育教师的教学去选择体育教学内容的做法，而逐步转变为教学内容的选择服务于学生的学习，从学生的实际情况出发，以实现学生对体育教学内容的价值取向。

（二）多样化发展

以往传统体育教学中，教师对体育教学内容的选择往往是简单地依据体育教学目标进行，或者是将体育运动中的运动项目直接地移植到体育教学内容中。这样的体育教学内容的选择过程是不利于体育教学发展的。在体育教学理念和创新理念指导下，未来的体育与健康教学大纲中，有关体育教学内容的选择，更加注重寻找体育学科内在的一些规律，体育课程中挑选的内容往往都是学生喜欢的，有利于促进学生发展的、富有时代性的。

（三）加强综合素质

在传统体育教学理念和模式下，以往的体育课程大都是以提高学生跑、跳、投等身体素质为目的的一种体能达标课。虽重视基础性，但发展性不足。新时期，社会需要全方面发展的人才，新的体育教学改革强调素质教育，因此对于学生素质的全面发展（身体、心理、智能、社会适应能力等）肩负着无比重大的责任。在体育教学内容方面，这项内容的选择与确定，同样要符合素质教育的要求，使学生的生理健康、心理健康以及社会适应性等均有所发展，为学生在社会中实现自我价值奠定了良好的发展基础。

（四）重视终身体育

我国传统体育教学内容更多的是体育竞技内容，重视学生竞技能力的发展，目的在于培养运动员，而忽视学生的身心健康发展，过度强调竞技性。现阶段，学校体育为终身体育打基础，使学生树立终身体育意识，实现终身体育目标已成为体育教学的一个重要的发展趋势。而终身体育目标的达成则取决于学生参加体育所需的技能、知识和态度。体育教学内容的选择应处理好健身性、运动文化传递性和娱乐性之间的关系，将生活中常见的具有健身价值和终身运动性质的运动作为体育教学内容。学校体育教学中，通过教师对学生日常生活、学习息息相关的体育活动的参与引导，使学生养成参与体育锻炼的习惯，将体育运动纳入自己的生活，并坚持终身参与。终身体育是人类自身和社会发展的必然。

在不同体育内容对学生素质培养的研究中，野外生存与拓展训练集挑战性、冒险性、趣味性和实用性等特点于一体，对于学生综合素质的培养具有重要的意义和作用。因此，这两方面内容在学校体育教学中比例的增加将是我国体育教学的一个重要发展趋势，在未来学校体育教学发展中必将进一步受到重视。

第三章　高校体育教学方法

作为实现体育教学目标、开展体育教学活动的主要途径和手段，体育教学方法的体系建设与体育教学目标实现的程度有着直接的关系，体育教学方法的科学与创新性对体育教学的质量也有着决定性的影响。鉴于体育教学方法的重要作用，本章特别对现代体育教学方法体系的建设与发展进行探讨与研究，重点探讨的内容有体育教学方法的基本知识、常见体育教学方法及科学选用、体育教学方法体系的构建及其创新发展。

第一节　高校体育教学方法的内容与选择

一、体育教学方法的基本内容

（一）体育教学方法的时代发展

体育教学方法是在体育教学现象出现以后才产生的，但这并不意味着其产生于课堂体育教学之后。在民间传统体育的传授过程中，一些教学方法就已经得到了普遍的应用，只是当时人们对教学方法还未形成一个科学和系统的认知，因而没有对其进行深入的研究。所以，现代意义上的体育教学方法是在现代体育教学产生以后才出现的，其时代性特点较为突出。我们可以将体育教学方法的发展历程分三个阶段来研究，具体如下。

1. 体操和兵操时代

在传统社会中，体育运动发展的一个重要助推力就是军事战争。在封建社会和资本主义社会的早期，为使士兵的作战能力不断提高，会要求士兵进行体育运动方面的训练。这时体育教学方法以训练式和注入式为主，相对而言比较单调。训练式和注入式的传统教学方法对大运动量的不断重复作了特别强调，主要就是通过苦练来增加士兵的运动记忆，促进其体能的不断增强。

2. 竞技运动时代

近代以来，竞技运动随着资本主义社会的不断发展而得到了快速的进步与发展，竞技运动项目在近代的大量增加是其快速发展的集中体现。这一时期竞技运动以公正、平等为指导思想，并且将众多的文化因素融入其中，表现出勃勃的生机和充沛的活力。竞技运动的发展对运动员的运动技能提出了较高的要求，而如果只是一味地苦练并不能与这一要求相适应，因而改进体育教学方法势在必行。

这一阶段，体育教学效率有了明显的提高，一些新的体育教学方法如演示法、观察法以及小团体教学法等开始逐步出现。

3. 体育教学时代

随着体育运动在现代社会的不断发展，其日益成为学校教育的重要组成部分。作为一种文化现象，体育的内容也得到了极大地拓展，健康教育、心理训练、安全教育、体育咨询、体育培训等方面的知识在体育运动中都有涉及，体育的知识和技能都得到了快速且全面的发展。体育教学内容的丰富与拓展直接推动了人们对体育教学方法研究的不断深入。体育教学方法的深入研究要求学生要对相应的体育知识和技能加以掌握，要求学生全面发展，即身体素质、心理健康、运动欣赏能力等都得到提高与发展。现代社会，科学技术的发展也取得了大量的成果，因而直接促进了一些新的体育教学方法的产生。计算机、录像、电影等多媒体技术的发展，使得运动表象和感知等方法得到了快速发展。至此，现代体育教学方法的发展向着科学、规范、更高层次的方向迈进。

需要强调的是，新的体育教学方法的产生与发展并不意味着传统体育教学方法的消失。在不同的时代背景下，都会有与这一阶段生产力和科学文化水平相适应的体育教学方法出现。这些新的顺应时代发展潮流的体育教学方法与传统体育教学方法相互结合，相互借鉴，共同推动体育教学的改革与发展。体育教学方法是随着时代的变革而不断发展的，而且随着教学环境、教学对象和教学内容等教学各要素的发展，体育教学方法也逐渐呈现出不同的阶段性发展特点。

（二）体育教学方法的概念

教学方法是师生为实现课堂教学目标和完成教学任务而采用的教学活动的总称，它是一种行为或操作体系，包含着教师的教和学生的学两个层面的具体方法。体育教学方法就是实施体育活动所有的手段和方式的总和。我们可以从以下几个方面来理解体育教学方法的概念。

1. “教”与“学”的统一

体育教学方法体现了教与学的统一，只有通过师生间的双边互动，才可以将体育教学方法的价值与作用更好地发挥出来。我们可以将体育教学活动简单地理解为两个方面的内容，即“教师的教”和“学生的学”。体育教学活动中，教师和学生都是以主体的角色发挥作用的。教师在体育教学中选用具体的教学方法和手段都是以学生为主要对象的，教师和学生之间的关系极为密切。只有在师生的双边互动中，体育教学任务和目标才能得以顺利实现。因此，教和学两方面的内容贯穿于体育教学方法实施的整个过程中。

2. 师生动作和行为的总和

体育教学方法的贯彻与实施是在师生互动中实现的，体育教学方法也是师生行为动作总和的体系。体育教学方法与其他科目教学方法的主要不同之处在于，体育教学方法不仅对教学语言要素较为重视，而且对动作要素也有突出强调。体育教学过程中，学生掌握各种动作都离不开教师的讲解、示范以及纠正，只有在此基础上，学生重复进行练习，才能对相应的技术动作进行准确且熟练地掌握。所以说，体育教学方法是教师和学生双方动作和行为的总和。

3. 教学方法和教学目标密不可分

所有的体育教学方法都具目标性，如果没有明确的目标，那么体育教学方法的存在就毫无意义，因而其作用也就无法发挥。体育教学方法与体育教学目标之间具有密切的联系，教学方法的选择与实施主要就是为实现体育教学目标和任务而服务的。体育教学方法和体育教学目标之间具有不可分割性，如果强行将两者割裂，那么体育教学方法失去了明确的方向，在具体的运用中就会表现出一定的盲目性。反过来，如果体育教学目标与任务没有体育教学方法的贯彻实施，也将无法顺利实现与完成。

4. 功能具有多样性

现代体育教学不仅注重学生动作和技术的掌握，以及各方面身体素质的增强，而且更加注重学生的全面发展。因此，体育教学方法的功能也具有了多样性的特点，多功能的体育教学方法不仅能够在一定程度上促进学生运动能力的增强，还能够促进学生思想道德品质、心理素质等方面的发展，这对于学生的全面发展具有积极的意义。

（三）体育教学方法的构成

构成体育教学方式与方法的要素有很多，主要可以归纳为以下几个方面。

首先，目标要素。体育教学方法必须要有一个指向的教育目标，目标作为体育教学的基础，没有它也就没有方法可言，教学方法主要是为教学目标而服务的。

其次，语言要素。语言要素包括多种形式的语言，如口头语言、肢体语言等。

再次，动作要素。动作要素包括身体各种运动动作。在体育教学的本质中提到过，体育是以人的身体训练为手段的活动，所以身体训练是必不可少的。这是体育区别于德育、智育的主要特点。

最后，环境要素。环境要素包括学校的地理位置以及气候、风土等自然现象，此外，还包括配合教学活动而采用的体育器材与场地设施。

（四）体育教学方法的特点

1. 互动性

任何一种体育教学方法都是教师指导学生学习这一双边活动的方法。它是由教师教和学生学组合而成的。具体来说，在体育教学方法的实施过程中，教师教的方法对学生学的方法具有一定的制约性影响，学生学的方法也对教师教的方法产生影响。所以，师生在体育教学活动中相互联系、相互作用和相互统一的特点在体育教学方法中有着充分的体现，我们不能错误地将体育教学方法理解为教师教的方法与学生学的方法的简单相加。

2. 参与性

体育教学过程中，所有参与者都必须将自身的各种感觉器官充分调动起来。在教学活动中，教师和学生不仅要通过视觉与听觉来对信息进行接收，还要在中枢神经系统的指挥下，运用身体的触觉、位觉、动觉等来进行动作的示范和练习，通过本体感觉来对机体做正确动作时动作的用力大小、运动方向、动作幅度等进行感知，以对正确的动作定式进行体会，从而对机体完成动作进行更加有效地控制。这些也都充分体现出了体育教学方法的多感官参与性特点。

3. 组合性

体育教学活动中，学生需要动用多种感官来接收教师发出的信息，这是由体育教学目标和教学程序共同决定的。学生利用大脑皮层对教学信息进行接收，并经过大脑的分析、加工和处理后以指令的形式对机体进行指挥，从而使机体顺利完成相应的动作。在这个过程中，学生需要充分运用感知、思维，并进行不断地练习，感知是学习的基础，思维是学习的核心，练习是学习的结果。体育教学方法将感知、思维和练习三个环节紧密结合在一起，将体育教学过程的认识与实践、心理与身体有机结合的特点充分体现出来。

4. 交替性

在体育教学活动中，个体的身体活动和心理活动之间有着非常紧密的联系。学生通过感知动作及思考、记忆、分析等心理活动对动作技术和运动技能进行掌握。教学过程中，学生生理和心理难免会承受一定的负荷，当这种负荷持续不断地作用于学生的机体后，学生必然产生运动性疲劳。疲劳现象会使学生的学习兴趣和学习效率降低。所以，教师要对体育教学方法进行合理的采用，对运动锻炼的间歇时间做出合理的安排，要做好运动与休息的科学调配，唯有劳逸结合才能提高教学效率。

5. 继承性

体育教学方法具有历史继承性。在长期的体育教学实践中，人们为了促进教学实效性的提高，对教学方法的探讨与研究非常重视，并且积累了较为丰富且宝贵的实践经验。有些教学方法是体育教学客观规律在一定程度上的反映，至今仍具有广泛的影响力，值得我们对其进行认真的总结与整理，并对其合理的部分进行借鉴。任何新的体育教学方法要绝对地从零开始都是不可能的，它必然是借鉴多方面传统教学方法的结果，并在新的历史条件下将新的内容赋予其中，使其具有更新的意义与更显著的价值。

（五）体育教学方法的分类

当前，学校体育理论界针对体育教学方法提出的分类方法越来越多，而且越分越细。划分依据不同，体育教学方法的类别自然也就不同，具体见表 3-1-1。

表 3-1-1　体育教学方法的分类

划分依据	类别
体育教学方法的本质特征	（1）教育学中的一般方法 （2）体育中的特殊方法
体育教学目标	（1）传授理论知识的方法 （2）技能教学的方法 （3）锻炼的方法 （4）教育的方法
教学活动中获得信息的性质和功能特征	（1）基本信息的手段和方法 （2）辅助信息的手段和方法
师生双边活动	（1）讲授法 （2）学习法（包括练法）
教学活动中获得信息的主要途径及其来源	（1）语言法 （2）直观法 （3）练习法

（六）体育教学方法的层次

体育教学方法具有一定的层次性，它主要包括体育教学策略、体育教学方法和体育教学手段三个层次。

第一，教学策略。教学策略在体育教学方法层次中，居于“上位”层次，它是体育教学方法在广义范围上的概念，是传统定义中教学方法的组合，是教师通过组合多种方法和手段进行教学的行为方式。通常也可以将体育教学策略称为体育教学模式或方式，单元和课程的设计与变化是体育教学策略的集中体现。例如，发现式教学法作为一种广义的教学方法，由模型演示、提问法、总结归纳法、组织讨论法等多种传统定义的教学手段组合而成。

第二，教学方法。教学方法在体育教学方法的层次系统中，居于“中位”层次，它是体育教学方法在狭义范围上的概念，基本与传统意义上的教学方法等同，是体育教师通过一种主要手法的运用来进行教学的行为方式。例如，提问法这一具体的教学方法就是为了实现某个教学方式而采用的，是通过对提问和解答这两种具体方法的运用来实现一个教学方式。体育教学方法也可称为“体育教学技术”，通常是在体育课的某一教学步骤上体现出来的，并由于体育教师条件的不同而在选用和变化上出现一定的差异。

第三，教学手段。教学手段在体育教学方法层次中，居于“下位”层次，它是传统定义上教学方法的组成部分，也是教师运用一种主要的手段来开展教学活动的行为方式。体育教学手段也可称为“教学工具”，体育课具体的教学环节上一般会采用各种教学手段。

（七）体育教学方法的意义

体育教学方法在体育教学活动的构成系统中居于非常重要的地位。体育教学方法不仅在教学活动的开展过程中发挥着重要的作用，而且即使教学活动结束之后，教学方法的影响依然不会在短时间内完全消失，这是体育教学内容、环境等其他构成要素所无法比拟的。具体来说，体育教学方法具有如下几方面的意义：

第一，促进教学任务的完成。体育教学方法在体育教学活动中是体育教师与学生双方互动的主要连接点。科学有效的体育教学方法有利于将体育教学活动中的两个重要主体（教师与学生）紧密连接起来，这一连接有利于促进体育教学目标与任务的顺利完成。倘若缺乏科学有效的体育教学方法，将难以使预期的体育教学目标顺利实现，也无法使教学任务高效地完成。

第二，促进良好体育教学氛围的营造。科学合理的体育教学方法可以促使学生参与体育学习的积极性不断提高，使学生学习兴趣不断高涨，同时也有利于营造良好的教学氛围。良好的教学氛围反过来又感染并激发学生，引导学生主动参与学习，从而促进一种良性循环的形成。体育教学方法的科学运用对于促进学生对体育教师的信任度的提高非常有效，教师一旦赢得了学生的信任，就很容易引导学生来学习体育课程，因而和谐的体育教学气氛就会形成。

第三，促进学生身心素质的全面发展。体育教师选用教学方法容易受科学思想的感染与熏陶，因而所采用的方法必然具有一定的科学性，而采用科学恰当的教学方法进行体育教学，对于促进学生的身心全面发展非常有益。相反，倘若教师在教学过程中选用的是不具备科学性且不恰当的教学方法，就会对学生身心的健康发展造成影响。我们可以将体育教学活动中体育教学方法的实施过程看作是学生对体育运动技术进行体验与锻炼的过程。所以，教师不仅要向学生传授体育方法论的相关知识，同时也要对学生的训练实践进行引导，促进学生身心的全面健康发展。此外，科学的体育教学方法对于培养学生的丰富情感、锻炼学生的意志品质也是非常有益的。总之，体育教学方法对学生的全面发展有着深刻的影响。

第四，促进体育教学质量的提高。科学的体育教学方法能够通过充分调动各种有利的因素来促进学生学习兴趣与热情的不断提高，引导学生将其主观能动性充分发挥出来，从而促进学生学习效率的不断提高，最终促进体育教学质量的提升。

二、体育教学方法的科学选择

（一）常见体育教学方法分析

1. 语言教学法

语言教学法又可以分为讲解法、口令法、指示法和口头评价教学法四种。

第一，讲解法。作为一种基础的语言教学方法，讲解法在体育教学过程中运用的最多。几乎整个体育教学过程中都会运用到语言讲解的教学方法。体育教学中，教师通过语言描述的方式向学生说明教学的任务、内容、要求、动作名称、动作要领等，以达到预期教学效果的方法就是所谓的讲解法。这种教学方法一般在体育教学的初期具有非常重要的作用。在初步学习技术动作时，体育教师需要先通过讲解法向学生描述这一技术的基本动作和难点要点，使学生对该动作技术形成一个初步的认识和了解，从而为进一步的学习与练习奠定一定的基础。教师运用讲解法时，要对该方法的科学性和艺术性予以重视，以促进整个教学效果的提升。教师应在教学过程中不断进行经验的总结，在语言表达上要做到精益求精。体育教师在运用讲解法进行教学的过程中，应注意以下几个方面的要点：首先，要有目的地讲解，在对讲解内容、方式进行选择，对讲解语气、速度进行调整时，应依据学生的特点、教学的目标和教学内容来进行，抓住讲解的重点和难点。其次，注意所讲解的理论知识要准确、权威，所讲解的技术内容要与技术原理相符，并充分考虑学生的接受能力。最后，讲解的方式和广度要以学生的实际情况为依据来调整。

第二，口令法。有确定的内容和一定的顺序与形式，并以命令的方式对学生活动进行指导的一种语言教学方式即为口令法。在体育教学活动中，对口令法的运用一般出现在队列练习、队形练习、基本体操、队伍调动等活动中。在具体运用中，教师应准确、清晰、洪亮、及时地发出口令，并注意从人数、形式、内容、对象等特点出发对自己的语调语速加以控制。

第三，指示法。体育教师通过简明的语言来指导学生进行活动的语言教学方法即为指示法。教师运用指示法时，应注意做到准确、简洁、及时等方面的要求，且尽量用正面词。指示法主要有以下两种运用形式：形式一，在学生练习时未能意识到的或者关键的动作中运用；形式二，在组织教学中运用，如场地布置、器材收拾等。

第四，口头评价。体育教师在一定的标准和要求下，对学生的练习或比赛进行客观评价的方法即口头评价教学法。教师对学生掌握运动技能和思想作风等方面的情况所作出的反馈集中通过口头评价反映出来，通常在学生结束练习后马上进行指导或提出新要求。因为学生一般对动作的记忆大多是在大脑皮层的短时间储存，超过25～30秒就会消退25％～30％，因此教师的口头评价教学法最好在学生完成动作后的25～30秒内采用，这样效果更好。

2. 直观教学法

体育教学中，教师通过实际的演示或外力帮助，借助学生的视觉、听觉、触觉、肌肉本体感觉等器官来对动作进行直接感知的教学方法即直观教学法。一般将体育教学中常用的直观教学法细分为以下几种具体方法：

第一，动作示范法。体育教学中，教师为帮助学生对技术动作进行认识和了解，经常使用动作示范法。具体就是教师以具体动作为范例，帮助学生对动作规范、结构、要领和方法进行直观的掌握。学生通过观看教师正确优美的动作示范，可以建立正确的动作表象，学习的兴趣也会因此而提高。教师在运用直观教学法进行教学的过程中，应着重注意以下几个方面。首先，教师在示范时，不要一味展示自己的技术水平，要明确示范是要达到什么目标，要使学生从中获取什么信息，要考虑如何示范才更容易使学生更清楚动作要点。其次，注意对动作示范位置与方向的选择。教师要先让学生按照一定的队形排列，然后根据该队形的特点来选择示范的位置与方向，教师进行这一选择的关键就是要让全体学生都能观察到自己的动作示范。再次，教师的示范动作要准确、熟练、轻快、优美，从而激发学生的学习兴趣。最后，示范的过程中，配合语言讲解。因为如果单纯示范，学生不容易对其中的要点进行把握，这时就需要教师通过语言讲解来提醒学生哪些是重点，哪些是容易出错的地方。

第二，多媒体教学法。随着现代化技术的不断进步与发展，越来越多的现代化技术被运用到了体育教学中来。多媒体教学法就是在此环境中被广泛运用的，它是教师通过给学生播放幻灯、投影、电影、电视、录像等进行教学的方法，这种教学方法的主要特点与优势就是生动、形象、真实。在运用多媒体教学法的过程中，教师应注意在综合考虑教学目标及学生特点的基础上选择适宜的电视、电影、录像等内容来播放。如果将电视、电影、录像等的播放与讲解示范有机结合，将会收到更好的教学效果。边播放边讲解，或适当停顿讲解，可以使学生可以获得直接的思维感受。

第三，条件诱导法。以某种条件为诱因，同时与体会动作相联系，达到直观作用的方法就是所谓的条件诱导法。例如，长跑项目教学中安排一名领跑员，不仅有利于形成长跑中的一种带领性的速度感，而且对队友间的相互保护也有利。其中，牵引性的助力和对抗以及限制性的阻力能较快地使学生建立完成动作的时间感与空间感。此外，为了使某些动作能够更加富有节奏感，就可以通过采用音乐伴奏或借助节拍器的音响来达成这个目的。

第四，直观教具与模型演示法。教师在体育教学中难免会用到一些教具和模型来进行辅助性的教学，这些教具与模型都是具有直观性特征的，如挂图、图表、照片等。通过这些用具来对教学内容进行讲解，有利于帮助学生建立正确、完整的动作表象。教师不仅可以采用教具让学生进行长时间的观摩，还可根据情况对某个细微的环节进行特别强调，因此教师应将图表、模型和照片等直观教具充分利用起来。采用教具与模型演示方法对于帮助学生直观了解技术动作的全过程非常有效。此外，教具、模型的演示还可以吸引学生的兴趣与注意力，从而提高教学效率。

第五，助力与阻力教学法。在体育教学过程中，体育教师借助外力使学生通过触觉和肌肉的本体感觉对正确的动作用力时机、用力大小、用力方向、动作时空特征等进行体验的教学方法就是助力与阻力教学法。体育动作的技术教学环节一般会比较多地采用助力与阻力教学法，这是一种能够帮助学生对正确技术动作进行有效掌握的直观教学方法。

第六，领先与定向教学法。领先教学法指的是教师通过对具体的动态视觉信号加以利用，给学生提供相关指示的教学方法。例如，在体育教学过程中，教师可以对动态的、超前的视觉信号进行利用，给学生施加相应的刺激与激励，帮助学生将技术动作顺利完成。定向教学法指的是教师通过具体的静态视觉标准的利用来给学生提供相关指示的教学方法。例如，在体育教学中，教师为了向学生指示动作的具体方向、轨迹、幅度等，对标志物、标志线、标志点等进行合理地运用。

3. 分解教学法

体育教师在教学中，将完整的动作技术合理地分解成几个部分与段落，将动作的各部分逐个教授给学生，在学生对各部分动作都熟悉后，再完整地向学生教授整个动作技术的教学方法即为分解教学法。把动作技术的难度相对降低，便于学生掌握教学重难点，便于突出教学重难点，从而提高学生的学习自信是这种教学方法的主要优点。学生难以对完整动作进行领会，有可能只是单独掌握一些局部和分解动作是这一教学方法的不足之处。

运用分解教学法时，应注意以下几个方面：首先，体育教师要采取相对合理的分解方式分解动作，具体应根据动作技术的特点进行。其次，体育教师对动作技术的段落与部分进行划分时，还要对各部分之间以及各段落之间的有机联系进行考虑，尽可能保持动作结构的完整性。最后，对于完整动作中各部分与各段落的地位与作用，体育教师应有所明确，并为最后的动作组合做好准备。

4. 完整教学法

完整教学法是体育教师在教学过程中从开始到结束不分解动作，完整地对动作进行传授的教学方法。它主要可用于以下几个方面的教学中：首先，动作结构较为简单，对于协调性没有过高要求，方向线路变化较少的技术教学中。其次，动作虽较为复杂，但各部分间密切联系，不宜对其进行分解的技术教学中。最后，虽然动作较为复杂，但学生储备了足够的运动能量，拥有较强的运动学习能力。用于应该分解而又不宜分解的动作时，容易给教学造成不良影响，这是完整教学法的不足之处。

具体的体育教学实践中，完整教学法的运用主要有以下几个方面的注意事项。首先，直接运用。在对一些较为简单、容易掌握的动作进行教授时，教师进行讲解与示范后，指导学生直接练习完整动作。其次，从教学重点进行突破。例如，体操或跳水运动中有一些空中翻腾动作，教师虽然不能对其进行分解，但对于其中的动力、动作时机和动作要领等要素，教师还是可以进行一一分析的，教师或用辅助的方法使学生体会动作感觉，并进行重点的练习。最后，降低难度。在完整练习时，减轻投掷器械的重量，跳高横杆的高度，跑的距离与速度或徒手完成一些本来持器械的完整动作等。

5. 程序教学法

程序教学法也称为“学导式教学法”或“小步子教学法”。它是以认知规律和技能形成规律为依据，将体育教学内容分解成为若干小步子（相互联系），使之组成方便学生学习的逻辑序列，并且对相应的评价信息反馈系统进行建立的教学方法。在教学过程中，学生按照分解后的小步子逐步学习，在学习后进行及时的评价，并依据评价的结果对学习效果进行及时的反馈。如果评价后发现达到了预定的标准，则按顺序进行下一步的学习；如果没有达到预期标准，则重新学习该小步子，并予以校正。

程序教学法的整体模式如图 3-1-2 所示。

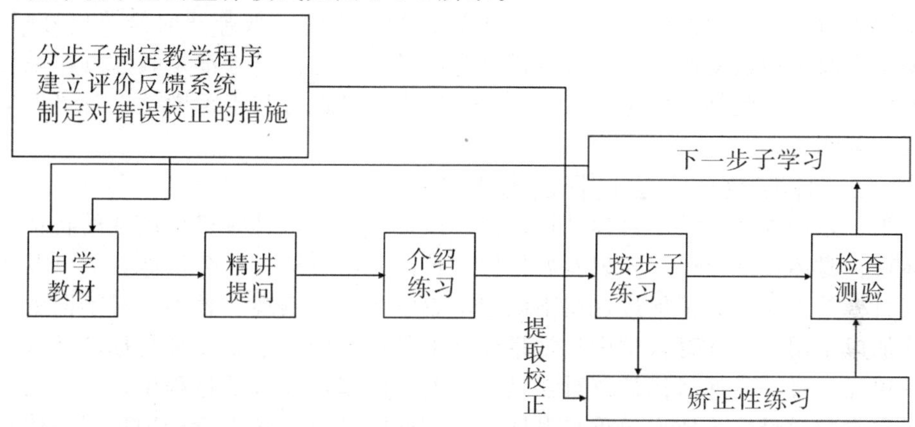

图 3-1-2　程序教学法的整体模式

6. 预防与纠正错误教学法

在体育教学过程中，学生因为各种原因而产生这样或那样的错误动作是在所难免的。如果没有将这些错误动作及时发现并纠正，学生错误的动力定形就很容易形成，从而对其掌握正确的技术动作和提高技术水平造成消极的影响，更严重的还会造成运动损伤。因此，在体育教学中，教师必须采取积极有效的措施来对学生所出现的一些错误动作进行预防和纠正。

体育教学中运用预防和纠正错误教学法主要有以下几种常见的形式。

第一，降低难度。在体育教学过程中，学生体能素质较低、心理紧张、认识不足等原因都会导致动作的错误。对此，教师可通过降低动作难度来避免这一现象的发生。具体来说，教师可采用改变练习条件、分解完成动作等方式来对技术动作的难度进行调整。降低难度可以使学生将技术动作轻松地完成，从而促进其自信心的增强。

第二，外力帮助。学生感受正确动作的方法即为外力帮助法。在体育教学课上，如果学生在学习动作时对用力的部位、大小、方向以及幅度等不清楚，就很容易做出错误的动作，这时教师可通过对推、拉、托、顶、送、挡等外力的运用来帮助学生对正确动作的本体感觉加以体会，最终达到纠正错误的效果。

第三，强化概念。在学习过程中，学生正确理解概念可以有效促进其在大脑中形成正确的动作形象。教师在体育教学实践过程中，应注意通过采用讲解、示范、对比等方法来促进学生对正确动作概念的不断强化，促使学生正确动作表象的顺利形成，使学生对正确与错误动作的差异和区别有所明确，使学生主动避免错误或及时纠正错误。

第四，转移练习。在体育学习中，学生的恐惧、焦虑心理或受旧运动技能的影响也会使其出现错误动作。针对这种情况，教师应及时转移学生的练习，通过采取变换练习内容的方法，利用一些诱导性和辅助性的练习，促使学生摆脱已经形成的错误动作定式，进而促进正确的动作定式的形成。

第五，信号提示。信号提示指的是，学生在学习与训练技术动作的过程中，由于用力时间或用力方向不当而表现出错误的动作时，教师及时给予信号指示，帮助学生改正错误动作。听觉信号、口头信号、视觉信号等都是教师具体采用的信号提示方法。此外，标志线、标志点、标志物等也有利于帮助学生对错误动作的预防与纠正。

（二）体育教学方法选择的参考依据

第一，依据体育教学目标进行选择。体育教学目标具有多层次性的特征，具体体现在身体发展目标、知识发展目标、技能发展目标、社会发展目标以及情感发展目标等方面。为了促进这些不同层次教学目标的实现，教师应对不同的教学方法加以采用。在体育教学中教学目标并不是孤立的，它是多种目标的综合，而每一单元、每一堂课目标的侧重点是不同的。所以，在教学过程中，教师应以具体的课堂教学目标为依据对重点发展某一方面的教学方法进行合理选择。体育教学总目标是通过一个个课时教学目标的逐步实现而最终实现的。课时教学目标具有一定的指导性，而且其包含着丰富的内容，既有运动技能和运动理论方面的内容，也有心理和品质品格方面的内容，针对这些不同内容的教学目标，教师应选择与之相适应的科学教学方法来进行具体的教学。

第二，依据体育教材内容进行选择。体育教学内容与教学方法之间密切联系，针对不同的教学内容，应采用不同的教学方法，如对于理论方面的内容，适合采用语言教学法，对于实践方面的内容，适合采用直观示范教学方法。可见对教学方法的选择受不同性质的体育教学内容的影响。同一种教学方法运用在不同教学内容上会产生不同的效果。所以，在体育教学过程中，教师应注意对教学方法的灵活选择。

第三，依据教师的自身条件进行选择。作为体育教学方法的实施者，体育教师自身的素质对于教学效果与质量具有直接且非常重要的影响。倘若体育教师自身的能力和素质水平较低，则其难以将体育教学方法应有的作用很好地发挥出来，从而制约教学活动的顺利进行。因此，教师在选择相应的教学活动时，应对自身的专业素养、能力水平以及教法特点有着客观的理解。一般而言，体育教师需要对众多的教学方法进行熟练掌握，这样其才可以从自身以及学生的实际情况出发对最佳的教学方法进行选择。不同教师根据学生实际状况采取同样的教学方法，也会得到不同的教学效果，可见教师自身条件极大的影响着体育教学活动。所以，教师要有意识地提高自身的素质，优化自己的教学风格，对更多的教学方法加以尝试与熟练运用。

第四，依据学生的实际情况进行选择。在体育教学过程中，教学方法的实施主要是以学生为对象的，促进学生更好地学习是运用各种不同教学方法的最终目的。因此，在选择相应的体育教学方法时，应与学生特点及其实际情况（年龄特点、性别特征、身心发育状况以及相应的知识储备和学习能力等）相符合。

第五，依据体育教学物质条件进行选择。在体育教学活动中，体育教学物质条件对教学方法的选用有很大程度的影响。学校的体育教学器材、场地以及设施等都属于教学条件的范畴。倘若学校拥有全面且先进的教学条件，那么体育教学方法的功能与作用就可以得到良好的发挥。相反，倘若教学条件落后且不全面，则会直接影响体育教学方法的作用与价值的充分发挥。例如，背越式跳高的教学中，采用海绵块练习的效果要优于采用沙坑练习，主要是因为海绵块相对较为干净，比较安全，学生在海绵上练习不会有很大的心理负担，而且神经系统兴奋性会处于较高的水平。在体育馆内进行体育教学，能够避免受到周围环境的影响，能够促进体育教学方法使用效果的提高。对现代化体育教学手段的充分运用，能够使教师动作示范中的某些缺陷得到有效的弥补，从而促进体育教学质量的提高。所以，体育教师在对教学方法做出选择时，要对体育教学物质条件进行充分的考虑。

第六，依据不同体育教学方法的功能与适用条件进行选择。不同的体育教学方法拥有不同的特点、功能、适用条件与范围，而且不同的教学方法都具有自身的优点与不足。在体育教学活动中，各要素组合的合理性对体育教学方法的作用与价值的充分发挥具有非常重要的影响。有时，一种教学方法可能适合在某个体育项目的教学中采用，而且效果良好，但不适宜在其他项目的教学中采用，而且会产生制约教学活动顺利开展的影响。同样的道理，对于某一教学内容的教学，有些教学方法是合理且能够产生正效应的，而有些就会产生相反的作用。例如，谈话法是对新知识进行传授的主要方法，这一方法使用的前提与基础是教学对象已有知识与心理方面的准备，倘若没有做好准备，采用这一方法所预期的理想的效果就不会出现。讲授法能够将大量的系统知识在短期内传授给学生，有利于体育教师主导性地发挥。然而，学生的主动性与创新性在这一方法的运用中是难以得到充分发挥的。所以，体育教师在对教学方法进行选择时，对于不同教学方法的功能、应用范围和条件等，一定要进行认真地考虑与分析。

（三）体育教学方法选择的注意事项

第一，加强师生之间的协调配合。在体育教学过程中，为了实现预期的教学目标，教师和学生必须进行默契的配合。体育教学活动中，没有“教”的“学”和没有“学”的“教”都是不存在的。因此，无论采用何种教学方法，都应考虑“如何教”和“如何学”。在传统体育教学中，一味的以教师为中心，选用教学方法也只对教师“如何教”的问题比较重视，而直接忽略了学生在教学过程中的作用。例如，教师在示范动作时，只对动作的优美和协调性比较重视，而没有对学生的感受进行考虑，从而使得学生的学习效果不佳，影响教学质量。因此，体育教学方法的选择应注意考虑师生双方的默契配合，避免两者相脱节。

第二，加强不同学习阶段的前后配合。学生在体育教学过程中，不同的学习阶段会有不同的学习特点产生。教师选择体育教学方法应对学生学习知识的不同阶段的前后配合予以考虑。例如，在学生的动作学习过程中，教师应注重指导学生从“模仿型”向“创造型”过渡，并实现二者的有机结合。学生的学习过程也是对学习内容不断了解与掌握的过程。在初步学习阶段，往往以模仿（模仿教师或他人）学习为主，之后，学生就会形成动作定式而完全摆脱模仿，从“模仿型”过渡到了“创造型”。这两个阶段之间具有一定的联系，又相互区别。因此，在对教学方法进行选用时，应有意识地使二者之间的互相代替、割裂得到有效避免。

第三，加强学生内部与外部活动的配合。学生的学习过程是内部活动和外部活动的统一。学生的心理活动以及相应的生理生化反应等属于内部活动；学生的动作质量、情绪、注意力等属于外部活动表现。教师在选择相应的体育教学方法时，应注重学生内部活动与外部活动之间的配合。教师应善于分析学生的内外活动变化，有机结合指导学生外部活动的方法与激发学生内部活动的教学方法，以使学生能够自觉地进行体育学习。在体育教学方法的选择过程中，教师还应对多种教学方法进行对比与分析，从而将最佳的教学方法确定下来。此外，对于不同的教学方法适用于哪些教学内容，可以解决什么教学问题，能够对什么教学对象起到积极作用等，都是体育教师需要考虑的问题。

三、体育教学方法的科学运用

（一）体育教学方法的优化组合运用

1. 优化组合运用的原则

首先，启发性原则。不管是采用哪一种形式的教学方法，都应该考虑其是否有利于调动学生的学习积极性和主动性，是否可以促进学生进行积极的思考与自主的探索，是否可以促进学生各方面素质的全面提高。在体育教学活动中，对教学方法的优化组合还要注重对学生学习兴趣和动机的培养，从而使学生的自主思维得到充分的发挥。

其次，最优性原则。教学方法不同，其自然就具有不同的特点、功能和应用范围，而且各自的优势与不足也有差异。因此，在对教学方法进行组合运用时，不同体系的综合教学方法会因此而形成，每一套教学方法的特点也各不相同。对此，教师在进行体育教学方法的优化组合时，应以实际需要为依据，对最符合实际情况的一套教学方法进行选择。教师在教学方法的选择中，应从整体入手，将各种适应相关教学内容的教学方法进行有机结合，从而将教学方法体系的整体功能充分发挥出来。

最后，统一性原则。统一性原则要求教师在对相应的教学方法进行选择时，应注重“教”与“学”双边活动的统一，并强调二者的密切结合与相互促进。如果只重视其中的一项活动，则难以使教学活动达到预期的开展目标。另外，贯彻统一性原则还要求体育教师在教学过程中尽可能地将教学方法的多种功能充分发挥出来，从而全面促进学生各方面素质的提高。

2. 优化组合的程序

①将体育教学的任务进一步明确。

②根据实际情况将总体设想提出来。

③对多种体育教学方法加以优化组合。

④对优化组合的教学方法加以实施与评价。

（二）体育教学方法运用的注意事项

第一，全面考虑影响体育教学方法运用效果的因素。体育教师在对体育教学方法进行科学运用时，为了促进教学效果的加强，应全面分析对教学方法运用效果产生影响的各方面因素。具体涉及的因素有教师自身、学生以及教学条件与环境。在体育教学过程中，体育教师自身的知识储备、人格魅力以及教学技艺等会对教学方法的运用效果产生不同程度的影响。所以，全面提高教师的素养对于教学方法使用效果的提高非常有益。体育教学是教师与学生共同参与的活动，学生因素对于教学方法运用的效果同样也会产生举足轻重的影响。因此，教师应注重鼓励学生主观能动性的发挥。除教师和学生两方面的影响因素外，体育教学的物质条件和环境也会对体育教学方法的运用效果产生一定程度的影响。因此，体育教学中强调教学主体因素的同时，要重视对良好教学条件的提供与教学环境的优化。

第二，注意体育教学方法有关理论的运用。体育教学的理论源于实践，但又高于实践。因此，在运用体育教学方法的过程中，教师不仅要注重实践方面的问题，还要重视在理论方面的积极探索。如果对相关理论的研究具有片面性，那么体育教学的方法也会相应表现出片面的缺陷。因此，在体育教学实践中，对体育教学方法的相关理论基础进行探索，应综合考虑辩证唯物主义与唯物辩证法的基本观点；系统论原理；教育学、心理学有关学科理论知识、普通教学论和体育教学论等所有相关的内容。

总而言之，在体育教学过程中，教师应树立新的观念，运用新的理论来对体育教学工作进行指导，不断促进体育教学方法的改革与发展，将各种教学方法的效用充分发挥出来。

第二节　高校体育教学方法体系的构建过程

“目标统领教材”是体育课程改革的突出特点，即以不同的教学目标为依据来对不同的体育教学内容进行选择。学校向学生传授的各种思想、知识、技巧、技能、言语、观点、信念、行为、习惯等的总和就是教学内容。本质上来说，学生的学习过程就是将这些丰富的教学内容内化为自我发展成果的过程，这一过程体现了由外到内的转变，其不会自动完成，必须通过对教学方法的运用才能实现这一转变。

选择体育教学方法要因地、因时、因人而异，即以不同地区的实际情况、学生的身心发展特点等为依据来对体育教学方法进行确定，这是体育新课程标准的基本要求。以往的体育教学大纲虽然对教学目标、各年级教学内容比重及考核标准作出了明确的规定，但却忽视了地区间、城乡间、学校间的差异，而且也没有将学生的体育基础、兴趣、爱好等因素考虑在内，从而在具体的教学过程中只重视采用教师的讲解与示范等单一的教学方法，学生“看体育”的负面效果因此而形成。

体育课程标准对课程目标、领域目标、内容标准作出了相应的规定，但没有限制具体内容、比重、成绩评定等。新课标以学习内容性质的不同为依据对 5 个学习领域进行了划分，不同领域都有相应的教学任务和教学内容。虽然有些领域中的内容并不具体，但能够在其他领域中对相关内容进行渗透和贯穿，形成“目标—内容”，即目标指导内容选择，内容选择达成目标的关系。与此同时，新课标还对 6 级学习水平进行了划分，并对相应的水平目标进行了设置，而且主要是以学生的身心发展特征为依据来划分的，从而将体育教学特殊的规律充分体现了出来。

此外，新课标不再对具体的学习内容进行规定，而是提出了达到目标的内容或活动建议，为学校提供了较大的选择余地。学校可以以本校实际为依据来对教学内容进行合理选择，从而促进学习目标更好地实现。由此可见，新课程标准的 5 个领域，不仅是学校选择体育教学内容的主要依据，同时也是体育教学自身规律的体现，也可以有效地指导体育教学方法的选择，促进“目标一内容一方法”教学范畴体系的形成。这样，不同地区、不同学校就拥有了选择符合本地区特点或本校特点的教学内容与方法的广阔空间。

学生学习方式的转变是体育新课程改革的基本特色，具体就是改变学生单纯接受式的学习方式，对发挥学生主体的学习方式进行建立，并对研究性学习进行积极地提倡。这一转变对于教师来说，要对不同学生的情况进行了解，从而向学生提供不同的学习空间，同时还要对不同年龄段学生的教学方法进行考虑。新的课程标准必须要有新的方法体系与之相配套。体育教学需要以体育教学自身的规律为依据，并结合具体的教学内容去开展教学活动，以促进学习目标的顺利实现，因此应以体育教学规律及为实现目标而选用的教学内容为依据，按课程标准划分的五个学习领域来对新的体育学习方法体系进行构建。

体育课程改革对五个学习领域目标作了重点强调，并在此基础上以学生不同的身心发展阶段为依据对六个不同的水平目标作了划分。在体育教学实践中，每节课都要以不同的目标要求为依据来对教学内容进行选择，而每节课教学内容都要能够使五个领域的不同目标顺利实现。所以，各个领域目标都有不同的水平目标与之相对应，教师应当以不同的水平目标为依据来对所需要的教学方法进行合理选择与科学运用。

第三节　高校体育教学方法的发展创新

一、促进体育教学方法创新发展的因素

第一，科技进步促进了体育教学方法的创新。随着科学技术的迅速发展，人们的生活水平不断提高，生活质量得到了很大程度的优化。同时，科技的进步在体育教学领域也发挥了积极的影响，具体表现在其对体育教学方法产生的深远影响上。随着计算机技术的快速发展，其在体育教学中的普及性也在逐步提高，这就促进了体育教学中动作示范标准程度与科学程度的提高。而且，科技的进步使得资料的搜集、整合更加便捷，学生在学习空间和时间方面受到的限制逐渐降低，实时的信息沟通逐步实现。通过运用计算机进行动作示范，可以从不同的侧面，以不同的速度，对不同部位的动作进行细致的分析和研究，使传统的讲解示范等方法更好地发挥自身的作用。

第二，体育教学内容的变革促进了教学方法的变革。为了与时代的发展相适应，满足学生不断增长的体育需求，体育教学的内容也在不断改革与发展，这也直接促进了体育教学方法的变革。例如，随着定向运动和野外生存运动被引入到体育教学之中，使得体育教学活动的野外组织和教学方法得到了更加深入的开发。

第三，体育教学理论的发展促进了教学方法的改善。体育教学理论的发展对于体育教学方法的创新与进步具有积极的影响。在新的体育教学理论的科学指导下，体育教学方法的发展和创新速度逐步提高。传统体育教学过程中，对于体育运动技能的分析还不是很深入，并且针对同一运动项目的教学所采用的教学方法较为固定，甚至不同运动项目的教学中都采用了同样的教学方法。可以说，不管面对什么样的教学内容和教学目标，都是以“以不变应万变”的态度来选用教学方法。然而随着有关专家对体育运动项目研究的不断深入，适合不同运动项目的体育教学方法也创造性地应运而生。

二、新型体育教学的方法分析

（一）探究教学法

在体育教学过程中，引导学生发现问题、分析问题、最终解决问题，使学生在探索、研究的过程中对知识和技能进行掌握的教学方法就是所谓的探究教学法。探究教学法与现代教学教育理论对学生的要求更相符，也是新体育课程强调学生主体性理念的重要表现，因此在体育教学中日益受到教师与学生的高度重视。

运用探究教学法应注意以下几点。

首先，目的明确。教师在教学时应预先对研究计划进行确立，以便促进体育教学目标的顺利实现。目的不明确、与教学实际不符的探究活动不仅会造成时间的浪费，还会对课程目标的实现造成妨碍。

其次，与学生的知识水平相符。教师的教学必须以学生实际的知识能力水平为前提，教学内容太简单对于学生学习兴趣的激发是无益的；教学内容太难会使学生失去学习兴趣与信心。因此体育教师在教学前有必要对学生基础知识的掌握能力以及技能水平进行了解，引导学生进行力所能及的探究。

最后，在教学过程中，针对学生通过努力仍然有一定解决难度的探究性问题，教师应加强对学生的引导、启发与鼓励，但不能代替学生进行探究活动。

（二）游戏教学法

教师以游戏的方式，组织学生进行体育学习的方法就是游戏教学法。游戏教学法要在规则允许的范围内实施，目的是将学生的主动性和创造性充分调动起来，达到体育教材内容所规定的目标。游戏教学法可以使个人的主动性和创造性得到充分发挥，这种方法实施起来也较为简单，且非常容易被学生接受，也是最受学生欢迎的教学方法之一。

教师可以在学生个体之间展开游戏教学，也可以在学生学习小组之间展开游戏教学，通过创建游戏情境，可以使学生对紧张的气氛进行感受，并从中学会如何进行合理竞争，如何与同伴相互协作。游戏教学法有助于促进学生学习兴趣与身体活动能力的提高，有利于促进学生身体素质的全面发展，使学生在愉悦的运动体验中对相应技术的运用方法进行掌握。

以下几点是体育教学中采用游戏教学法时需要注意的几个要点：

第一，教师在明确体育教学目标后，要以此为依据来设置游戏的形式，对不同形式的游戏都应事先确定游戏的规则，从而使学生在参与游戏的过程中知道自己该做什么，不该做什么。

第二，教师应在要求全体学生遵守规则的同时，对学生个体主动性和创造性的发挥进行积极鼓励。

第三，在体育教学中，教师运用游戏教学法时，学生个人的选择性与独立性较大。因此，教师在安排运动负荷与动作控制方面会受到很大的限制，对此应进行妥善的处理与解决，避免形成师生矛盾。

（三）竞赛教学法

在体育教学中，检验教学效果和促进学生技能运用能力不断提高的教学方法即竞赛教学法。竞赛教学法也是一种对教学效果进行检查的一种有效手段。这种教学方法不仅能促进学生将自身机体功能最大限度地发挥出来，而且还能促进学生的比赛应变能力和比赛中心理调控能力的不断提高，更能对学生勇敢、灵活、团结、谦虚等意志品质进行有效的培养。学生在学习运动技术之初，教师不适宜采用竞赛的方法进行教学，只有经过一段时间的学习，学生能够将动作技术较为连贯且熟练地完成后，才能采用该方法。一般在竞赛活动后，教师要及时对学生的表现作出评价。

教师在运用竞赛教学法时，应着重注意以下几个方面：

第一，对竞赛教学法的目的加以明确。在运用竞赛教学法时，不论是对教学内容进行确定，对竞赛方式进行选择，还是对竞赛结果进行证实等，都要树立“服务于教学目标”的观念。

第二，竞赛教学法的运用要注意对学生进行合理的配对和分组。无论是个人与个人的比赛，还是小组与小组的比赛，都要注意双方实力的均衡，教师还应尽可能地对均衡的比赛条件进行创造。

第三，运用竞赛教学法时，教师一般在竞赛结束后需要对学生完成动作的质量予以客观评价，并向学生指出哪些地方需要改进，应如何改进。

（四）自主学习法

在体育教师的指导下，学生以自身的实际需要和现实条件为依据来对目标进行制定、对内容进行选择，将学习目标完成的体育学习模式就是自主学习法。教师应多为学生提供自主学习的机会，这有利于使学生的学习热情得到无限的激发，使学生的学习主动性得到最大限度的发挥，并使学生产生满足感与成就感，增加其学习的自信心。

体育教学中要按照以下程序来采用自主学习法：

第一，学生先制定自己的学习目标，学习目标要明确，不能空而大，要在自己的能力范围内可以实现。

第二，学生根据目标来选择学习方法。需要注意的是，学生对学习方法的选择并不是盲目的，而是在对自己已有的经验和知识进行充分考虑的基础上进行选择的。

第三，学生完成一个阶段的学习之后，对照之前制定的目标，看自己是否完成了目标，完成质量如何，也就是自己对自己在这一阶段的学习状况做出评价。

第四，学生在进行自我评价后，应清楚自己在学习中存在哪些不足，并为下一阶段的学习制定新的目标。

（五）合作学习法

体育教学中，学生在小组或者团队中，为促进共同学习目标的实现，有明确责任分工的互助性学习形式就是所谓的合作学习法。教师在指导学生进行合作学习时，要使学生意识到自己在小组或团队中的重要性，明确自己的角色定位，这样才能激发其责任感。

体育教学中一般按照如下程序来实施合作学习法：教师对学生进行合理的分组；小组成员集体讨论并确定本组所要达到的学习目标；确定学习目标后，小组内再进行具体的分工，这一步需要教师的指导与帮助；小组各个成员明确自己的职责与任务，由小组长领导，相互协同合作来完成任务；结束小组学习活动后，每个小组派代表发言，谈谈自己的感受与心得，各个小组之间展开交流，共同进步。

三、体育教学方法的创新发展趋势

现代体育教学方法经过多年的改革与发展，已经形成了具有自身特色的教法体系。随着经济社会的不断发展，其仍处于不断的创新与发展中，并呈现出以下几方面的趋势。

（一）现代化趋势

现代教学方法的现代化发展过程中，体育教学的现代化十分明显。体育教学现代化的重要表现之一是教学设备的现代化，通过对先进技术手段的运用，使体育教师能够更好地对教学活动进行开展，使学生可以更好地参与体育学习。而且，通过运用先进的现代化设备，教师可以对学生的身体素质有一个更加全面的了解，从而有针对性地对运动训练的负荷量进行安排。在教学管理方面，现代科技的运用可以为学生的学习和生活提供更加便捷的服务。随着现代社会的不断发展，体育教学的各项技术将得到一定程度的创新与发展，其教学方法也必然呈现出现代化的创新性发展趋势。

（二）心理学化趋势

在心理学中，学习是一个较为复杂的心理过程。在体育教学中，学生学习是一项既涉及知识记忆，同时还涉及动作技术记忆的复杂形式。随着心理学研究的不断深入，学习过程的各个要素与阶段开始被人们逐步认识，并且在具体的教学实践过程中，心理学的相关理论得到了一定的运用，并发挥了积极的作用。在体育教学方法的发展过程中，很多心理学的研究成果都得到了不同程度的应用，这对于促进体育教学质量的提高具有积极的影响。另外，体育教学方法的运用还肩负着提高学生的意志品质，发展学生的健康心理等培养目标，通过对相应的心理学知识进行采用，能够使体育教学方法在这些方面的目标得到顺利实现。

（三）个性化与民主化趋势

现代体育教学方法正在逐渐向个性化、民主化的趋势发展。在传统体育教学过程中，强调教师的主体地位，在教学过程中只重视教师的教，教师组织教学活动也没有对学生个体之间的差异性进行充分考虑。随着体育教学的深入改革与发展，社会越来越重视学生个性的发展，因此，体育教学方法的发展也必然呈现个性化的创新趋势。个性化的教学方法改革和创新不仅有利于学生的全面发展，而且有利于社会的进步。

体育教学方法的民主化发展也是大势所趋。随着体育教学过程中民主意识的崛起，民主化体育教学方法将得到进一步的重视与更加广泛的采用。

第四章　高校体育教学模式

第一节　高校体育教学模式的内容与应用

体育教学模式是现代体育教学的重要组成部分，在体育教学中发挥着十分重要的作用。本章就现代体育教学模式体系的建设与发展进行研究，内容包括体育教学模式的基本知识、常见体育教学模式的应用、现代体育教学模式的构建以及体育教学模式的未来发展等。

一、体育教学模式的基本内容

（一）体育教学模式的结构

体育教学模式的结构就是体育教学模式所包含的因素，其主要包括教学思想、教学目标、操作程序、实现条件以及评价方式等，具体内容如下：

第一，教学思想。作为体育教学模式的灵魂——教学思想是构建体育教学模式所需要的思想和理论基础。即体育教学模式的成功构建，是在一定的理论知识科学指导下进行的。同时，在不同理论的指导下所构建的体育教学模式也存在着较大的差异。例如，我国在 20 世纪 80 年代所建立起来的愉快教育与日本的快乐体育，这两种教学模式都是根据当时学生学习时的具体需求产生的，有利于充分调动学生参与学习活动的积极性和主动性，并能够使学生通过体育教学养成终身体育的习惯。

第二，教学目标。确保体育教学目标的顺利实现，是在体育教学过程中进行体育教学模式构建的主要目的。如果缺少体育教学目标，那么体育教学模式也就没有存在的价值和必要了。“体育教学模式所能够达到的教学效果是体育教师对某项教学活动在学生身上将产生的效果所作出的预先估计”，而体育教学目标是体育教学主题得以具体化的表现。作为体育教学模式的核心，体育目标对体育教学模式中的其他要素有着影响与制约作用。

第三，操作程序。无论什么类型学科的教学活动，操作程序都是指的该学科教学活动中的教学环节或步骤。体育教学过程中的操作程序是指从时间层面上所开展的环节以及各个环节的具体做法等。无论哪一种体育教学模式，都具有各自独特的操作程序。需要注意的是，操作程序并不是一成不变的，但它具有基本的相对的稳定性。

第四，实现条件。所谓实现条件，是指体育教学模式中所采用的策略和手段，它是对操作程序的补充说明，能够使体育教师选择合理的、正确的教学方法和策略。人力条件、物力条件和动力条件三个方面是体育教学模式中实现条件的主要内容。具体就是体育教师与学生、体育教学内容与时空以及学校的基础设施等。

第五，评价方式。不同的体育教学模式，所要完成的体育教学目标不相同，而且所采用的教学程序和条件也存在差异。因此，不同的体育教学模式也具有不同的评价标准和评价方式。每一种教学模式的评价标准和评价方法都是特定的，如果使用统一的标准进行评价，就会使评价不具备科学性，评价结果失去说服力。例如，与标准化评价相比，群体合作教学模式的评价标准是采用计算个人和小组合计总分的评价方式。

（二）体育教学模式的特性

1. 优效性

一定的理论是体育教学模式得以建立的前提条件，同时也要在体育教学实践过程中进行不断的补充和修正，才能更好地促进体育教学模式的构建与完善。因此，促使体育教学质量不断提高，进一步改进体育教学过程，对体育教学中的各个环节进行更新与完善，降低教学资源的浪费与缺失，这些都是对体育教学模式进行完善的重要着眼点。从这一角度上来说，体育教学模式充分体现出其显著的优效性特点。

2. 整体性

对于体育教学的处理，体育教学模式是从整体上进行的。在具体实践中，它既对体育教学活动的体育教师与学生等教学主体，教学目标、教学内容等教学客体的地位与作用做了明确的规定，同时也对影响体育教学活动并在教学活动中起重要作用的其他因素，如教学物质条件、时空条件、组织形式、师生互动关系或生生合作关系等做了相应的说明。由此可以看出，这几乎把体育教学论体系中的基本内容都涵盖了，因此人们也将体育教学模式称为“体育微型教学论”。体育教学模式的整体性特征要求人们在对体育教学模式作出正确的认识及运用的同时，一定要将体育教师的教学风格、学生的年龄特点、体育基础特点、课程内容特点等体育教学模式的主要要素整体全面地确定下来并熟练把握。除此之外，教学场地条件、环境条件、教学班级人数、气候特点等一些次要要素也要列入考虑的范围，同时还要清楚地认识到它们之间的相互关系，对各环节的相互配合、相互衔接也要表示足够的重视，从而使教学模式成为系统的教学程序。这种多部分、多要素、多环节的有机组合将体育教学整体性充分体现了出来，同时也对体育教学模式并非是多环节、多要素的简单堆积进行了说明。因此，可以说，体育教学模式是具有一定科学性的。

3. 针对性

任何一种体育教学模式的建立都是针对体育教学实践过程中某一个具体的问题或者说问题的某一个方面而进行的，并且针对体育教学对象、体育教学环境、体育教学内容等不同要素而开展的。由此可知，体育教学模式无法包罗万象，它只针对其中特定的使用范围和教学目标。比如，情境教学模式是针对小学生理解能力较差、体育基础不够，而以体育故事形式把各种简单的体育动作组合起来进行教学的，因此这种教学形式对于中学高年级的学生是不适合的；又如，快乐体育教学模式是与传统体育教学中的强制性教学相对立的，学生在强制性体育教学中是体验不到快乐的，所以设计了快乐体育教学模式，因此这种教学模式对于学练一些简单的体育活动动作是较为适合的，而对于复杂体育动作的教学则是不适合的。

综上可知，是不存在最优的教学模式或普遍有效的教学模式的。体育教学模式与目标往往是一对多或多对一的关系，并不是一对一的关系。通常来说，一种模式的目标是多种多样的，而多样化目标又可以进行主、次的划分，其中主要的目标不仅是此模式与彼模式相区别的主要特征之一，同时也是人们有针对性地选用模式的一个重要依据。比如，启发式教学模式与快乐体育教学模式中都有发展学生技能、运动参与、情感方面等目标，但是，这些方面的主要目标并不是一样的，而是有一定的差异性的。具体来说，开启学生的学习智力，使学生的运动思维得到有效的发展，从而对运动技能的学习与掌握产生积极有利的影响，是启发式教学模式的主要目标；而使学生在学练一些较为简单的体育动作中体验运动的乐趣，并创造性地组合一些简单的动作，体验运动成功的感觉，使其自信心有所增加，则是快乐体育教学模式的主要教学目标。

4. 简洁概括性

体育教学模式并非是“复写”体育教学活动，而是在能将自己个性充分显示出来的基础上，将教学目标、教学方法、组织形式等开展某一教学活动的不重要因素省去，从理论高度简明系统地将模式自身反映出来。由此可以看出，它是对某一理论的浓缩，对实践的精简，表现出一定的简洁性与概括性。一定的体育教学模式能够将特定的体育教学思想充分反映出来，而且也在一定程度上简化教学模式的各环节，通过教学程序的方式将其展现出来，因此，充分体现出了体育教学模式显著的简洁概括性特征。教学模式的概括性主要是通过教学模式的表现内容、表现形式和表现种类等方面来体现出来的。具体来说，每一个方面的概括性都表现出不同的特点：第一，表现内容的概括性，就是对单元体育教学活动的实践或理论进行提炼、浓缩；第二，表现形式的概括性，就是将整个教学模式通过采用少许的笔墨、线条、图表或符号来大致反映出来；第三，表现种类的概括性，就是将具有共同特征的模式划分为一类，从而能够更加明确地表达出某一体育教学模式的教学目标。同时，也可以使体育教师在具体的体育教学实践中更加明了地选择与理解体育教学模式，以有效地避免多种体育教学模式产生相互混淆的现象。

5. 可操作性

这里所说的可操作性主要包括两个方面的内容。一方面，体育教学模式易被教师模仿。究其原因，主要是由于教学模式不仅是教学理论的操作化，同时还是教学实践的概括化。体育教学活动在时间上的开展以及每一教学步骤的具体做法都需要教学模式提供相应的逻辑结构与思维，也就是所说的操作程序。这样，教师在教学中应该先做什么，再做什么，最后做什么，就非常有条理，操作性较强。另一方面，体育教学模式的操作程序是处于基本稳定状态的，究其原因，主要是因为体育教学活动的特殊性、复杂性以及影响体育教学的主要因素不能受到精确控制。关于此，比较具有代表性的是魏书生同志创立的“六阶段教学论”，虽然从总体上看，教学是按照提出“教学要求——组织学生自学——师生讨论启发——开展实践运用——及时作出评价——系统总结”这样的程序进行的；运动技能类教学模式是按照“教师的示范讲解——动作分解教学——学生初步练习——纠正错误动作——再次练习——动作部分的结合练习——纠正错误动作——完整动作练习——强化练习、过渡练习——掌握动作”这样的程序进行的，而且需要强调的是，它们的教学程序是不可逆转的。但是，其中某些步骤可以以教学实际情况为主要依据进行压缩、省略和重叠。这就充分体现了体育教学模式的可操作性特征。

虽然体育教学模式具有较强的针对性，但在不同条件与环境下开展体育教学，其产生的体育教学模式也表现出一定的差异性，也会因不同的教学指导思想和理论而表现出一定的差异性。但是一旦确立了体育教学模式，就可以代表一定的教学思想和理念，也就表明某一特定条件下具体操作的稳定性和可模仿性。具有相同的理念和外在条件，便可以容易地被体育教师所模仿，这就是体育教学模式的稳定性特点。需要注意的是，随着时代的变迁，指导思想与外在条件等发生质的变化，这就要求适当调整和变更体育教学模式，由此可以看出，体育教学模式的稳定性并不是绝对的，而是相对的。

（三）体育教学模式的功能

1. 简化功能

体育教学活动与其他学科相比较为特殊，而且十分复杂，因此处理起来有很大的难度。它不仅需要思辨和文字的处理，还需要采取一些具有简易性的方式，这样才能更好地开展体育教学活动。图示的方式具有突出的简易性特征，体育教学系统中各要素间的次序及相互关系通过图示就可以得到清楚的显示，学生观察图就可以形成对体育教学的整体印象。体育教学各环节与各要素之间的相互关系在体育教学结构中能够得到反映，体育教学的组织结构和流程框架也可以通过结构图展现出来。体育教学的组织结构对原则、原理较为重视，而且对运动技能的学习也很关注。所以，客观而言，体育教学模式在体育教学系统中意义非凡。体育教学模式的构建要在充分考虑现代体育教学任务的基础上进行。体育教学模式对体育知识的学习、运动技能的掌握、学生学习目标、教师设计方案以及具体的操作策略都给予了高度的重视。由此可以看出，体育教学模式的可操作性特征非常突出，其拥有较为完整的结构和机制。另外，与抽象的理论相比，体育教学模式更具体、简化，与教学实际之间的距离更近，教师通过研究体育教学模式，可以获得基本的教学操作框架，并能够对教学程序有所明确，这对于教学工作的开展具有积极的意义。

2. 预测功能

体育教学活动的内在规律与逻辑关系是体育教学模式的基础，因此，通过体育教学模式，可以对体育教学进程和结果有一个合理的估计或准确的判断。甚至对教学结果假说的建立也是以体育教学模式为基础的。通常，要预测某种教学模式，就要对其内在规律及其表面现象进行观察与分析。例如，快乐体育教学模式不仅对学生的学习体验较为关注，而且对学生掌握运动技能有很高的重视，这对于学生终身体育锻炼习惯的养成有积极的影响。可以从以下两个方面来解释快乐体育教学模式的预测功能。一方面，如果经过一段时间的教学后，预期教学目标没有实现，说明教学实践没有按照预测来发展，这时就要对原有的目标或现有的教学方法进行调整了。另一方面，如果通过一段时间的教学，预期的教学目标达成了，说明实践与预测相符，理论与实践相统一。

3. 解释与启发功能

通过简洁明了的方法来对相当复杂的现象进行解释，这是体育教学模式的主要功能和作用表现。发展体能教学模式是体育教学中一种常见的教学模式，建立这一教学模式的整体框架，人们可以从中获得整体感知，框架中文字的解释能够使人们对该教学模式的理解进一步深入。下面主要从三个方面来解释发展体能教学模式中蕴含的理论知识。首先，阶段性的体能目标实施与反馈控制理论。其次，体育教学系统地、长期地发展体能的指导思想。最后，非智力、非体力因素参与体育活动并促进技能教学的发展理论。发展体能的过程比较乏味，从这一点来看，发展学生的体能，关键是要使其产生兴趣，有动力，有积极性，这是一项非智力、非体力的关键因素。

除此之外，对于整个教学活动来说，具体的某种教学模式的核心环节具有非常重要的作用和意义，制定教学目标与实施教学的过程中能够将这一点反映出来。具体来说，主要包括以下几个方面。第一，预先进行体能测验，实施诊断性评价；第二，对教学单元的合理安排要在对学生的身体条件与身体素质进行充分考虑的基础上进行；第三，针对单元中的体能目标，使学生重点进行练习，从而使目标能够顺利达成；第四，对学习过程进行总结性评价；第五，在评价的基础上采取有针对性的完善措施。

4. 调节与反馈功能

实践是检验真理的唯一标准，这是马克思主义唯物论的一个基本观点。从这个角度来看，实践体育教学是对体育教学模式的科学性与合理性进行检验的唯一标准。对体育教学模式的构建，需要建立在教学思想、教学条件和教学环境的基础上。例如，在运用体育教学模式时，如果运用效果不理想，预先制定的教学目标没有实现，就需要对运用该教学模式过程中的各个环节与因素进行仔细分析，并找出主要的制约性要素，针对该要素提出科学的对策，从而优化该教学模式，充分发挥该模式的价值。

（四）体育教学模式与其他因素的关系

1. 体育教学模式与教学思想

体育教学指导思想与体育教学模式存在着指导与被指导、反映与被反映的关系，两者之间关系非常紧密，具体表现在以下几个方面：第一，不同的体育教学指导思想，其所指导的体育教学模式也是不相同的，但是存在着多种体育教学模式受到同一体育教学思想指导的情况，这也能够从侧面说明通过同一个体育教学模式能够反映出多个不同的体育教学指导思想。第二，如何构建体育教学模式，以什么标准来进行构建，通过什么样的途径构建，所构建的体育教学模式应具备哪些特征等问题都受到体育教学指导思想的指挥与制约。第三，通过体育教学模式能够体现出某一体育教学指导思想。

2. 体育教学模式与教学目标

体育教学模式与教学目标两者之间的关系，主要通过以下两个方面体现出来。一方面，在构建体育教学模式之前，首先要确立体育教学目标。也就是说，体育教学模式的构建是以一定的体育教学目标为基础的，其目的就是达成这些体育教学目标。体育教学模式是根据不同的体育教学标准来研制和开发的。一切教学模式都是为实现一定的教学目标而制定的。另一方面，体育教学模式的形成并非以特定教学目标的制定为标准判断的。特殊的体育教学模式，其所对应的教学目标也是特定的，但是特定的体育教学目标并不意味着其所对应的教学方法和教学过程也是固定的，能够通过多种体育教学模式来达成某一特定的体育教学目标。

3. 体育教学模式与教学组织

体育教学组织形式也就是教学形式，是教学活动的一种结构方式，可以分为合班、全班、小组和个别四种形式。从大的范围来讲，体育教学模式也是一种教学组织方法，但与课堂教学组织有很大的不同。体育课堂教学组织主要表现为体育课的组织，体育课组织的主要内容包括分组教学、组织形式、课堂常规等。体育教学模式对应着一定的体育教学思想，它也是一种方略，对单元与课的结构从整体上进行改造，在功能与构造方面具有一定的独特性。

4. 体育教学模式与教学方法

体育教学模式与教学方法两者之间存在着不同之处。首先是概念不同。所谓体育教学方式是指能够顺利达成体育教学目标的途径与方式，而体育教学模式是教学中的一种程序，具有特定的功能，并且对应着一定的体育教学思想和教学目标。其次是特点不同。教学方法是可变化的，具有不稳定性。同一个教学方法可以传授多种教学内容，但有的学生可能比较适应这种教学方法，而有的学生比较适应另外的一种教学方法，每个学生在不同的教学方法中所获得的学习效果也是不同的。而教学模式具有稳定性，一旦确立之后，能够在很长时间里被运用。

在体育教学实践过程中，体育教学模式可以通过一定的体育教学方法来得以实现，两者之间可以相互配合。需要注意的是，在体育教学实践中，体育教学模式具有一定的稳定性，所选择的体育教学方法必须要与教学模式相适应，只有这样才能确保教学得到很好的组织，从而获得良好的教学效果。

5. 体育教学模式与教学风格

教学风格是教师所表现出来的具有稳定性和个性特征的思想、教学技巧和风度，其形成需要有一定的理论思想作指导，同时也离不开长时间的教学实践。教学风格是一个个体概念，大部分的教学风格是与个人的性格、修养等相联系的，很难被人模仿，也很难通过学习来获得。教学模式是对教学程序和教学方法的改造，这是一个群体概念。一般来说，只要教师具备基本的教学能力，都能够学习并灵活地运用教学模式。在体育教学中，可以采用不同的教学风格来对同一教学模式进行运用，即使教学风格相同，也可以采用不同的教学模式。

二、体育教学模式的基础应用

由于体育教师具有不同的风格特点，而且学生作为教学对象，其实际情况也存在着差异，因此学校体育教学过程中所采用的体育教学模式也存在着很大不同，侧重点也不相同。本节主要对常见的几种体育教学模式进行研究。

（一）小群体体育教学模式

“小集团学习”理论（日本）是小群体教学模式得以形成的基础。小群体体育教学模式指的是，教师在体育教学中采取分组的方式将学生按照一定的标准分为若干学习小组，并对学习小组的学习活动进行指导，鼓励与引导小组之间及同组成员之间进行积极的互动、互助、互争，以此来激发学生学习的兴趣，达到提高体育教学效率的目的。并不是体育教学领域最先使用小集团学习法的，体育教学领域中对该模式的采用直到20世纪50年代才开始。实践证明，在体育教学中运用这种模式，对提高教学效果与质量、深入改革与完善体育教学具有积极的意义。

小群体体育教学模式的指导思想体现在，在充分发挥教育作用的基础上，通过高校体育教学中的集体因素和学生间交流的社会性作用，促进学生交流能力的提高，促进学生的社会化发展。在对这种模式加以运用时，教师要将对学生自主学习能力的培养重视起来，而且要对学生之间的差异予以充分的考虑。因此，具体可以从以下几个方面来分析小群体教学模式的指导思想：第一，对学生的思想与行为品质进行针对性培养。第二，对注意力的集中进行强调，并要求学生树立竞争与合作的意识，充分发挥自身在提高小组竞争力中的作用。第三，指导学生相互帮助、合理竞争，从而促进学生竞争与合作意识的加强和身心健康水平的提高。第四，要在条件基本均等的情况下，使组与组之间的学生合理竞技，从而激发学生学习的兴趣，提高学习的效果。小群体体育教学模式的操作程序如图4-1-1所示。

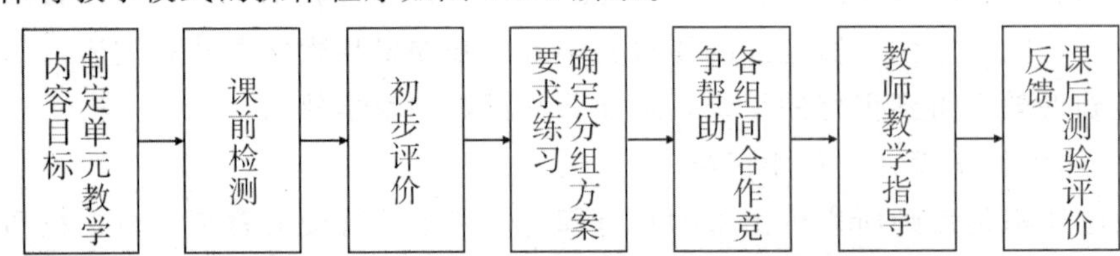

图4-1-1　小群体体育教学模式的操作程序

小群体体育教学模式的优点在于两个方面。一方面，小群体教学模式对学生的团结性较为重视，这对于学生学习积极性的充分调动、竞争意识与能力以及社会适应能力的不断提高非常有利。另一方面，通过小群体教学，学生的协作意识与合作能力、竞争意识与竞争能力都能够得到大幅度的提升。

而小群体体育教学模式的主要缺点在于这种教学模式对于学生社会适应能力的培养与提高过分重视，如果在这一方面花费大量的时间，将会影响对学生其他方面素质的培养，从而影响学生的全面发展。

（二）主动性体育教学模式

学生在现代学校教育中居于主体地位，因此主动性体育教学模式对于学生的思考、体验具有积极的引导作用，学生在思考与体验的基础上，与他人进行良好的交流和协同合作，从而使自身的社会技能与创造能力得到全面的提高。良好的课堂环境和氛围是高校体育教学实现理想教学效果的保证，在这样的环境和需求下，主动性体育教学模式逐渐形成。

主动性体育教学模式的指导思想主要体现在以下四个方面：第一，培养学生的参与能力。学生学习主动性得以发挥的基础与前提是学生参与到教学活动中。第二，培养学生的教学能力。教师引导学生换位思考，如果自己是老师，该如何开展教学工作，这有利于促进学生教学能力的提高。第三，培养学生的合作精神。对学生的团结协作意识进行培养，使学生树立正确的合作观，这样学生才能对团队合作的重要性有所认识，而且理解、尊重、宽容、信任、合作、民主的良好课堂氛围才能在学生与教师的共同努力下形成。第四，培养学生的创新意识。没有创新，就没有发展可言，因此教师应想方设法地对学生的创新意识与创造力进行科学培养。

主动性体育教学模式的操作程序如图 4-1-2 所示。

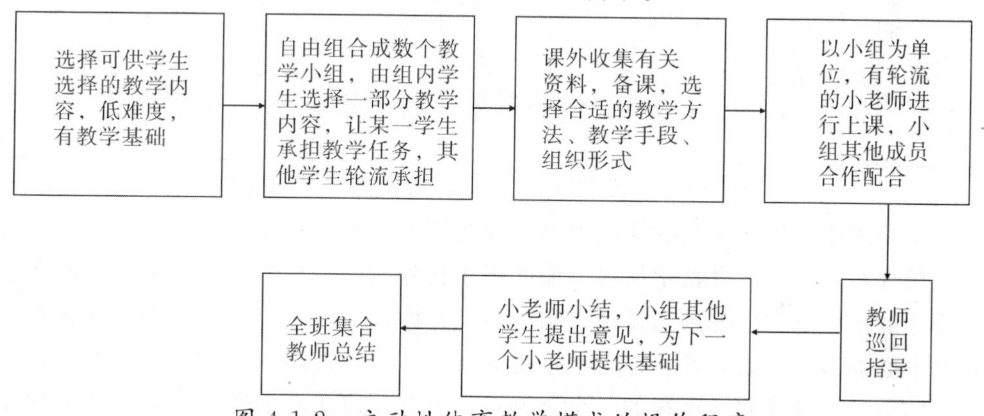

图 4-1-2 主动性体育教学模式的操作程序

主动性体育教学模式的优点主要体现在两个方面。一方面，对主体性体育教学模式的运用有利于促进学生主体意识的不断强化与主观能动性的充分发挥。另一方面，对主体性体育教学模式的运用有利于促进学生自学能力及创造力的发展。

主动性体育教学模式的缺点主要体现在该模式拥有一定的自觉性和较高的自学能力，能够科学制定学习计划，合理选择学习方法与手段，有效组织学习形式等是主动性体育教学模式对学生的基本要求。很多学生都不具备这些条件与要求，因此对于这部分学生采用主动性体育教学模式进行教学，效果往往达不到预期目标。

（三）发现式体育教学模式

发现式体育教学模式是指通过体育教师的指导，学生能够独立地研究和发现事实与问题，从而可以更加深刻地掌握相关原理和知识的一种教学模式。学生的直觉思维、内在的学习动机以及教学过程是这一教学模式强调的三个重点。

在运用发现式体育教学模式的过程中，教师对学生的学习活动进行适当引导，使学生通过对自身主观思维的运用来积极思考，从而独立发现问题，并对问题加以解决。因此，通过遵循学生的认知规律来开展教学过程，体现以学生为主体，以学生为中心的思想就是这种体育教学模式的指导思想。具体可以从以下几个方面来理解发现式体育教学模式的指导思想：第一，着重增强学生学习的积极性和趣味性；第二，调动学生思维的主动性，开发学生的智力；第三，在以学生为主体的前提下，对学生进行指导；第四，在将答案揭晓之前，要让学生自己去探索问题的结果；第五，对问题情境进行设置，并使学生投入到教学情境中的过程更为自然，对学生的学习热情与积极性进行激发与鼓励；第六，可以提高学生学习运动技能的效率，使学生更加深刻地领悟技能和知识，使记忆更加牢靠。

发现式体育教学模式的操作程序如图 4-1-3 所示。

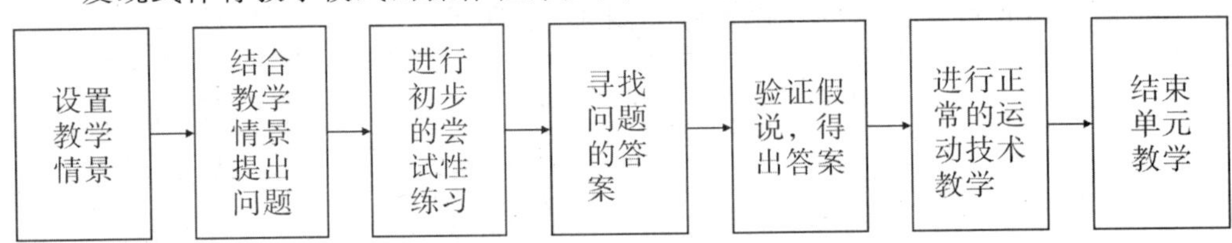

图 4-1-3　发现式体育教学模式的操作程序

发现式体育教学模式的优点主要体现在两个方面。一方面，学生学习的热情和积极性在发现式体育教学模式中能够得到充分调动，学生的学习效率能够在这一模式的运用过程中得到明显地提高。另一方面，学生的智力在发现式体育教学模式中能够得到有效开发，智力水平也能够有一定的提高。学生智力的发展是发现式体育教学模式非常重视的一个关键点，因此该模式要求通过对问题情境的设置来对学生学习的好奇心进行激发，进而促进其思考能力的不断提高。

发现式体育教学模式的缺点也有两个方面。一方面，在提出、讨论以及解决问题等环节中，发现式体育教学模式占用的教学时间较多，使学生有很少的时间去练习和巩固运动技能，从而对学生技能水平的提高造成制约。另一方面，不稳定因素会严重影响发现式体育教学模式的实际效果。

（四）选择式体育教学模式

在“健康第一”思想和新课程标准的影响下，为了更好地突出学生的主体地位，发挥学生的主体作用，现代高校体育教学中采用选项课的形式来作为一个教学方式。选项课的设置能够使学生在体育学习过程中以自己的兴趣爱好及实际需要为依据来对体育项目进行自主选择。选择式教学模式可行性强，教学效果良好，所以受到了高校的普遍欢迎。

选择式体育教学模式能够使学生的主体性与能动性得到充分发挥，关于学习内容、学习进度、学习资料、学习伙伴、学习难度等都由学生自主进行选择，这对于学生学习积极性、自觉性以及良好学习能力的培养具有突出的意义。

选择式体育教学模式的操作程序如图 4-1-4 所示。

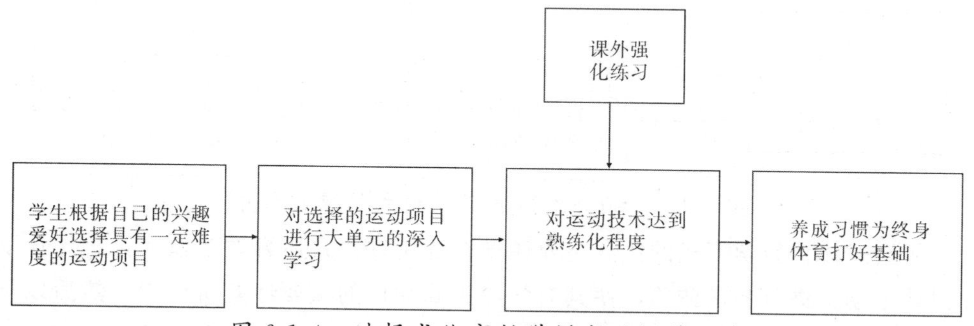

图 6-1-4　选择式体育教学模式的操作程序

选择式体育教学模式的优点主要体现在两个方面。一方面，选择式体育教学模式使学生对学习内容进行自主选择，这有利于巩固学生的主体地位和促进学生的学习热情。另一方面，学生自主选择学习内容、方法、资源等，有利于对其情感体验、责任感以及坚强的意志力进行培养。

选择式体育教学模式的缺点也主要体现在两个方面。一方面，有些学生还不清楚自己对什么运动项目感兴趣，而且对自己的特长与优势也没有明确的认识，对这类学生运用选择式体育教学模式，就会使其出现盲目选课的现象。也就是说，并不是对于所有学生而言都适合采用这种教学模式的。另一方面，采用这种教学模式，容易使学生在选课时产生功利性倾向，即为了获取学分而选择难度小的课程，因而一些课程有很多学生选，而另一些课程却无人问津，这不利于体育教学活动的顺利开展。

（五）领会式体育教学模式

领会式体育教学模式由英国学者提出，最早提出是在 20 世纪 80 年代。当时，这种教学模式主要运用于球类教学中，目的是改造球类教学的教学过程结构。

以下是领会式体育教学模式指导思想的主要内容：第一，先尝试，后学习是这种教学模式强调的重点；第二，使学生通过尝试对学习该运动技术的重要性有所了解，从而调动其学习的积极性；第三，提倡先完整教学，后分解教学，学生掌握被分解后的各个环节后，再进行完整练习，对比前后效果；第四，以组织竞赛的方法来促进学生学习积极性及学习热情的提高。

领会式体育教学模式的操作程序如图 4-1-5。

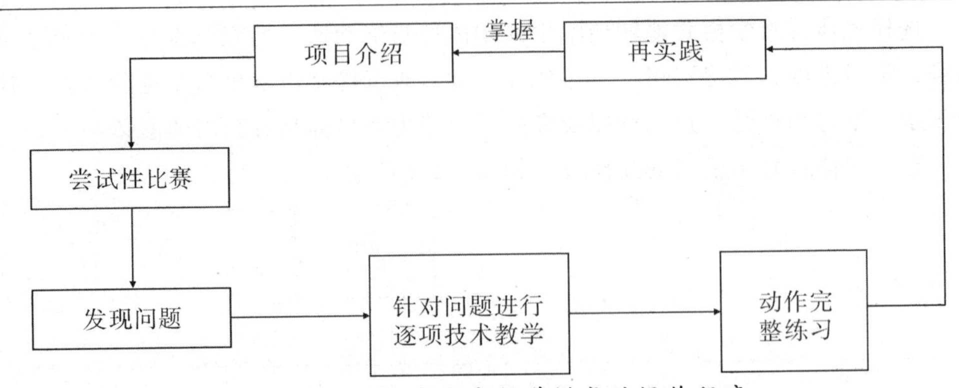

图 4-1-5　领会式体育教学模式的操作程序

领会式体育教学模式的优点主要体现在运用领会式体育教学模式，首先让学生对技术动作进行初步体验，使其对学习正确动作的重要性有所认识，然后以学生的实际情况为依据来对合理的教学方法进行选择，从而有效激发学生的学习动机与热情，充分调动学生的学习积极性，促进学生学习效果的提升。

领会式体育教学模式的缺点主要体现在尝试性比赛中，比赛活动很可能会因为学生不了解这项运动而无法顺利开展。想使这种情况得到避免，促进竞赛活动的顺利进行，教师可适当地对竞赛的规则与难度进行调整，使学生有一个循序渐进的适应过程，待学生了解该活动后，再按照原有的要求来开展竞赛，从而促进学生不断进步。

（六）成功式体育教学模式

20 世纪 90 年代，成功体育教学思想被提出，经过长期的研究和不断的实践，其在体育教学中得到了充分的运用，并取得了良好的效果。成功体育教学模式具体是指通过对合理方法与措施的运用，引导学生自主制定个人学习目标，而且使学生在经过不懈的努力来达成目标的过程让学生体会成就感与满足，从而促进学生身心全面发展的一种教学模式。因此，促进学生学习自信心的提高和身心的全面发展是成功体育教学模式的主要价值。

成功体育教学模式是实施素质教育的一个重要途径，让学生亲身体验体育学习的乐趣是该模式的主旨。这种模式对教师的激励作用做了重点强调，提倡通过教师的激励来使学生对自己形成正确的认识，使学生的学习信心不断提高。从评价角度而言，激励性评价是成功体育教学模式的主要评价特征，个体参照标准是进行激励性评价的主要标准。具体来说，就是在评价过程中，关于技能的评价以学生的自我纵向比较为主，关于情感体验的评价以学生的自我心理体验为主。现代体育教学中，这种评价方式意义重大。需要注意的是，成功体育教学模式存在不足之处，即教学组织工作难度较大，而且并非对所有学生都适用，因此教师在采用这一模式的过程中，要注意避免这些不足带来的问题。

成功式体育教学模式在体育教学实践中的具体操作程序如图 4-1-6 所示。

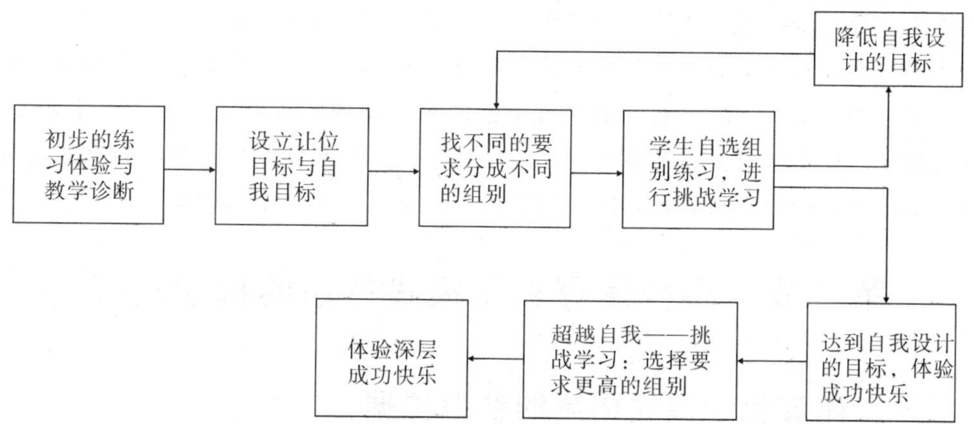

图 4-1-6　成功式体育教学模式在体育教学实践中的具体操作程序

体育教师在教学实践中运用成功式教学模式需对以下几个要点加以注意：第一，注重对和谐、温暖的学习环境的创造；第二，对竞争和协同合作的作用进行强调；第三，结合相对评价与绝对评价来对学生进行评价；第四，鼓励学生进行成功体验，引导学生在失败中总结教训；第五，在对学生的个性特点加以充分考虑的基础上来运用成功式体育教学模式，从而充分发挥该模式对于学生的积极影响。

（七）范例教学模式

范例教学模式指的是，教师对一组相关知识中最本质与典型的案例进行讲授，然后对学生进行引导，使其探寻其中的规律，对同类知识进行举例，从而促进学生思考与解决问题的能力不断提高的教学模式。在高校体育教学中，实例（即范例）的讲授有利于大学生对体育基本知识的快速掌握及对体育技能的正确理解，范例教学模式正是在这样的教学背景认识下所提出的。

体育教师在对范例教学模式进行运用之前，必须从教学论的角度来分析体育教学内容，具体从以下几个方面展开：首先，对本课题内容的重点与具有普遍性意义的内容进行分析，通过对范例的探讨来使学生对应掌握的原理、规律及方法有所了解。其次，对本课题教学内容的特点进行分析，并对相应的教学手段、教学方式和作业进行科学的设计。再次，对本课题教学中的问题在全部教学内容中的地位，本课题内容的结构特点和课题各结构要素中的重点、难点、层次和联系等进行分析。又次，对本课题内容进行分析，从而对学生的智力进行激发，促进学生学习的不断进步。最后，对本课题学生在未来生活与发展中的意义进行分析。

体育教师需按照以下步骤来实施范例教学模式：第一步，体育教师应范例性地将“个”的阶段阐明，即教师以个别事实和个别对象为例，将事实的本质明确提出来。第二步，范例性地进行“类”的阐述。教师从对个案的认识出发，通过对个别事例的归类来对“类”现象进行探讨。第三步，教师在前两个阶段的基础上，对“类”的背后隐藏着的某种规律性的内容做进一步的深入探讨。第四步，通过教学，使学生对世界最基本的经验加以掌握，并在此基础上加深对客观世界的认知，增强行为的自觉性，即范例性地获得世界经验和生活经验。

第二节　高校体育教学模式体系的构建过程

一、体育教学模式构建的参考依据

首先，体育教材性质。体育教学以教材为基本工具，体育教师教学、学生学习都要借助教材这一基本教学工具。体育教材也是体育教师与学生共同完成体育教学目标的内容载体。通常把体育教材分为分析性教材与概括性教材两大类，这主要是以体育教材内容的性质为依据划分的，具体分析如下。

在分析型体育教材中，运动技术具有一定的难度，讲解该类教材的目的就是促使学生提高创新能力和自主学习能力，增长体育知识与技能。在对该类体育教材进行学习时，要注意培养学生的学习与创造力，所采用的体育教学模式主要有主动性体育教学模式、发现式教学模式以及领会式体育教学模式等。在概括性体育教材中，运动技术不太难学习和掌握，讲解该类教材的目的是让学生能够简单了解所学的体育项目，培养学生学习体育的兴趣，促进学生身心健康全面发展。在对该类教材进行学习时，要注意让学生体验到学习的乐趣，并获取快乐，所采用的体育教学模式主要有快乐式教学模式、情景式教学模式以及成功式教学模式。

其次，体育教学目标。教学目标是构建和运用体育教学模式的关键所在，体育教学思想与体育教学目标为体育教学模式注入了活力，并指明了方向。对于教学模式来说，可以通过体育教学目标和体育教学思想来进行区分。在进行新课程改革之后，体育教学目标主要包括以下几个方面：促进学生正确掌握运动技能的目标；促进学生身心健康的目标；提高学生运动参与能力与积极性的目标；提高学生社会适应能力的目标。上述体育教学目标要求在体育教学中要构建与选用情景体育教学模式、探究体育教学模式以及成功式教学模式等进行教学。

再次，体育教学对象。学生作为教学主体，也是体育教学活动不可缺少的重要组成部分。因此，体育教学模式的构建必须要针对学生的具体实际情况及特点来进行。小学、中学、大学是学生所经历的三个重要学习阶段。学生在不同的学习阶段，其心理情况与身体状况也存在较大差异。所以，在构建学校体育教学模式时，要对各个阶段学生的具体实际情况来进行考虑。在大学时期，学生主要接受专项的体育运动教学训练，因此技能型体育教学模式是该学习阶段所适合采用的体育教学模式。这样也能够使体能性体育教学模式从中发挥出辅助作用，故构建以上两种教学模式是非常重要的。

最后，体育教学条件。不同的体育教学模式，所适应的体育教学条件也存在着较大的差异。各个地区各个学校的体育教学条件都有着非常明显的差异性和复杂性。以城市和农村地区为例，两个地区的经济水平差距很大，因此体育教学场所、设施与器材也有差距。根据以上情况，体育教师要从实际出发，实事求是，构建出恰当的体育教学模式，从而顺利地完成体育教学任务和教学目标。农村学校的教学水平与条件有限，因此不适合构建并选用要求外部教学条件良好的小群体教学模式。

二、体育教学模式的构建原则

首先，坚持教学目标、内容、形式、结构与功能的统一原则。就本质来看，构建现代体育教学模式能够使学校体育教学活动形式与内容、结构与功能的关键问题得到有效的处理。因此，体育教师要全面地分析各类体育教学课堂形式和结构的功能与作用，同时根据教学条件和教学目标来合理地选择体育教学模式。

其次，坚持统一性与多样性的统一原则。体育教学模式构建的统一性是指在构建和创造体育教学模式时，要继承新中国成立以来我国体育教学的先进思想和成功经验。新型体育教学模式构建的多样性是指在开发和构建体育教学模式时应尽量实现多样化，避免单一化与程式化的不足。

最后，坚持借鉴与创新的统一原则。体育教学模式要坚持创新与借鉴的统一性。借鉴在这里主要指的是借鉴两个方面的内容：一是对国外先进的教学模式理论进行借鉴；二是要对国内先进教学模式理论与成功教学经验进行借鉴。随着全球化趋势的不断加强，教育全球化也必然会对学校体育教学产生影响，若未借鉴外国的先进教学模式理论或者借鉴之后没有进行足够的创新都是固步自封的落后表现。因此，对创新与借鉴进行有机结合，才能对成功的经验进行运用，同时吸取失败的教训，不走或者少走弯路。具体来说，统一借鉴与创新，就是要以正确的体育教学思想为指导，革新原有的落后的体育教学模式，借鉴前人和他人的成功经验和理论，结合教学中的客观实际，提高体育教学的效率。

三、体育教学模式的构建步骤

概括地讲，现代体育教学模式的构建步骤主要如下：第一，明确指导思想。构建的体育教学模式以哪种教学思想作为依据，才能使教学模式更加凸显主题思想，并具有理论基础。第二，寻找典型经验。通过以第一步作为基础，来展开调查研究，从中寻找出典型的经验或者原型作为教学案例，所选择的案例要与构建的教学模式的目的与思想相符合。第三，确定构建模式的目的。在明确指导思想的基础上，确立建构体育教学模式所达到的目的。第四，抓住基本特征。针对教学案例，采用模式方法来进行分析，概括出教学案例的基本教学过程和基本特征。第五，确定关键词语。确定表述这一体育教学模式的关键词。第六，简要定性表述。针对这一体育教学模式进行简要地定性表述。第七，对照模式实施。对照这一体育教学模式具体实践教学进行实践检验。第八，总结评价反馈。通过进行相应的体育教学实践验证来归纳总结出相应的实践检验结果，并通过初步实践对模式进行调整修正，并在不断的反复实践中对模式进行不断的完善。

第三节　高校体育教学模式的发展趋势

一、体育教学模式的改革重点

随着我国体育教学的不断深化改革，体育教学模式会有更多的创新形式出现。而我国学校体育教学模式未来改革的侧重点主要表现在以下几个方面：

首先，重视学生的主体性。传统的体育教学模式过于重视教师的主导作用，只是将整个教学过程过于片面地归结为教师的教，却忽视了学生的学，从而导致学生在教学中始终处于被动地位，阻碍了对学生主观能动性和能力的培养。随着以学为中心的教学理论的不断发展，过去传统的师生关系已经发生了很大的变化，教师与学生的地位和作用也产生了改变。“教师中心论”逐渐被“教师主导学生主体论”取代。在这种新的教学观的影响下，体育教学模式也进行了一定的改变。也就是说，将以教师为中心的教学模式转变为以教师为主导、以学生为主体教学模式是现代体育教学模式改革的主要趋势。这种新的教学模式，有助于培养学生的自学能力、探索能力和创新能力，使学生的学习能动性和积极性得到调动。值得注意的是，这种教学模式符合现代人才培养的理念，因此可将其作为现代体育教学模式改革的重要方向。

其次，保留演绎型教学模式。通过对实践经验进行概括而成的归纳法以及依靠逻辑生成的演绎法是教学模式得以形成的两种方法。所谓演绎教学模式就是根据一种理论和思想进行设计而成的一种教学模式。它包括很多种教学模式，1950 年以后产生的教学模式大都属于这种类型。这种教学模式是从理论假设开始的，形成于演绎，它比较重视科学理论基础。演绎教学模式的这一特点不仅为人们自觉地利用科学理论做指导提供了一定的可能，而且还为主动设计和建构一定的教学模式来达到预期的目的奠定了一定的基础。综上可知，演绎型体育教学模式已成为现代体育教学模式发展的重要趋势之一，符合体育教学理论的发展与研究方向，因此在进行体育教学模式深化改革中要注意对演绎型体育教学模式进行保留。

最后，注重学生能力的培养。现代社会的快速发展，科学技术的进步，知识的迅速增长，社会竞争压力的增大以及终身教育的普及，对人们的能力提出了更多更高的要求。单一的知识积累已经无法满足现代社会发展的需求。这就要求在具体的体育教学过程中，要对教学模式加以改进，从而使其更加有利于培养学生的运动能力、一般能力、自学能力、社交能力和创造能力。另外，在普及九年义务教育初期，就已经开始强调要使学生全面发展德智体美劳，而且在越来越多的实践活动中，人们已经充分认识到了能力的重要性。在这种背景下，体育教学模式已经从对传授知识的强调逐渐转变为重视学生能力的培养，这也成为体育教学模式的重要改革方向。这样做既可以使学生能够参与到实践活动之中，能够更加全面地认识和了解自己，而且还能使自身的各项能力得到不断的挖掘和培养。

二、体育教学模式的发展趋向

第一，教学目标的情意化。教学实践研究表明，智力因素和非智力因素对学生的学习活动起着非常重要的作用。在传统教学活动中，智力因素受到过分的重视和强调，却忽略了非智力因素的作用，幸好现代体育教学模式经过不断发展逐渐针对这一情况进行了改善，并取得了很大的进步。现代体育教学模式的目标在使学生增长知识，培养学生能力的同时，更加注重将人格教育、品德教育、情感教育与知识教育结合在一起。当人们越来越重视和关注人体心理学时，对学生情感的陶冶也自然受到更多的关注，同时将情感活动作为心理活动的重要基础，更加全面地培养学生的情感性、独立性和独创性。例如，情景式体育教学模式和快乐式教学模式通过问题情境的创设，提高教学过程的新奇与趣味性，使学生的学习兴趣得到有效激发，从而产生一种强烈的学习动机，这种动机下学习和掌握体育知识技能带有很强的情感色彩。

第二，教学形式的综合化。体育教学形式的综合化是指体育教学模式向着课内和课外一体化发展。由于受到有限时间的制约，课上的时间无法使学生熟练掌握自动化的运动技能，养成锻炼身体的习惯。这就需要通过利用课外时间来使学生得到练习和巩固，课内的主要任务是学习新的知识，并针对出现的错误进行修正。只有如此，学生才能够真正掌握好运动技能，从而实现个体运动技能的自动化。但从目前情况来看，我国各学校对于课外体育活动的重视程度并不高，要远远弱于对体育课的重视，甚至有的学校处于放任自流的状态，这也对教学效果产生了诸多不良影响。从体育教学模式发展的角度来看，对课外体育活动的不够重视，也会使得其他相关方面的研究受到一定影响。“课内外一体化”教学模式，虽然设计了课内与课外相结合的教学，但在实际运用过程中还不够成熟，也没有形成明确的操作模式。这种模式目前尚未被列入现有的体育教学模式之中。也只有当这种模式具备成熟的理论与实践经验后，才能成为一种非常重要的体育教学模式。

第三，理论研究的精细化。更好地指导体育教学实践是对体育教学理论展开深入研究的主要目的。如果不进行相应的理论研究，同时又缺少相关的体育实践经验，那么就会使整个体育教学失去意义。只有将体育教学理论研究同实践研究进行有机结合，才能够进一步加强理论研究的成效和力度。同其他理论一样，对体育教学模式所进行的研究是由一定的教学模式不断向着学科教学模式进行，然后再向着课堂教学模式进行的研究。体育课堂教学模式的精细化研究是体育教学模式研究的必然发展趋势，其研究内容主要包括学期教学模式、单元教学模式、课时教学模式。

第四，评价标准的多元化。不同的体育教学模式，所采用的评价方式也存在着很大的差异。体育教学模式随着现代体育教学改革的不断深入发生了很大的变化。针对某一体育教学模式，如果仅仅采用单一的评价方式很难做出客观反映。因此，在对此模式进行评价时，要采用更为全面的评价方式，更具多元化的评价指标。只是对评价结果过于重视，却忽视对学生学习与实践过程的评价，是传统体育教学模式存在的缺点，这往往会导致无法全面地体现和反馈学生的学习兴趣、爱好和情感反应等。现代体育教学模式已经摆脱了过去单一的终结性评价方式，开始重视对学生的学习过程进行单元评价和过程评价，并鼓励学生进行客观的自我评价等。

第五，教学实践的现代化。现代教育和科技的现代化发展在教学方面也获得了很大的突破，在很多的教学实践活动中都能够体现出非常明显的现代化特点，针对传统体育教学方法的创新与改革也逐步得以实现。

在现代体育教学活动中，先进技术产品和手段的运用也在很大程度上提高了体育教师的授课效率，同时也进一步增强了学生学习的兴趣，调动了他们主动学习的积极性。就目前来看，现代体育教学模式已经与现代教学技术手段开始进行融合。由此可知，将先进的技术手段引入和运用到体育教学模式中是现代体育教学模式发展的重要趋势。

第五章　高校体育教学设计

与体育教学方法及体育教学模式相同，体育教学设计对于当前体育教学的发展有着非常重要的现实意义，而只有保证体育教学设计的科学性才能更好地推动体育教学的不断发展。本章将分别从体育教学设计的基本知识、理论基础及模式、过程与评价以及改革与发展几个方面对高校体育教学设计体系的建设与发展进行具体分析。

第一节　高校体育教学设计的理论与模式

一、高校体育教学设计概述

（一）体育教学设计的概念

对于教学设计的定义，不同的学者有着不同的观点。我国研究者普遍认为，教学设计是运用系统方法，分析教学问题和确定教学目标，建立解决教学问题的策略方案，评价实行结果以及对方案进行修改的过程。而所谓的体育教学设计，是指为了获得优质的体育教学效果，教学执行者在进行体育教学活动之前以系统的思想与科学的方法为指导，以体育教学的相关理论为基础，结合与体育课程有关的生理学、心理学和社会学原理，根据体育教学自身的特点，在充分考虑学生身体和心理发展的基础和相互之间关系的基础上，对体育教学活动中“教”的问题制定出一种相对合理的操作方案。

（二）体育教学设计的特征

体育教学是一种有计划、有目的教学活动，它主要表现为以下几个方面的特点：首先，具有超前性。体育教学设计主要是为体育教学实践进行服务的，它能够有效指导体育教学实践的开展，因此体育教学设计是一种对教学活动中可能出现的一些问题进行的预测，表现出超前性的特征。事实上，体育教学设计是对将要开展的体育教学活动中可能出现的各种情况所进行的预先分析，同时以科学的理论与教学实际的需求对各种可能出现的问题提出相应的解决方案，它其实是一种预先的教学安排。例如，体育教师需要在体育课开展之前首先设计出该节体育课的教学方案，然而这只是体育教师对于即将开展的体育教学活动的一种超前性的设计，虽然对于教学过程中可能遇到的问题都有涉及，但还没有应用于实践。

其次，具有差距性。体育教学设计是以体育与健康课程理念为基础的，它接受体育学习需要的指导，体育教学设计仅仅只是对体育教学实施方案的一种构想，并不是体育教学活动本身。而体育教学过程具有复杂性与多变性的特征，这就导致在实际的教学过程中不可避免地出现各种各样的问题，教师在体育教学设计中有时候并不能够做到全面兼顾，体育教学设计者对体育教学中的问题理解、条件分析、解决方法并不能够完全概括教学实践。因此，体育教学设计与体育教学实践之间并不是等同的，它们之间存在着一定的差异，也表现出一定的差距性，这就需要教师在教学中结合教学实际进行相应的工作调整。最后，具有创造性。由于受到多种因素的共同影响，体育教学过程也表现出明显的复杂性与不确定性的特点，这就需要体育教学设计能够创造性地解决教学实践中遇到的各种复杂的情况，这也表明了体育教学设计具有创造性的特点。现代体育教学往往表现出复杂性的特征，同时也是一个不断变化的过程，因此体育教师并不能够完全根据自己已经制定的计划去开展相应的教学活动。体育教学所表现出的这种变化性的特性正是体现了体育教学的本质，这也为体育教学设计提供了广阔的创造空间。因此，体育教学过程同时也是对学生创造能力的一种培养，而体育教学设计的过程则是对体育教师创新精神的一种培养。在进行体育教学设计时，教师只有充分发挥自己的创造性才能够使其设计出的方案能够更好地培养学生各方面的能力。当然，体育教学设计者在具备相应的创新能力的同时，还应该有相应的文化知识与理论储备，此外还应该有丰富的想象力与创造性的思维等。

（三）体育教学设计者的素养

体育教学设计者不仅是教学设计方案的制定者，同时还是设计过程的实施者、组织者、协调者与设计执行的控制者。因此，体育教学设计者的能力与水平对于一个教学方案能否满足实际教学工作的需要具有决定性作用。具体来讲，体育教学设计者的基本素养主要包括以下几个方面。首先，体育教学设计者必须具备扎实的教育、教学、传播学、心理学以及媒体等多学科的相关理论基础知识。其次，体育教学设计者必须具备一定的教学经验，这样能够有效防止教学设计脱离体育教学的实践。再次，体育教学设计者应该熟练掌握教学设计的基本原理、方法以及实际操作技能，这是进行体育教学设计的前提条件。最后，体育教学设计者必须具有科学的知识管理与相关技术。

二、高校体育教学设计的理论基础

体育教学设计会涉及很多领域，因此需要应用许多学科理论作为设计依据。各种学科中与现代体育教学设计相关的理论很多，下面就主要对与教学设计关系密切的相关理论进行具体分析。

（一）系统理论

1．具体概念

系统理论认为，世界上的万事万物都是以系统的形式存在的，整个自然界都是由不同层次的等级结构所组成的开放系统，任何客体都是由诸要素以一定结构组成的具有相对功能的系统，系统当中的每一个个体都处于不断地运动变化之中。系统理论对于学校体育教学设计同样有着非常积极的意义，它为学校体育教学设计提供了系统分析方法，这样能够让体育教师通过整体观去进行体育教学设计的实践工作。系统是元素及其关系的总和。系统论的创始人贝塔朗菲认为："系统是'相互作用的诸要素的复合体'。"有学者认为："系统是相互间具有有机联系的组成部分结合起来的能够完成特定功能的整体。"系统是由两个或者两个以上子系统构成的，系统也有大小之分。每个系统的构成都需要满足以下三个条件。首先，系统处在一定的客观环境之中，它不仅会受到客观环境的作用，同时也会对客观环境进行反作用，系统并不能够独立于相应的环境而存在。其次，系统包括一定的元素。系统内部包括很多不同的具体元素，其中构成系统的主要元素就是所谓的要素。系统当中的各要素之间也存在着密切的关联，他们是相互影响与相互制约的关系。最后，系统具有一定的结构。构成系统的各元素之间往往存在着一定的联系，而元素之间并没有什么必然的联系，所以不构成系统。研究表明，无论系统的复杂程度如何，他们都会表现出以下几方面的特性。第一，集合性。系统是事物的集合，任何一个系统都是一个有组织的整体。第二，整体性。系统是不同要素的统一体，两个或多个可以相互区别、具有不同功能的要素，按照作为系统整体所应具有的综合性而构成系统。系统的功能要大于各要素的功能之和。第三，相关性。构成系统的各个要素之间不仅是相互联系的，而且还是相互依赖与相互作用的。第四，目的性。任何系统都是指向特定的目标，通过系统的功能来完成特定的任务。第五，反馈性。通常情况下，系统都能够进行有效的自我调节。为了能够维持自身更好地运行，系统必须通过反馈使自己处于一种相对稳定、平衡的状态。第六，环境适应性。系统存在于环境中，它与外部环境之间必然会相互产生作用。一方面，环境能够为系统自身提供相应的物质、能量要素；另一方面，环境还会对系统产生一定的作用，从而更有利于系统运动。由此可见，系统需要对自身所处的外部环境进行不断地适应来维持自身的持续运行。

2．教学系统

一般来讲，学校体育教学系统是由五个基本要素组成的，即学生、教师、教学内容、教学方法以及教学媒体，这些要素都是学校教学系统的子系统。下面就体育教学系统的基本要素进行具体分析。第一个要素是学生。学生是学校体育教学的主体，同时也是学校体育教学系统中不可或缺的重要组成部分，学校的体育教学不能够离开学生而独立存在。第二个要素是教师。在体育教学中，学生是主体，而教师是教学内容的传授者，其在教学系统中占据主导地位。教师作为个体，具体负责的工作内容包含体育知识、运用体育方法、运用教学媒体、主观努力程度等诸多要素。第三个要素是教学内容。体育教学的内容同样包含很多，主要表现为教材、体育与健康相关的知识、技能、方法。在体育教学过程中，教学内容具有非常重要的地位，它对体育教师的教以及学生的学具有决定性作用，具体包含了与体育相关的健康知识、健康技能、智力水平、社会适应能力等方面。第四个要素是教学方法。教学方法是指教师和学生为达到学校体育教学目的和完成教学任务所采取的方式、途径、手段、程序的总和。一般来讲，学校体育教学方法具体包括动作示范、教具与模型演示以及多媒体演示等。第五个要素是教学媒体。在具体的学校体育教学实践中，教学媒体是教师与学生之间进行信息交流的一种重要媒介，它具体包括语言、文字、动作示范等多种视觉要素以及记录、储存等要素。在实际教学当中，体育教学系统的这些子系统之间是相互联系与相互影响的，它们在学校体育教学目标的支配下产生相应的作用，这些都是体育教学不可或缺的要素。

（二）学习理论

学习理论研究的对象是人类学习的本质及其形成机制，属于心理学理论的范畴。学校体育教学设计应该根据学生体育学习的具体需求来确定学校体育的教学目标、教学策略、实施方案以及教学媒体，充分发挥体育教学对于学生全面发展的作用，有效提升学校体育的教学质量，充分发挥体育教学的功能。学习理论所强调的学习泛指有机体因经验而发生的行为变化，现代学习理论的散打学派对学习的性质有不同的理解和认识，行为主义的学习理论强调学习刺激与反应的联结，主张通过强化和模仿来形成和改变行为；认知主义的学习理论强调学习是认知结构的组织与建立的过程，重视整体性和发展式学习；人本主义的学习理论强调学习是发挥人的潜能、实现人的价值的过程，要求学生愉快地、创造性地学习。概括来讲，现代学习理论的主要功能包括：为研究者提供学习领域的知识、分析探讨进行学习研究的途径与方法；对相关的学习法则进行有效概括，从而使学生的学习更加条理化、系统化与规范化；强调对学习的发生和发展过程的研究与探索，重点在于对学生学习效果不同的原因进行解释，学习人类学习的理论研究，阐述学习的基本规律。而学校体育教学设计一定要对学生的学习实践及生活有全面深入地了解，同时按照学生学习的客观规律办事。因此，学习理论是学校体育教学设计的一项重要理论基础。学习理论主要包括行为主义学派、认知主义学派、人本主义学派，这三大学派对学校体育教学设计的理论都有着非常重要的指导意义。

（三）教学理论

1. 具体概念

教学理论是研究教学本质与一般规律的科学。教学理论通过规律性的认识来确定优化学习的各种教学条件与方法，教师在教学过程中所采取的具体方法以及教学的具体内容是教学理论所研究的主要内容。一般来讲，教学理论的研究对象与研究范畴主要包括以下几个方面。第一，教学价值、教学目的以及教学活动的具体目标。教学理论需要对教学目的、教学目的的制定以及与教学活动的关系进行研究与探索。第二，教学本质。教学本质主要是对教学过程的影响因素、组成结构及其规律进行研究。第三，教学内容。通过分析教师、学生与教学内容的关系，学习如何选择、调整与合理编排教学内容。第四，教学模式、教学原则以及教学组织形式，还有重点研究教学的手段与方法。第五，教学评价。包括教学评价的标准、要求、手段及反馈。在历史的发展过程中，国内外都产生了很多具有很大影响的教学理论。例如，我国古代的儒家思想中就包含很多具有现实意义的教育教学思想，如“因材施教”“有教无类”等；而到了近代，我国的教育家也提出了很多先进的教育思想。如蔡元培、陶行知等人提出应该重点发展儿童的个性，要以儿童自身的特点为根本出发点更好地发挥其主动性。而西方的教学理论则经历了萌芽时期、近代形成期、现代发展期三个历史发展阶段，其中萌芽期突出的教育思想家包括苏格拉底、柏拉图等人，他们提出了问答法、对话式等很多富于创新性的教学方法；近代形成期，具有代表性的教育家包括捷克教育家夸美纽斯、法国的卢梭等，他们提出了“大教学论”“观察法”“游戏法”等教学思想；现代发展期，则由美国的教育家杜威提出的“儿童中心”“做中学”以及“五步教学法”等。总而言之，教学理论从产生开始就一直处于不断地发展当中，科学的教学理论对于现代体育教学设计也具有很好的指导作用。

2. 理论支持

体育教学设计是科学解决体育教学问题、提出解决方法的过程。学校体育教学设计的各要素能从教学理论中汲取精华，指导实践运用。在教学理论的指导下，通过对教学理论研究的对象和范畴，即教师、学生、教学目的、教学任务、教学内容、教学形式、教学方法、教学原则等来指导体育教学设计，从而为体育教学设计提供依据。学校体育教学设计的实践需要相应的科学理论支持。从某种角度来说，体育教学设计的产生是在教学理论不断发展的情况下得以实现的，学校体育教学设计在系统过程中为教学理论应用于实践创造了良好的基础，学校体育教学设计是教学理论与教学实践之间的纽带。

三、高校体育教学设计的模式

（一）高校体育教学设计模式的定义

高校体育教学设计模式一般是指可以使人模仿的系统化的、稳定的操作样式，它表现为某种规范的结构或者框架。教学设计的模式是在长期教学实践的基础上逐渐形成的基本操作样式，它是对教学设计具体活动的总结与提炼。体育教学设计的模式是对教学设计相关理论的一种抽象的总结与概括，同时也是对教学设计理论的一种实践。此外，体育教学设计的模式还表现出理论性与实践性相结合的特征。

（二）高校体育教学设计模式的作用

由于《体育与健康课程标准》的推广与贯彻实行，体育课程以增进学生“身、心、社”三维健康的教学新理念使教学领域产生了许多实质性的变化，而各种新的体育教学设计模式的建立与发展是近年来学校体育改革的重要成果之一。随着体育课程改革的不断深入，我们需要对于这些已经建立的体育教学设计模式重新进行审视与评价，这也是广大体育教师需要面对的重要课题，它能够很好地推动体育课程改革朝正确的发展方向不断发展。一般来讲，体育教学设计模式的功能主要包括以下几个方面。

首先，它能够为高校体育教学设计实践提供指导。体育教学设计模式是体育教学设计理论与实践的结合物，它可以直接地、完整地指导体育教学设计的实践活动应该如何进行，其中包括体育教学设计采取的取向、步骤、各个步骤如何进行实际操作等。这些指导对于体育教学实践工作者能够有效进行体育教学是非常重要的。例如，对于“以学习为中心”的体育教学设计模式来讲，它可以为体育教学设计采取“学习中心”取向进行指导。其次，能够为高校体育教学设计理论研究提供素材。体育教学设计模式不仅包括关于体育教学设计的特定理论和指导思想，同时还包括相关的实践素材。这些教学理论能够转化为体育教学设计的有关理论，从而为体育教学设计理论的研究工作提供相应的素材和理论方面的依据。再次，能够为高校体育教学实践活动提供指导。体育教学设计模式一方面能够直接指导体育教学设计的实践，另一方面它与体育教学实践活动本身也存在着非常密切的关系，它包含体育教学实践活动的理念、取向、要素以及操作程序，这些对于体育教学实践活动的开展也有着非常重要的意义。最后，能够为高校体育教学管理决策提供依据。体育教学管理的内容之一就是对体育教师的体育教学设计工作进行管理。为了使体育教学工作的开展更加有序，对于这一部分的管理应该不断加强，而体育教学设计模式则为这种管理提供了相应的依据，这主要是由于体育教学设计模式提供了关于体育教学实践活动的各个环节和方面的内容与信息。

（三）高校体育教学设计模式的种类

因为体育教学设计模式的设计者具有不同的知识储备与实践经验，因此他们所设计出的模式也会表现出自身显著的特征。下面就对体育教学设计模式的主要类型进行具体分析。

1．创建于系统理论基础之上

这种模式的特点表现为，它以系统理论的基本思想与基本观点为基础，把体育教学设计当作一个完整的系统，对该系统的总目标进行了规定，体育教学设计的具体步骤与各个环节都为总体目标服务，同时还受到总体目标的制约。首先是巴纳赛模式。美国著名系统教学设计专家巴纳赛根据系统理论以及社会发展的基本思想构建出了教学设计的系统模式。这种教学设计模式可以分为两个阶段四个环节。第一阶段是教学设计的形成阶段，包括两个环节：一是中心定义，二是其特征。第二个阶段是教学设计的创造阶段，包括两个环节：一是作用模式，二是可行系统。同时整个设计过程都体现出反馈与控制。此外，巴纳赛还将教学设计过程在空间方面进行了具体划分，他将教学设计过程划分为五个不同的领域。第一个领域是创设空间，其主要任务是探索社会的特点与意义，对未来系统的图景进行创设，准备设计。第二个领域是注重对背景的创设，是教学设计的预备阶段。第三个领域是知识空间，其主要任务是探究知识系统，包括社会的特征及其意义、中心价值与图景、如何进行设计和描述社会系统。第四个领域是探索空间，其主要的任务就是进行评价与选择。第五个领域是描述未来模式的空间。形成设计和解决问题空间，其主要任务是形成设计的中心定义和系统的特点，设计系统的作用以及设计可行的系统。这些不同的领域在空间方面相互联系，共同构成了一个教学设计系统。其次，是布里格斯模式。布里格斯所构建的是一个概括性的教学设计模式，他将幼儿园至中学毕业这一时期视为一个教学设计系统。布里格斯的教学设计模式主要描述了进行课件和项目发展的一种有组织的规划，这种模式适合教学项目和教学课件的设计。布里格斯认为以学校为系统的教学设计重点是要调整教学的有关限制，对学生的能力水平进行了解，并在此基点上进行一系列形成性评价，并采取相应的补救措施。换言之，布里格斯所构建的教学设计模式主要以系统论的基本思想和观点为基础，着重考虑学生能力水平的一种教学设计模式。因此，这种以系统论的基本思想和观点构建的教学设计模式的主要特点是强调教学设计的整个过程，同时善于对教学设计进行整体上的把握。教学过程是一个复杂的系统，教学设计模式同样是由众多要素共同构成的一个复杂系统，因此需要从多个方面对其进行综合的考虑。要对教学设计的具体过程和步骤更加重视，注重教学的具体传送方式，不可以将教学设计简单化，而应该系统地考虑教学设计过程各方面的关系及各要素的功能。无论是对教学设计过程各要素的分析还是对教学设计方法的选用，都应该以系统论基本思想与观点为指导，只有这样才能够更好地把握教学设计的全过程，使之符合系统论的思想与观点。同时，还应该注意创造性思维的发挥，对系统论的思想和观点应该灵活运用。

2．创建于学习和教学理论基础之上

这种教学设计模式具体包括很多种形式，这些模式虽然以学习理论与教学理论为基础，但也是需要遵循系统理论的基本思想的。首先是迪克模式。迪克设计的模式在教学实践当中有着较为广泛的应用。这种模式的特点主要表现为与教学实践工作非常接近，因此具有很好的应用价值，即在课程规定的教学内容、教学目标的条件下，对如何传递教学信息进行深入的研究。当前高校中所通行的课程及其所规定的教学内容与目标虽然存在一定的不足和不合理之处，但是作为教学主导者的教师并不能够改变这些方面，他们只能够在微观方面对教学的具体方法与措施进行研究与探索，从而更加高效地组织教学信息并有效传递给广大学生。因此，这种模式的步骤与环节更加贴合教师的教学实践。其次是加涅模式。加涅的教学设计模式在教育实践中也有着很大的影响，这种模式对于教学设计的序列进行了描述。加涅认为，教学是一系列精心为学生设计和安排的外部事件，这些事件用于支持学生内部学习过程的发生。在这种认识的基础之上，关于加涅应用信息加工的学习理论罗列出了九大教学事件：引起注意、告知学生学习目标、回顾所需的先决技能、呈现刺激材料、提供学习指导、引发学习行为、提供学习行为正确与否的反馈、评估学习行为、增强保持与迁移。这种模式建构在信息加工的学习理论基础上，同时按照其基本思想对学生进行有效学习的基本程序作了设计。这些教学事件不仅可以在各种形式的学习过程中进行有效应用，同时还可以根据不同的教学目标进行适当的调整，从而更好地应用于教学实践当中。加涅指出，具体的教学设计主要集中在呈现刺激材料、提供学习指导、引发学习行为三步上。教学设计者应该根据教学实践过程中所遇到的具体情况对教学技巧进行灵活运用，同时对教学活动进行相应的调整，将每一个教学事件进行合理的优化，这样更有利于获得更加满意的教学效果。

3. 创建于传播理论基础之上

在大多数情况下，教学设计的模式往往建立在系统论、学习以及教学理论基础之上，这种模式非常注重信号传播对于学生学习的积极作用，具有代表性的教学设计模式包括以下两种。首先，是马什的一般传播模式。一般传播模式是以马什设计的模式为代表，这种模式一共包括 19 个步骤，另外加一个产品导向。第一个阶段是基本设计阶段，这一阶段的主要任务是为各阶段进行信息输入。这一阶段的四个步骤分为选择策略、写出接受者的概况、强调中心观点与建立行为目标。第二个阶段的工作是对第一个阶段的延伸，如将中心的观念转化为符合实际的具体步骤，同时会形成一套总体内容框架，根据总体策略与学生的特征选择具体的教学呈现方式，同时选择信息的组织方式。第三个阶段是控制信号的复杂性。传播渠道与信息密度的选择决定了传播背景，但在教学中必须考虑信息的复杂性是否适合学生。第四个阶段，体育教学设计的制定者还应该对学生所期望的反应类型进行考虑。马什认为，通过音乐、色彩以及视觉组合可以得到不同的效果，但是这些因素不应增加信号的复杂性。其次，是皮亚特的文本组织模式。皮亚特认为，在教材页面上的内容组织会对学习产生影响，并在此基础上构建了教学设计模式。这种模式包括两种技术：一是将信息的中心观念提取出来的技术；二是组织信息的技术。通过这两种技术的学习，学生能够更快地对信息的关键地方做出判断。他们认为，要确定页面的内容是否完整应从以下六个方面着手观察，即现状、轮廓、表现、印刷样式、索引词与风格。这些因素不仅对页面产生交互影响，同时对学习过程产生了统一影响。其中，现状指的是每页的总体框架，它是信息的整体结构；轮廓包括平衡、空间等特征；而表现、印刷样式、索引词是指信息呈现的特征，表现则是指使学生对信息的关键方面所引起注意的技术，印刷样式与打印材料的外表和风格有关，索引词是指教材页面上反映关键信息的词语，包括标题、主题句、提要等；风格是指整个页面的特征以及写作风格。他们注重对这六个因素进行统一的考虑，并通过对学习内容有意义的划分，然后再考虑教学的其他因素以引导学生的注意。

第二节　高校体育教学设计的过程与评价

一、高校体育教学设计的过程

（一）高校体育教学目标的设计

1. 高校体育教学目标

对于高校体育教学目标来说，长期以来都存在着很多方面的争议，特别是语义方面的混淆，如体育教学目标、体育教学目的、体育教学任务等。事实上，体育教学目标不但与体育教学目的之间存在着密切的关系，同时还对体育教学任务有着很大的影响。因此，要想更好地进行体育教学必须要对体育教学目标有深入的研究。

2. 高校体育教学目标的设计要求

首先，设计体育教学目标应该系统把握并进行整体协调与衔接。体育教学目标应具有整体性，注意不同层次和序列体育教学目标之间的协调与衔接，体育教学目标只有形成一个纵横连接的网络系统才能够使体育教学目标的系统功能得到充分发挥。其次，体育教学目标的表述应该力求明确、具体，尽可能量化。体育教学目标设计是为了解决教和学如何衔接的问题，如果体育教学目标的表述含糊不清，就必然会影响体育教学内容的选择、体育教学方法的运用、体育教学策略的制定和体育教学评价。再次，体育教学目标必须要分解成细致的操作目标，这样才能够使教学目标的要求落到实处。最后，体育教学目标要有一定的弹性。保持体育教学目标的稳定性是相对的，而体育教学目标的发展与变化却是绝对的，这就要求在具体制定体育教学目标时应该具有灵活性，这样才能够依据实际情况进行必要的调整与修改。

3. 高校体育教学目标的设计环节

首先，是分析体育教学对象。学生是体育教学的主要对象，分析学校体育教学对象首先应该对学生的学习需求进行深入分析。学校体育教学设计中的学习需要与一般的学习需求并不相同，它主要是指学生学习的基本情况与学校体育教学目标之间所存在的差距。对教学对象的学习需要进行分析，实质上就是对学生的一般特征、学习风格、学习基础等情况进行分析，对于体育教学实践中的不足之处以及需要改善的地方进行剖析，并对产生这些状况的相关原因进行探寻，在这些工作的基础上对学校体育教学目标进行最终的确定。其次，是分析体育教学内容。对体育教学内容进行科学全面地探索分析有助于教师确定体育教学内容的各项具体工作，同时明确体育教学内容中各项知识之间的关系，这样更有助于让学生对所要掌握的教学内容有更加全面的了解。分析体育教学内容的环节如表 5-2-1 所示。最后，编制体育教学目标。通常来讲，一个完整、明确的学校体育教学目标具体应该包括教学对象、教学对象的体育行为、确定行为的条件与程度四个部分。在具体进行教学设计时，教学设计的制定者在对体育教学目标进行表述时最好使用意思明确、简练通用的语言，同时还应该使单元教学目标尽可能做到具体化。当然，体育教学过程中在对体育教学目标进行具体表述时，体育教师可以根据当时情况的客观需要选择合适的表达方式。当前，教育领域较为常用的陈述方法主要有 ABCD 法、内外结合法等。

表 5-2-1　分析体育教学内容环节

步骤	内容	说明
第一步	单元体育学习任务的选择与组织	教学准备
第二步	单元学校体育教学目标的确定	
第三步	体育教学任务分类	教学基础
第四步	体育教学内容的评价	
第五步	体育教学任务分析	教学提高
第六步	体育教学内容的进一步评价	

（二）高校体育教学的策略设计

1. 高校体育教学策略

我们可以将体育教学策略的含义理解为体育教师为有效地完成体育教学目标而采用的体育教学活动准备、体育教学行为和体育教学组织形式选择、体育教学媒体选择等因素的总体考虑。体育教学策略设计是体育教学设计工作过程中的重要环节，它可以很好地解决如何衔接教与学的问题，只有采用正确的体育教学策略才能够有效完成预期的体育教学目标。

2. 高校体育教学策略的制定依据

通常来讲，制定体育教学策略的依据主要包括以下几个方面。第一，以体育教学目标为根本依据；第二，以学习及教学相关的理论知识为参考；第三，与体育学习的具体内容相适应；第四，符合体育教学对象的基本特征；第五，考虑体育教师的基本条件；第六，结合当地教学的客观条件。

3．高校体育教学策略的结构

体育教学策略主要包括对体育教学过程、内容的安排，体育教学方法、步骤、组织形式的选择。通常来讲，一套完整的体育教学策略应该包括以下几个方面的要素。首先是体育教学指导思想。体育教学指导思想能够对具体的体育教学策略进行理论方面的解释，以体育教学策略的核心理论作支撑。不同的体育教师往往会采用不同的教学思想来指导体育教学策略的制定与实施，而对于同一个体育教师，采取的教学思想不同，相应的体育教学策略也会存在差别。其次是体育教学目标。从本质上来讲，运用体育教学策略的最终目的就是达成体育教学目标。在体育教学实践中，体育教学目标不同，所采取的体育教学策略也存在很大的差异。再次是实施程序。实施程序有其自身的操作序列，即体育教学策略按时间展开的逻辑进行。体育教学活动往往会表现出一定的特殊性，而体育教学策略的实施程序大多情况下是稳定的，这样一旦教学情况发生改变或者教学进程有一定的调整时就可以对实施程序进行相应的调整。最后是操作技术。要使体育教学策略得到更好地贯彻实施，其相应的操作要领必须符合客观的需求。一般来讲，操作技术的内容主要包括以下几个方面。第一是体育教师方面。体育教师在教学策略中所扮演的角色、发挥的具体作用都会对教学进程有一定影响。第二是体育教学内容方面。包括制定体育教学策略的相关依据以及对于体育教学内容的具体处理。第三是体育教学手段方面。不仅包含常规的体育教学手段，同时还包括一些特殊的体育教学手段。第四是使用范围方面。包括体育教学策略适用的问题、性质等多方面的内容。

（三）高校体育教学的媒体设计

1．高校体育教学媒体

体育教学媒体是指用于存储或传递以教学或学习为目的的信息媒体。教学媒体用于教学信息从信息源到学习者之间的传递，因此它有着明确的教学目的、教学内容以及教学对象。体育教学媒体在体育教学中发挥着非常重要的作用，具体包括：提供感知材料，提高感知效果；启发学生思维，开发学生的智力；增强学生的学习兴趣，有效激发学生的学习动机；增加信息密度，提高教学的效率；提供多种方式，促进自主学习；调控教学过程，检测学习效果。

2．高校体育教学媒体的选择考虑

教学媒体的选择是指在一定教学要求和条件下选出一种或一组适宜的教学媒体。美国大众传播专家施拉姆对媒体选择应考虑的因素进行了总结，主要包括以下几个方面。第一是学习任务因素。学习任务因素具体包括学习目标、学习内容等，一些教学媒体对于教学活动所要实现的预期目标具有非常显著的功能。第二是学生因素。学生的特征同样是选择教学媒体应该认真考虑的一项重要因素，它主要包括学生的智能特征、年龄、动机兴趣等方面。第三是教学管理因素。教学管理因素主要包括教学规模、教师能力以及教学安排等内容，如选择计算机等现代教学媒体，就会经常受教师素质和教学安排等的影响。第四是媒体因素。其一是媒体资源。它是当前已经拥有的储备以及可能会添置的资源设备。其二是媒体功能。媒体在呈现信息方面所表现出来的不同属性能不能很好地满足教学的现实需要，这是我们需要思考的问题。其中这些属性包括图像、色彩、动态等。其三是操作情况。即掌握如何操作所花费的时间以及操作的困难与简单程度。其四是组合性。即两种或者多种媒体共同使用的可能性及其可能产生的效果。其五是使用环境。即媒体所处的客观环境是否能够支持它的应用，或者教学环境能否提供这种教学所需要的媒体。第五，是经济因素。经济因素是选择体育教学媒体时一定要认真考虑的因素。如果在体育教学过程中使用便宜的教育媒体进行教学，而其所获得的教学效果与选择价格高昂的教育媒体基本一致，那么就应该选择价格更加低廉的教学媒体。需要注意的是，在教学实践当中，选择教学媒体的各因素之间也很可能发生相互抵触的情况。

（四）高校体育教学的过程设计

1. 高校体育教学过程

体育教学过程的设计就是以流程图的形式简洁地反映分析与设计阶段的结果，并对教学的过程进行概括，对体育教学过程中各个要素之间的关系进行直观描述，从而为体育教师的教学实践提供更加科学的教学设计方案。学术界对体育教学过程从不同的角度出发这一观点有着多种不同的认识与界定：有的从某个侧面进行概括，有的从整体上进行概括；有的强调教学过程的归属分析，也有的注重对教学过程的特点与功能的分析等。体育教学过程的本质指的是体育教学过程本身所固有的且由其内在矛盾的特殊性所决定的一种特性，它是体育教学过程与其他学科教学过程有所区别的根本属性。因此，对于体育教学过程不应该用片面的眼光去审视，而是应该从多个不同的角度对其进行分析，这样才能够更好地用理论指导实践。总而言之，体育教学过程是由教师与学生共同参与其中，由确定目标、激发动机、理解内容、进行身体反复练习、反馈调控与评价等诸多环节共同组合而成的。体育教学过程是在特定时空中连续运行的过程，同时表现出了阶段性、层次性等特征。

2. 高校体育教学过程的因素

具体来讲，高校体育教学过程的因素包括以下几点。首先是教学目标。所谓教学目标，指的是一个教学过程预期所要达到的结果。体育教学目标具体包括社会目标与学生个人目标，其中社会目标是教学大纲规定的，而后者则是根据学生自己的实际情况来制定的。社会目标为群体提供了一个共同的奋斗目标，这样更有助于不同地区、不同单位以及不同个体之间进行相互的比较；个人目标则是微观的，也应该更加适合学生的实际水平。其次是教学内容。教学内容是教学过程中实现教学目标、完成教学任务的关键因素，教学内容直接关系到教学过程的最终结果。因此，教师应该进行充分的调查研究，对于广大学生的一般情况与特殊情况有一个全方位的把握，所讲授的教学内容应该让广大学生更好地接受。再次是人际关系。体育教学中的人际关系既有体育教师与学生之间的关系，也有学生与学生之间的相互关系，还有体育学生干部与小组成员之间的关系等。如果能够形成一个集体，教师与学生之间有着共同的目标认识并能够进行很好地协调，那么就有助于获得良好的教学效果。最后是教学组织、方法和教学媒体。教学组织、教学方法是教学过程的重要因素，如果没有合理的教学组织形式与教学方法，那么教学过程也就不能够实现有序进行，最终教学任务也很难圆满完成。因此不同的教学对象、教学环境与教学任务应该采用不同的教学组织和教学方法。而教学媒体是指完成教学任务所借助的体育场地、器材和电化教育等体育教学设施，这些都是教学过程中不可或缺的。

二、高校体育教学设计的评价

（一）高校体育教学设计方案的评价

1. 高校体育教学设计方案评价的功能

进行体育教学方案的评价主要是为了对体育教学的设计方案进行改善，使其更加符合体育教学的客观规律以及体育教学的实际情况。合理地进行体育教学设计方案评价的积极作用主要表现在以下几个方面。第一，能够推动体育教学设计相关理论的发展；第二，能够对体育教学方案的完整性、科学性以及合理性进行检查；第三，能够显著提升体育教师对体育教学过程整体性的认识；第四，有助于体育教师掌握体育教学流程以及操作技术；第五，能够显著提升体育教学的质量。

2. 高校体育教学设计方案评价的内容

高校体育教学设计方案评价的内容主要包括：体育教学目标、体育教材内容、体育学习者、体育学习需要、体育教学策略、体育教学过程，除此之外还包括教学模式、课程类型、课程结构等要素。

3. 高校体育教学设计方案评价的方法

教学设计方案属于教学技术学，而所有教学技术都有方法对自身所存在的不足之处进行检查，而评价自身设计缺陷的方法就是所谓的教学设计缺陷分析法（如图 5-2-1 所示）。这种方法首先是对评价结果所存在的不足之处进行具体分析，进而对教学设计的整个过程中所存在的缺陷进行分析。在评价体育教学设计方案时，教学设计缺陷分析法评价的焦点在于体育教学方案所存在的缺陷与不足，并不是这种教学方案的优点。通过寻找体育教学方案自身所存在的不足之处，能够不断推动体育教学设计技术的进步，这是体育教学设计技术不断发展的一种有效方式。需要特别注意的是，教师在设计体育教学方案的过程中还应该注意对体育教学方案的检查，以找出其中存在的错误，使体育教学设计方案更加严谨科学。

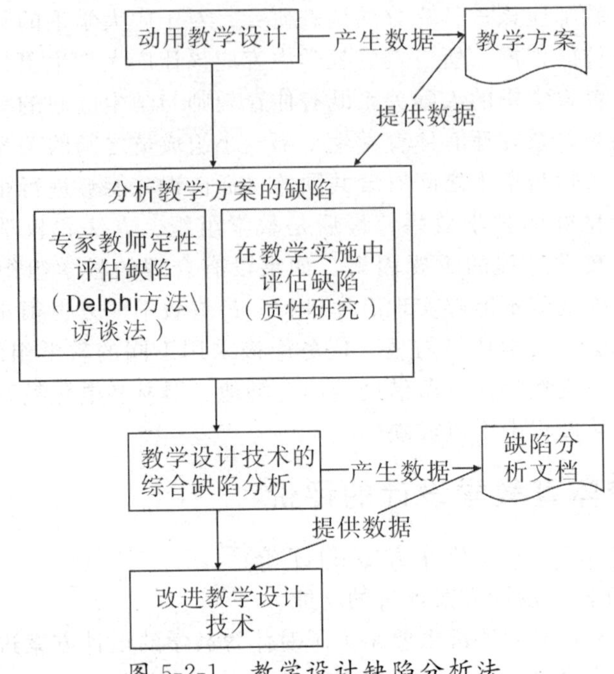

图 5-2-1　教学设计缺陷分析法

（二）高校体育教学设计方案实施的评价

制定完体育教学设计方案后就需要进行认真地贯彻实施，只有通过全方位的实践才能够真正使体育教学设计方案落到实处。首先是实施教学。在教学设计方案完整的基础上，通过对不同组别的受试者进行教学，对受试者的学习水平应达到预期的教学效果进行分析。需要注意的是，在教学实践过程中应该尽量规避人为方面的干扰。其次是观察教学。在具体实施体育教学方案的过程中，不仅要有专人对整个教学过程进行认真详细地观察，同时还要对所观察到的具体情况进行系统地记录。一般来讲，对于教学情况观察所要具体记录的内容主要包括以下几点。第一，各项体育教学活动所耗费的时间；第二，安排各项教学内容的方法、风格、特点等；第三，学生提出问题的性质及类型；第四，教师解决学生所提问题的具体方式与方法；第五，学生在教学过程中的态度、状态等。再次是后置测试和问卷调查。体育教学设计方案试用后应该及时进行某种形式的测验与问卷调查，这样可以更好地了解教学设计方案对体育与健康知识和动作技能的保持所具有的作用与意义。然后是归纳和分析资料。一般来讲，归纳与分析资料具体可以从以下两方面来进行。一方面，应该对学生的调查问卷进行认真细致地分析与研究，以此来对学生的学习状态及具体情况进行全方位地了解，并据此对已经制定并实施的教学设计方案进行修正。另一方面，教学设计方案评价者可就体育教学执行者教学设计方案的实施作初步分析，对其中所出现的问题向相关的专家或教师进行咨询以寻求解决方案，同时还应该做出相应的解释；还可以通过与被测试的教师及学生进行沟通交流，然后对沟通之后所得出的结果进行整理，以此来对教学设计的方案做出调整。最后是评价结果报告。体育教学设计方案的修改是一个相对复杂的过程，而修改的具体操作者不必非要是原来的设计者，修改人应该对试用与评价的情况进行书面形式的报告。通常情况下，体育教学设计方案的形成性评价报告主要包括以下内容。第一，体育教学设计方案的名称；第二，体育教学设计方案的试用宗旨、范围和要求；第三，体育教学设计方案的评价项目；第四，体育教学设计方案的评价；第五，体育教学设计方案的改进意见；第六，体育教学设计方案评价者的姓名、职称；第七，体育教学设计方案的评价时间。除了上述内容之外，在体育教学设计方案的评价结果的内容后面还应该附上评价数据概述表、采访记录以及相关的说明，这主要是为今后进行后续的分析等工作提前做准备。

第三节　高校体育教学设计的改革与发展

一、高校体育教学设计的改革

体育教学活动是一项相当复杂的工作，具体表现为教学内容、教学对象的多样性、教学环境的多变性等方面。由于受到多种教学因素的影响，要想获得必要的教学效果并完成既定的教学目标，就需要进行科学的体育教学设计。基于此，体育教学便具有了重要的意义，历来受到教育从业者的重视。但是就我国目前学校的发展现状来看，体育教学设计工作还不够科学，它们往往不能够很好地与教学实践相结合，因此需要根据具体的发展情况进行相应的改革。

（一）对教与学的程式化进行改革

我国目前的体育教学设计还严格地按照运动技能的固有要素特征和运动技能形成的一般性规律进行教与学的程序设计，按照公共理论安排个体教学活动，把教学活动中学生的心理、学习环境等本来属于不确定性的变化因素进行确定性的假设和规范，从而形成机械化、呆板化的课堂教学。由于教师在教学过程中所进行的讲解与示范往往没有考虑到教学现实的状况，因此学生所进行的学习也大多是机械被动式的。教师在很多时候只是单调地重复大部分学生都较为熟悉的这种公式化的教学模式，在课堂教学中由于组织形式与教学方法的固定重复，所以师生之间所进行的配合也没有太多的变化。一份完整的体育课教案往往能够让一个教师重复使用很长时间，甚至可以将其作为很多体育教师进行教学设计的范本，课堂教学应该具备的个性化与活力都没有表现出来。因此，应该对当前体育教学中教与学的程式化、机械化、呆板化的现状进行相应的改革。

（二）对教师课堂教学创新的阻碍进行改革

为了更加有利于教学管理工作的开展，很多学校在进行体育教学设计的过程中还特别要求教学的规范化。当前的体育教学设计大多表现出程式化的特点，缺乏足够的创新。具体表现为：不管是对于哪种教材，整个教学过程的每一个步骤都是依照既定的程序进行，教学过程走过场。另外，在体育教学设计中，很少有教师能够具体考虑到不同学生的个性特征，这就会造成教学活动与学生的实际情况不相符，从而对教学的效果产生消极影响。对于学习活动的很多相关设计，学生可以做不到，但是教师却应该计划周详。在当前的体育教学实践当中，很多体育教师在教学活动中的创造性活动和思维都被这种教学规范所限制，长此以往体育教师也就逐渐习惯了这种按部就班的设计思路。在推动体育教学设计的改革过程中，一些教师会表现出一定的不适应性，其中一些人并不愿意自身做出适应性的改变，甚至一些教师还会表现出排斥反感的态度，这就会在一定程度上对课程改革造成很大的阻力。

（三）对学生的主动性与主体性的阻碍进行改革

我国当前的体育教学往往更加强调掌握知识与技能的逻辑性与程序性，这样就会对学生情绪方面失去足够的关注，而学生在心理方面所产生的变化也会对既定教学目标的完成产生一定程度的消极影响。因此，在教学过程中不仅应该对学生学习规律予以足够的认识，还应该兼顾到学生之间存在的差异。在这种教学设计下，学生的知识技能学习不仅由于缺乏主动参与而很难实现预定的目标，而且人文关怀的缺失也会造成体育教学失去对学生全面培养价值的阻碍。

二、高校体育教学设计的发展

（一）将学生视为出发点

体育教学的对象是学生，因此在进行体育教学设计时应该以学生为出发点。在高校体育教学设计过程中，应该坚持“一切为了每一位学生发展”的核心教学理念。体育教学设计应该把对学生不同特征的分析作为教学设计的基本依据，尽可能对每一位学生的内部潜能进行有效开发，有效调动他们学习的主动性与积极性，突出学生在学习过程中的主体地位，同时注意区分学生之间的个体差异，全面考虑对于不同学生个体所进行的有效的指导与学习的促进。体育教学设计者进行体育教学实践并不是一种主观臆断，而是立足于教学实践中对于体育教学方案的一种策划。

（二）突显整体发展

体育教学活动应该强调对于学生技能的培养，如果教学活动脱离了对运动技能的教授与掌握，那么体育教学活动也就失去了其存在的意义。但是，现代体育教学理论认为，学生体育技能的学习和掌握并不是体育教学活动的唯一目标。体育教学设计不仅是对学生怎样通过有效的学习活动所掌握的技能进行设计，而且还应该设计出有效的课堂学习与交流活动，使学生可以在这种活动中对个人与群体的互动关系进行更好地体验，并更懂得人与人之间的理解与尊重，也能更好地扮演与适应各种社会角色，从而对于个人价值有更加全面深入的理解。

（三）突显确定与不确定的统一

学生身心发展、体育技能的掌握以及体育教学的开展都有其内在的规律性，即为体育教学活动的确定性。首先，体育教学设计应该从教学的客观规律出发，同时采取系统设计的方法，在客观地分析体育教学规律与特点的基础上对新的教学工作程序与环节进行相应的设计。建立在确定性基础上的体育教学设计能够有效发挥其在教学活动当中的计划功能，有效增强体育教学的针对性，使得教学时间在一定程度上有所缩减，同时提高教学的效率，使体育教学活动形成优化的运行机制。体育教学中学习的主体是个性鲜明的学生，他们对体育运动技能的认知和掌握表现出一定的差异性。另外，教学环境也存在很大的差异性，这些特性就决定了体育教学的活动过程具有很多不确定性。体育教学的这种不确定性导致了体育教学设计无法对教学过程作出面面俱到的规范，也只有这样才可以保证课堂教学既有计划性的一面，同时还有生成性的一面。

（四）使用系统设计

体育教学设计是对体育教学体系的整体设计，并不是对某一特定的目标与学习领域或者是教学资源所进行的策划，它追求体育教学整体的优化，推动体育教学水平的全面提高。在具体开展体育教学设计的过程中，应该从整体出发，然后从整体与部分、整体与环境之间的相互联系、相互制约中选择解决问题的最佳方案。体育教学的系统设计应该对该课程教学资源进行系统分析。体育教学资源多种多样，它们都会对体育教学活动产生相应的影响，虽然处理好它们之间的相互关系并非易事，但是在教学设计中却是必不可少的。因此，体育教学设计本身就是教师教学素质与教学风格的一种综合体现。

第六章　高校体育教学评价

随着基础教育课程改革的顺利推进，现代体育教学思想和体育教学模式都发生了深刻的变革，这些变革对建立与之相适应的体育教学评价体系提出了迫切的要求。因此，只有全方位地变革才能保证和促进我国体育教学的深入发展。本章针对现代体育教学评价体系的建设与发展进行研究，主要涉及五个方面的重要内容，即体育教学评价的基本知识、案例分析、规划与落实、体系构建以及改革与发展。

第一节　高校体育教学评价的案例与规范

一、体育教学评价的基本知识

（一）体育教学评价的概述

依据教学目标对教学过程及结果进行价值判断并服务于教学决策的活动即为教学评价。教学评价是研究教师的“教”和学生的“学”的价值的过程。教学评价一般包括对教学过程中诸因素的评价，如教师、学生、教学内容、教学方法与手段、教学环境、教学管理等，对学生学习效果的评价和教师教学工作过程的评价是重点。以体育教学目标与原则为依据，对科学的标准进行制定，运用一切有效的技术手段，对体育教学活动的过程及其结果进行测定、衡量，价值判断的过程就是所谓的体育教学评价。而对体育教师教的评价和对学生体育学习的评价是体育教学评价的两个重要方面。

体育教学评价的概念包含以下三个基本含义。第一，体育教学评价是以体育教学目标和体育教学原则为依据而开展的。体育教学目标是对体育教学“是否获得了预先设定的效果”“是否完成任务”所进行评判的直接依据。体育教学原则是对教学“是否做得合理”“是否合乎体育教学基本要求”进行评判的主要依据。教学目标与教学原则都是具有客观性和规范性特征的。第二，体育教学的过程和结果是体育教学评价的主要对象。学生的“学习”是体育教学评价的重点对象，具体包括学生的学习水平和品德行为；体育教学评价也对教师“教”的行为进行评价，具体包括教师的教学水平和师德行为。第三，体育教学评价是进行价值判断和量评工作的过程。价值判断是定性评价，主要是对教学方向的正误、教学方法是否恰当等进行评价；量评工作是定量评价，主要是对能够量化的学习效果，如身体素质的增长和技能掌握的数量等进行评价。

（二）体育教学评价的目的

第一，为了选拔。体育教学评价的选拔目的指的是通过实施评价，对学生的体育学习潜力进行判断，从而对优秀的学生进行选拔。如为选择好的学生参加体育竞赛、为评选体育优秀学生等，要以选拔的要求和标准为依据来开展具体的体育评价工作。在这种评价目的下，评价是带有选优性特点的，评价的目的并不面对全体学生，评价的目的有时也不是指向教学目标，因此这种目的在体育教学评价中不是主要的评价。

第二，为了甄别。体育教学评价的甄别目的指的是，通过评价对学生的体育学习状况进行判断，对其成绩进行评定。这是以学籍管理的要求和标准为依据而进行的评价，主要为了对学生学习状态进行甄别，对学生成绩进行评定，如为学生体育标准的成绩评定进行的达标测验等；为期末成绩评定进行的体育考核等。在这种评价目的下，评价带有甄别和评比性，评价的目的面对所有学生，评价指向体育学习的效果和学习的态度，也部分地指向学生的体育基础，因此在体育教学评价中这种评价目的占有重要地位。

第三，为了发展。体育教学评价的发展目的指的是，通过评价对学生的体育学习问题进行分析，帮助学生学习上取得进步。这是以教学的要求和需要为依据而进行的评价，目的是发现和反馈学习中的问题。通过实施这一评价，对学生运动技能进步所面临的的困难有一个清楚地认识，从而为促进其学习进步所采取的有针对性的措施。这种评价目的是教学性的，面对全体学生的学习与发展，评价指向的是学生学习的困难和前进的方向，这种评价目的在体育教学评价中非常重要。

第四，为了激励。体育教学评价的激励目的指的是通过评价，对学生的体育学习的进步进行反馈，从而对学生的学习起到激励作用。这是以教学的要求和需要为依据而进行的评价，通过评价使学生发现现阶段自己的进步和发展的潜力，从而使其获得学习的自信心和成就感。这种评价的目的是面对全体学生的积极性与自信心，评价指向学生学习的进步和努力的方向。体育教学评价中，这种评价占有非常重要的地位，但却没有得到应有的重视。

（三）体育教学评价的特征

第一，建立在事实判断的基础之上。体育教学评价在作出价值判断之前必须首先对体育教学价值关系中的客体及其相关因素进行系统地扫描和分析，然后做出事实判断。此外，为了获取客观准确的资料，还必须用科学的评价方法对可靠准确的评价信息进行收集，去粗存精、去伪存真，这样才能确保评价结果的准确性。

第二，重视身体适应评价。体育教学的目的在于使学生通过身体练习，提高机体承受生理负荷的能力，并逐步产生良好的适应能力，实现全面发展。所以，反映学生的身体在形态、结构、机能、素质等方面的变化是体育教学评价中对学生学习进行评价的重要内容。现阶段，我国高校体育教学评价的主要对象是学生体育学习中的技能掌握情况和运动素质变化情况。

第三，对体育教学评价的本质做出价值判断。教学评价是以主观需要和愿望为依据对教育活动有无价值、有何种价值、有多大价值等情况而做出的评判。通过评价来了解教育活动是否有利于国家和社会发展，是否有利于学生身心的全面发展。在体育教学评价中需要同时兼顾学生与社会的需求，如果忽视其一或者不能对其本质做出正确、合理的价值判断，那么教学评价的作用就难以得到充分发挥，就会失去意义。

第四，评价形式与结果的开放性。体育学习结果的公开化是体育教学评价开放性特征的主要表现。无论是新动作技术的学习，还是动作技术的测验，当事人的每一个表现，无论是成功还是失败，无论是熟练还是生疏，都清晰地展现在其他同学面前。这也为体育教学的客观评价提供了基础，为学生之间的相互评价提供了可能。

（四）体育教学评价的功能

体育教学评价具有信息反馈功能、动机强化功能和考察鉴定三个基本功能。

第一，信息反馈功能。体育教学中，教师想要衡量自身的教学状况，学生想要了解自身的学习情况，都可以通过体育教学评价而获取大量可靠的反馈信息。通过反馈信息，教师可以对自己教学中的优缺点有一个清楚地了解，从而不断完善教学行为。学生通过这些反馈信息，可以对自己学习情况的优劣有更清楚地认识，从而知道该从哪些方面努力。需要注意的是，教师在将反馈信息提供给学生时，要以学生的年龄和心理特点为根据，把握适度性原则。一般来说，对于学生的学习情况，教师应在尊重实际的基础上充分给予其肯定，对他们的学习积极性和主动性进行激发；对于否定的评价，教师要帮助学生发现问题，分析问题产生的原因，以便学生能有针对性地改进，从而增强学生学习的自信心。此外，对于学生在学习中产生的紧张与焦虑心理，教师要想方设法地帮助其加以调节，防止学生失去学习的信心或在学习中产生逆反心理。

第二，动机强化功能。教学评价的动机强化功能是指，通过教学评价对被评价者的积极性进行激发，使其自觉地改进自己的教学行为。动机作用一般分为以自身的内部因素为基础的内部动机作用和以外部因素为基础的外部动机作用。教学活动中，不管是教师的自我评价还是学生的自我评价，都可以起到加强内部动机的作用。教学活动中的他人评价，特别是正确的、公平的、肯定的评价，都能够促进教师或学生的积极性的提高，使其在教学过程中保持适度的紧张状态；而不正确的评价，会对学生或教师的积极性造成一定的打击。因此，发挥教学评价的动机强化功能，最重要的是要对肯定或否定的评价所产生的不同心理效果进行充分的考虑。对不同的评价对象，要对他们的个性特点予以考虑，这样才能产生积极的评价效果。

第三，考察鉴定功能。通过教学评价，能够对教学质量和水平、优点与缺点以及教学中的问题进行考察与鉴定；能够对学生的学习能力、学业状况和发展水平进行鉴别。此外，通过教学评价，还能够为管理者制定决策提供有关依据。体育教学评价的结果直接关系着学生的升级和留级、关系着编班、关系着教师职务的评审和聘用。通过教学评价，可以对教师的教学能力、学生的学习能力进行客观判定。从这个意义上来说，教学评价对于教学管理而言，也是一项非常有效的措施。

（五）体育教学评价的标准

1. 制定体育教学评价标准的依据

首先，考虑社会对体育教学的要求。作为一种社会现象，体育教学受社会的制约，这一社会现象通过培养身心健全的人来促进社会的发展与进步。《课程标准》与《体育教学大纲》的相关规定体现了社会对体育教学的具体要求，《课程标准》与《体育教学大纲》对人才的标准和体育教学都做出了相应的规定，这是对体育教学评价标准进行制定的依据。因此，对《课程标准》和《体育教学大纲》的深入研究，尤其是对体育教学目标的研究是制定体育教学评价标准的基础与前提。

其次，以相关教育学科知识为基础。教育学科是对教育教学规律进行揭示的学科，体育教学活动只有以它为指导才能达到预期的教学目标。体育教学评价是理论与实际相结合的活动，只有理论知识，而不联系实际，就无法使评价活动顺利开展，更不能发挥教学评价的功能与作用。但如果只有实际，却不掌握教学的本质、教学原则、规律、方法等理论知识，就难以制定出科学的评价标准，也无法对体育教学实践进行科学的指导。

最后，考虑被评价总体的状态和水平。教学评价本身并不是作为目的而存在的，它是使预期教学目标顺利实现的手段。通过评价发现教学中存在的问题，并提出解决的方案，使体育教学活动处于优化状态。因此，对评价标准进行制定时，要对被评价对象的整体状态和水平进行考虑。只有这样，评价工作才具有有效性，才能实现预期的效果。如果设置的评价标准过高，可能会使被评价者因无法达到标准而丧失前进的勇气和信心；如果设置的评价标准过低，可能导致被评价者因过于自满而不再继续努力。

2. 表达体育教学评价标准的方式

体育教学评价标准主要有评语式标准、期望行为式标准、隶属度式标准三种表达方式。

第一，评语式标准。

常用的评语式标准是将末级指标按内涵分解成若干因素，每个因素都以评语式的语言叙述标准。一般来说，可以将评语式标准分为以下几种形式。

其一，分等评语式标准。分等评语式标准指的是对每个末级指标都列出各等级标准。表 6-1-1 是某体育教师体育教学质量评价指标体系中的分等评语式标准。

表 6-1-1 分等评语式标准

等级	等级标准
优	内容准确，适量适度，重点突出，难点分散，渗透思想教育
良	知识准确、适量，体现重点、难点
一般	知识比较准确，有重点，有详略
差	传授有误，重点难点模糊，内容组织不合理

其二，期望评语式标准。期望评语式标准是以期望的最理想的要求来拟定体育教学评价指标体系的每项末级指标的相应标准，所以这种标准只给出最高等级的标准，其他等级的标准只能以最高等级的标准为依据来进行推及，其分寸把握起来有一定的难度。

其三，积分评语标准。积分评语标准是将末级指标分解为若干要素，为每个要素赋相应的值，每个评价对象在各要素上的得分之和便是其评价总分。表 6-1-2 是中学体育课堂教学质量评价标准。

表 6-1-2 中学体育课堂教学质量评价标准

指标	要素评价标准	记分（满分 20）
教学方法	教法选择具有科学性、灵活性、实践性，有利于提高教学效率	6
	能根据教学内容的特点灵活使用现代化教学手段	4
	对学生进行学法指导，使学生学会对知识进行分析，综合和概况	4
	实施无区别化教学，使学生能够在一定程度上有选择学习的机会和条件	6

第二，期望行为式标准。期望行为式标准是指将每个末级指标分解为若干行为因素，对每个行为因素选择一个具体的关键行为作为评价该行为因素的标准。

第三，隶属度式标准。隶属度式标准是用模糊数学中的隶属度函数为标度的评价标准。就内容而言，这种标准仍是评语式等级标准，只是这种标准是用模糊集合的概念，采用［0，1］区间赋值的办法来对每个要素各等级的隶属度范围作出规定。

3. 构成体育教学评价标准的体系

首先，素质标准。素质标准也被称为“条件标准”，这种评价标准是从评价对象承担各种职责或完成各项任务应具备的素质的角度而提出来的。体育教师应具备的基本素质包括以下几点：热爱体育教学事业，有强烈的责任感，为人师表，以身示范；有科学的世界观和高尚的道德品质；有比较渊博的体育专业知识；懂得教育教学规律并具备良好的教学素质和教学方法技能等。合理的素质标准可以使评价对象严格规范自己的言行，自觉提高自己的素质。

其次，效能标准。效能标准包括以下两个方面：一方面，效率标准。效率标准一般指以产出与投入的比例为依据来对工作成果进行衡量。在体育教学评价中，采用效率标准进行评价就要对教和学的时间因素进行考虑，具体就是在规定的时间内，评价体育教师是否以大纲要求为依据完成了教学任务，学生在思想、体育知识、技术、技能的掌握及增进健康等方面是否达到了应有的水平。另一方面，效果标准。效果标准是从工作效果的角度确定的教学评价标准。体育教学效果标准一般从以下三个方面来考虑：第一，体育基本知识、基本技术、基本技能掌握标准。它主要是对体育教学中学生掌握体育基本知识、基本技术的数量与质量情况进行考察的。第二，能力发展标准。在体育教学评价中，要对学生智力、个性的发展情况，体育锻炼的能力情况进行考察。第三，思想品德教育标准。在体育教学中要注意积极开展思想品德教育。效果标准与效率标准既有相似的地方，又有一定的差异。效果标准是以预定的目的为依据来对工作的成果进行考察的，它对投入的人力、物力和时间不予考虑。效率标准是教学评价中最根本的标准，其综合考察人力、物力、时间的消耗以及成果，能够督促体育教师对工作效率的关心与重视，从而促进教学效果的提高。在体育教学评价中，应把效果标准和效率标准结合起来运用。

最后，职责标准。职责标准主要是用来对评价对象所承担的责任和完成任务的情况进行评价。对体育教师的教学工作进行评价时，要从以下几方面展开：第一，要看体育教师的备课质量，即考察教师对体育教学大纲钻研的程度，对学生的了解程度，对教材重点、难点的明确程度，对教案编写及场地器材布置的合理程度等。第二，看教师上课的质量。主要对授课内容是否科学，教学目的是否明确，教学方法、手段是否有效，教学重点是否突出，教学语言是否清晰，示范动作是否正确等进行考察。第三，看体育教师的教学是否贯彻了相关原则及要求。如果是在坚持体育教学原则的基础上开展的教学工作，必然能使教学过程变得生动、活泼，并产生良好的效果，反之难以得到预期效果。职责标准能促进评价对象事业心和责任感的增强，能使其更加关心教和学的全过程。在体育教学评价过程中，应将职责标准与教学效果结合起来进行综合性的评价，防止只注重过程不注重结果或不注重过程只注重结果的错误倾向出现。素质标准、效能标准以及职责标准既相互独立，又相互统一。体育教学活动较为复杂，素质标准对这一复杂的教学过程起着决定性的作用，职责标准的主要作用在于推动体育教学活动的不断优化，效能标准是素质标准和职责标准功能的反映。

二、体育教学评价的案例分析

（一）教师对学生评价的案例分析

下面重点分析教师对学生学习的综合评定，表 6-1-3 是学生体育学习成绩综合评价表。

表 6-1-3　学生体育学习成绩综合评价表

		体能		知识与技能		学习态度		情意表现与合作精神		隶属度
		体能测试	进步幅度	健康知识	运动技能	出勤情况	平时表现	情意表现	合作精神	
		1	2	3	4	5	6	7	8	
评价等级	非常优秀									0.95
	优秀									0.75
	良好									0.65
	基本达标									0.55
	待达标									0.45
权重系数		0.17	0.06	0.515	0.16	0.05	0.11	0.515	0.15	

体能的评定：具体参照《学生体质健康标准》进行学生的体能测试，具体以《学生体质健康标准》为依据来制定进步幅度的标准。在原有的成绩基础上，没有任何进步或退步都是待达标，提高一个档次为基本达标，提高两个档次为良好等，以此类推。

知识与技能的评定：依据特定标准，综合师评、学生互评和自评多种方法进行评分。

学习态度的评价：出勤率是对学生出勤情况的评价。评分标准为：95%～100%——非常优秀；90%～95%——优秀；85%～90%——良好；80%～85%——基本达标；75%～80%——待达标。表 6-1-4 为学生平时表现评价表，表 6-1-5 为学生情意表现评价表。表 6-1-6 为学生合作精神表现评价表。

表 6-1-4　学生平时表现评价表

	评价内容	分值	自评	互评	师评	总评
1	集队“静、齐、快”；认真做好课堂笔记	12				
2	认真做好自评和对其他同学的互评工作	13				
3	主动自觉地参与体育活动	12				
4	遵守课堂常规和课堂纪律	12				
5	积极思考，为达到目标反复练习	13				
6	认真听教师讲课，看教师示范	12				
7	学习方法能体现出灵活性和创造性	13				
8	认真完成课外作业和接受教师指导	13				

表 6-1-5　学生情意表现评价表

	评价内容	分值	自评	互评	师评	总评
1	自觉运用体育活动调整心理	13				
2	为达到目标坚持不懈地努力学习	13				
3	坚韧的意志品质，勇敢的拼搏精神	13				
4	敢于面对困难. 勇于克服困难	12				
5	在活动中有展示自我的欲望、行为	13				
6	大胆地做练习，能战胜自卑	12				
7	能勇于挑战自我，战胜自我	12				
8	通过体育活动树立自信心	12				

表 6-1-6　学生合作精神表现评价表

	评价内容	分值	自评	互评	师评	总评
1	尊重老师、尊重同学	13				
2	主动承担在小组学练中的任务	13				
3	在比赛中，能为小组的荣誉全力以赴	13				
4	在比赛中尊重裁判、尊重对手	12				
5	不计较胜负，赞扬对手	12				
6	认真分析失败原因，不埋怨他人	12				
7	能与他人很好地交换自己的意见和见解	13				
8	主动安慰，帮助受挫失败的同学	12				

本案例对学生的综合评定重点从体能、知识与技能、学习态度、情意表现与合作精神等方面展开，内容较为丰富全面。同时，在体能评价中，对学生体能先天差异的客观事实也进行了考虑，通过进步幅度的标准来评价学生的体能情况，这对于激励体弱学生锻炼的积极性具有良好的推动作用。

当然，本案例还存在一些不足的地方，具体表现如下：第一，在体能评价方面采用了进步幅度评价，该评价方法对原本体能良好的同学稍显不公平，特别是“没有进步为待达标”这项标准。这会使一部分学生锻炼的积极性受到影响。第二，在知识与技能的评价中，综合采用师评、自评以及互评的方法明显与对知识、技能进行客观评价的原意不符。第三，在整个评价中，体能、知识与技能、学习态度、情意表现与合作精神各方面所占的比重没有得到显示。第四，评价方案中的综合评价具有模糊性，而且提供了隶属度和权重系数，在实际评价中，这会使教师的计算工作量大大增加，提高了操作的难度。第五，在平时表现、情意表现和合作精神表现方面存在几处问题。首先，在内容设计方面存在不妥。例如，“认真做好课堂笔记”，体育教学中记录课堂笔记并非经常性事件，将其作为考核学生平时表现是与实际不符的。“坚韧的意志品质、勇敢的拼搏精神”，这里对具体的表现情境没有做好交代，所以，“坚韧的意志品质，勇敢的拼搏精神”不仅是体育教学的结果，也是学生本身已经具有的内在品质，所以对此很难进行判断。其次，在平时表现、情意表现和合作精神表现的每项内容中，都涉及教师评价。例如，“能勇于挑战自我、战胜自我”“坚韧的意志品质、勇敢的拼搏精神”等，教师如果要对此进行评价是没有客观标准的。而且，每项都需要教师评价，这无形中也增加了教师的工作量，因此在实际的评价中很难行得通。

（二）学生自我评价的案例分析

下面以学生退出协议自我评价法为例来进行分析。

为了对学生的进步情况和学生本人的学习感受进行快捷简单的评价，在学生中成立学习小组，在单元学习结束前，学生必须填一张退出协议作为自己走出学习小组的“通行证”，表 6-1-7 为退出协议具体内容。

表 6-1-7　退出协议

这是你今天结束单元学习的“通行证”，在你离开前你必须交回这张票。 学生姓名：　　　　　　　　日期： 我喜欢我们小组的原因： 我们学习方案中我所关心的是： 在这个小组中我希望能学到： 我还未解决的问题是： 我想为我们小组做的事情是：

本案例是对学生在结束单元学习后进行的总体评价，它能够使学生在本单元学习的整体情况得到侧面反映。学生进行自我评价，不仅可以为教师开展下一单元的教学活动奠定基础，还可以使学生清楚地了解自己在学习中存在的不足，因此可以将学生的学习情况客观真实地反映出来。

（三）学生对教学过程评价的案例分析

下面以学生刚上完体育课做的体育与健康课堂教学评价问卷调查为例来分析，表 6-1-8 为初中体育与健康课堂教学评价问卷。

本案例是在体育课刚结束后，对学生做的一个具有针对性的调查，学生刚上完课，印象还较为深刻，此时进行调查有利于成功获得第一手资料，然而此时进行调查也可能使学生对体育教师的评价失去客观性。所以，在使用这一问卷进行调查时，要注意结合其他评价方法，从而使教师的教学水平能够被更加客观地反映出来。

（四）教师之间相互评价的案例分析

下面以课堂教学观察记录为例来进行分析，表 6-1-9 为课堂教学观察记录表的具体内容。

表 6-1-8　初中体育与健康课堂教学评价问卷（学生用表）

评价项目		评价内容	权重分数	得分
学习方式 25		1. 有自己明确的学习目标	5	
		2. 明白自己的学习任务，知道学什么、怎样学	5	
		3. 在教师组织下，成功地应用学法，手、脑、口等多种感官并用，开展练习活动	5	
		4. 积极参与练习，争取发表自己的看法，接受他人的意见	5	
		5. 对学习内容能主动探索、思考，而不是被动接受	5	
学习水平 35		1. 在体育课堂上，感觉非常愉快	5	
		2. 在教师指导下，充分利用自己已有的知识和能力，学习新的知识、技能	5	
		3. 认真思考学习过程中遇到的各种问题，勇于克服遇到的困难	5	
		4. 遇到问题时，能及时与教师沟通，交换看法	5	
		5. 善于与同学们互相帮助、学习，合作完成一项任务	5	
		6. 在教师组织下，积极参与小结、总结和回顾认知过程，反思学习方法	5	
		7. 课上能得到同学和教师的评价与鼓励	5	
学习效果 40	知识目标	1. 具有必备的知识和能力准备，并激活了这些原有的储备	5	
		2. 学到了关于运动与身体健康的知识	5	
		3. 学会了一些新的运动技能或战术配合	5	
	能力目标	1. 能自主地进行体育学习、练习	5	
		2. 感觉自己在思维、组织或合作等方面有所提高	5	
	情感目标	1. 将体育老师看作是自己的朋友	5	
		2. 达到了自己的预期目标，获得了成功的体验	5	
		3. 在遇到困难时，表现出果断和勇往直前的精神状态	5	
总分				
写给老师的话				
写给自己的话				

表 6-1-9 课堂教学观察记录表

省　　市（地区）　　县（区）　　学校

课程名称		授课教师		班级	年级　　班
课程性质	学科＼活动	课程类别	必修/限选/任选	授课时间	第　　节

基本教学方式：1. 讲授 2. 讨论 3. 比赛 4. 练习 5. 辅导 6. 其他

辅助教学方式：1. ________ 2. ________ 3. ________

教学态度

教学准备的充分程度

对所教内容的熟悉程度

教学目标的合理性与清晰性

教学内容选择的合理性

教学进度掌握的合理性

教学方法运用的合理性

教学时间利用的合理性

教学过程质量

知识内容表达的准确性

语言表达的条理性

讲授过程的启发性

讲授过程的生动性

板书的规范性

师生交流的充分程度

学生互动交流的充分程度

课堂秩序

课堂气氛

学生学习态度

教学效果

知识掌握

技能培养

思想品德教育

现场评价

优点：

优点改进的地方：

观察时间：　　年　　月　　日　　观察者（姓名＼职称）签名：________

随着基础教育体育与健康课程改革的不断深入，对体育教师提出了越来越高的要求，为了促进教师教学质量的进一步提高，可采用教师互评的评价方式来对教师的教学情况进行评价，为了促进评价可信度的提高，本案例对教师听评课的案例表进行了设计，这样能更好地为听课者选择合适的评价角度进行引导，也可以使讲课教师清楚自己应该从哪些方面来准备和提高，这样对教师会有更大的帮助。但是本案例中一些内容是借鉴的其他学科的内容，因此教师在运用时要结合自己的实际情况进行适当的修改。

三、体育教学评价的规范落实

体育教学是在不断变革的过程中逐步实现发展的，在这一变革过程中，人们对体育教学评价的有关问题逐渐予以了高度的关注与重视。体育教学评价的指标体系、方法与模式随着新课程的改革不断增加与完善，而且依靠计算机操作的评价软件也随之得到了广泛使用。这充分表明，体育教学评价正在向科学化、精确化与系统化的趋势不断发展。然而，对体育教学评价的指标与方法的研究不能仅仅停留在理论层面，更要从实践层面来加强对这些评价指标与方案的运用，这样才能促进体育教学评价实践价值的增强。具体来说，现代体育教学评价的规范与落实重点要从以下几方面着手进行。

（一）建立体育教学科学评价指标

从系统论的角度来看，体育教学目标应该具备一定的科学性、简便性与易操作性特征。由于体育教学评价是对体育教学目标完成程度的一个考核方法，因此体育教学评价也必须相应地具备体育教学目标的特征，即简明、科学，易于操作。虽然近些年体育教学评价指标的制定与完善受到了有关人员的重视，但存在大量缺陷的评价指标仍有很多，这些缺陷与不足主要体现在评价指标比较复杂繁多、不易于操作或操作起来要花费大量的时间与精力。所以，体育教学评价的规范与落实首先要解决的问题就是科学建立体育教学评价指标，并注意在充分考虑我国国情的基础上着手这一问题的解决。建立体育教学评价指标重点要从两方面进行，一方面，要从理论层面加强对体育教学评价体系的深入研究；另一方面，要从实践层面对体育教学评价进行科学的改革。在建立评价指标的过程中，不仅要以我国国情为基础，而且还要对国外体育教学评价的成功经验进行合理的借鉴，从而使我国体育教学评价指标体系既具有东方特色，又呈现出国际风采。

下面对科学建立体育教学指标的主要步骤进行具体的分析：

第一步，初步拟定指标。对体育教学评价指标进行初步拟定时，要以体育教学评价目标为基本依据，而且研究人员要根据自身对体育教学的理解和自身的实践教学经验来开展具体的拟定工作。拟定方法具体如下：分析相关因素，对评价指标进行逐级分解，具体以评价内容的内在逻辑结构为依据进行分解，然后按照逐级分解后的因素来拟定指标。高层——低层是评价指标的分解顺序。因素的级别越低，就越具体，直到被分解的因素可以被观测后停止分解程序，从抽象到具体逐级排列的指标体系就形成了。

第二步，筛选拟定指标。初步拟定体育教学评价指标后，这时的指标还不是很简单、明确，所以，为了使评价指标的简约性与科学性得到保障，要对初拟指标进行合理筛选，具体要采用经验法来筛选。经验法就是以个人或集体的经验为依据对评价指标进行归类与合并，从而对评价指标进行进一步明确的方法，个人经验法与集体经验法是经验法的两种常见类型。其一，个人经验法。个体以自己的经验为主要依据，运用思维的方式（比较、排列、组合）对初步拟定的指标进行加工，决定评价指标去留的方法就是个人经验法。个人经验法操作简便，但容易受到个人主观经验的影响，评价指标被筛选后存在片面性的缺陷，这也是这类经验法的不足之处。其二，集体经验法。运用问卷调查的方式进行统计的方法就是集体经验法。个人经验的片面与局限在集体经验法中能够得到克服，因而与个人经验法相比，具有较强的科学性。所以，在对拟定指标进行筛选时要使集体经验法的采用更有说服性。

第三步，权衡指标分量将体育教学评价指标确定之后，要对其在体育教学评价体系中的重要性进行科学的衡量，也就是权衡其分量，这样才能确立评价指标的地位，清楚评价指标的重要性。评价指标重要性的权衡方法主要有两种。其一，依靠集体力量的权衡。在集体力量的权衡中，集体主要包括学校体育研究人员、教育部门的相关工作人员、学校体育部门领导以及体育教师等相关人员，通过对这些人员的经验与力量的依靠，可以对评价指标在评价内容中的地位和重要性有所了解，从而权衡评价指标提供科学的依据。这种权衡方法比较全面、科学，但其也有一定的缺陷，即集体中的成员因意见不统一而对权衡结果的统一性造成影响。其二，两两比较的权衡。两两比较的权衡指的就是对评价指标进行分组，一组包含两个指标，有关工作人员对同一组两个指标的某一特征进行对比和评判，并运用矩阵形式对比较与判断的结果进行表示，从分析结果中明确指标的优先顺序，从而直观地观察评价指标的重要性。

第四步，确定评价标准。做好前三个环节后，最后就要最终确定体育教学评价标准了。体育教学评价标准的设计主要包括标度的设计与标号的设计。其一，标度的设计。表示标度的方法主要是定量与定性。通常用具有描述性的语言如熟悉、不熟悉、了解、不了解等来对定性标度进行表示。其二，标号的设计。标号是对标度加以区别的符号。确定标度后，要用一些区别性的符号如优秀、良好、中等、合格、不合格等来对标号进行表示。

（二）重视体育课堂教学质量

学校体育教学的主要形式就是课堂教学。体育课堂教学的质量随着新课程改革的不断深入而受到了越来越高的重视。

在对体育课堂教学评价进行研究的过程中，研究人员提出了一些具有实质性意义的建议，并积累了大量成功的经验。然而，这些经验与建议在体育教学实践中的操作性并不是很高。这主要是由于体育课堂教学的评价主体在多方面都存在差异，要用量化标准对课堂教学质量作出定量评价有相当的难度，所以体育课堂教学的实际情况也很难在评价中得到真实反映。所以，研究人员与有关学者一定要将对体育课堂教学质量的评价重视起来，对科学合理并具有可操作性的评价方法进行积极的研究，从而促进体育课堂教学质量的提高。

（三）充分发挥体育教学评价反馈与指导功能

体育教学评价具有反馈与指导两个基本功能。评价主体在对体育教学作出评价的过程中，不仅要对体育教学评价的相关因素进行考虑，同时也要对与体育教学相关的一些要素进行全方位的考虑，从而使评价更好地为促进体育教学的完善而服务。在对体育教学作出评价之前，首先要对体育教学目标进行制定，并以此为依据展开具体的教学评价工作。体育教学评价的结果能够将教学目标的设定是否合理准确地反映出来。一般会出现如下两种评价结果：第一，体育教学评价的结果良好，这说明制定的体育教学目标较为合理。第二，体育教学评价没有取得理想的评价结果，这就说明教学目标与教学准备工作不合理，需要有针对性地对体育教学工作的各个环节进行调节。

（四）建立“教”与“学”评价体系

体育教学包含教师的“教”与学生的“学”两个方面的活动，所以体育教学评价工作的开展也要从这两个方面着手，即进行教授评价与学习评价。当前，针对学生学习评价而进行的研究比较全面，针对教师教授评价而进行的研究较为片面，主要就是对教师的课堂教授情况进行评价。从这一点来看，要实现体育教学两个方面的评价目标就有一定的难度。鉴于此，有关专家与学者要对教师的教授评价与学生的学习评价进行全面而深入的研究，分别建立体育教师“教”的评价体系与学生“学”的评价体系，从而使体育教学评价的全面性与科学性有所保障。

第二节　高校体育教学评价体系的构建过程

一、构建体育教学评价体系的基本原则

第一，科学性原则。在构建体育教学评价体系时，必须要建立一个完善的整体评价指标体系，使评价体系可以将评价目标的要求全面反映出来。对指标的选择应遵循教育的一般规律，确保指标体系内的各个指标之间能够保持相互独立，同一层次的各项指标之间既不存在因果关系，也不存在重叠关

系（包含和被包含）。

第二，客观性原则。对现阶段体育教学评价体系的构建，离不开相应评价理论的科学指导，而且要以我国学校的现实状况为基本依据，要对评价中存在的诸多因素进行全面、系统且客观地分析，使评价体系的结构要素具有一定的客观性，从而更好地促进体育教学效果的提高。在进行体育教学评价的过程中，要特别注重贯彻客观、公正、合理的原则，客观地、实事求是地判定教师的“教”和学生的“学”。

第三，可行性原则。评价体系中的各项指标都要与体育学科的特点和学生的身心发展特征相符，所制定的标准需要满足基本的可行性要求。在对评价目标和指标体系进行制定之前，应系统地调查与分析我国学校体育教学现状，深入了解当前我国体育教学评价的现状，并对存在的问题与不足进行分析。此外，对于体育教学评价中的优势也要予以肯定，在此基础上对评价体系进行科学的构建，制定的评价指标要能够将体育教学的效果反映出来。

第四，可比性原则。体育教学评价体系中的各项指标都必须能够对评价对象的共同属性进行反映，并具有可测性，即每项指标都应作为具体目标，要用具体可操作的语言对其进行界定，而且通过使用一定的评价方法，能够对其进行观测和了解，并得出明确的结果。还要注意的是，应尽量简明地设置评价指标，确保指标的可操作性和可比性。

第五，导向性原则。对体育教学评价体系进行制定，要使其能够对体育教学发展的方向进行指导，并对于开展体育教学活动有积极的影响，使其能够将教学评价的导向功能充分发挥出来，及时反馈信息，以便进一步促进教学质量的提高。教育评价是为了提高教育质量而开展的工作，而教育质量的提高主要目的在于促进学生的全面发展。通过评价，要能够将体育教学活动中存在的合理之处和不合理之处揭示出来，从而进行相应的肯定和否定，为教师教学工作的开展与改进提供科学的意见，为学生的学习提供积极的指导。

第六，全面性原则。开展体育教学评价工作，就要全面考察与描述评价对象的各个方面，要综合评价与全面考察被评价者。因此，要收集评价指标中各个指标的信息，然后对各个信息与要素进行全面分析，并做出相应的判定。

二、新形势下体育教学评价体系的构建设想

（一）树立新的指导思想

现阶段，在素质教育的实施过程中，体育教学改革与发展的实现离不开科学的体育教学评价，体育教学质量的提高也离不开评价工作的开展。新的课堂教学评价标准应对学生在课堂教学评价中的主体作用进行重点强调，具体从以下几方

面来突出对该方面的强调。首先，对学生的学习予以关注，促进学生的全面发展；其次，强调教学内容与学生生活之间的联系以及与现代社会和科技发展之间的联系；再次，对主动、合作、探究的学习方式进行积极的倡导，使学生充分发挥自己的主观能动性，形成科学的价值观；最后，注重对学生创新精神与实践能力的培养。

（二）量性评价与质性评价、行为评价与心理评价的有机结合

量性评价固然很多优点，但在体育课堂教学中使用该评价方法，容易把复杂而又丰富的体育课堂教学过程弄得过于简单化和格式化。而如果采用质性评价的形式进行评价，对于复杂而丰富的课堂教学过程而言更为有益，该评价方式对体育教学过程中完整而真实的表现（如原有基础、个体差异、参与程度、提高幅度等）有突出的强调，不仅对认知层面进行考察，同时考察表现等行为层面。所以，从发展性评价的角度而言，结合量性评价与质性评价两种方式对于提高体育教学评价效果更有意义。结合这两种评价方式，能够给质性评价提供一种数量化、趋势性的参考，而且可以采取等级评定方式来说明体育课堂教学评价的结果。

在体育教学评价实践中，不仅要对容易量化内容的定量测评（体能、技能的测试）予以重视，更要将难以量化内容的定性评价（实践能力、创新能力等指标的评价）重视起来，这也是体育教学评价中的一大难点。此外，还要重视对行为评价与心理评价的综合采用。因为体育教学评价是一个价值判断的过程，较为复杂，其不仅存在具体、直观、外在等方面的特性，还具有一定的抽象性、间接性及内在性。只通过对某个指标（或量表）的借助，既难以对行为表现方面进行观测判断，又无法对心理倾向和行为特征方面进行客观评价。虽然将心理评价内容加到评价体系中使得评价的难度增加了，但在实践中进行心理评价仍有很重要的意义。

（三）重视结果向重视过程的转变

目前，从各国体育课程改革和体育教学改革的趋势来看，都对教学与学习的过程给予了高度的重视，而且对培养学生的创新精神与实践能力也很关注，这在世界上已经形成了一个共识。从现代知识论的层面而言，知识并不是一个结果，而是一个过程。学习与探索知识的过程是学习者整个心灵和生命中不可或缺的一个重要过程。不仅如此，体育教学追求的真正目标在于使学生能够对本学科与其他学科知识进行融会贯通、重新组合，并在此基础上对其加以创造性地运用。

第三节　高校体育教学评价的改革发展

一、体育教学评价的现状

第一，评价内容重技能轻文化素质。在体育教学过程中，许多体育教师只认

识到体育技能教学的重要性，而没有对学生的体育文化素质给予足够的重视。学生的体育文化素质具体包括体育思想、道德、行为、兴趣与习惯以及体育学习态度等内容。学校体育课程的不断革新与发展要求对学生进行全面的体育文化教育。实施全面的体育文化教育，不仅要重视向学生传授体育知识与技能，而且还要重视对学生身心素质、体育习惯与体育意识的培养，对学生这些方面的素质进行培养有很多方法，如思维的方法、生活的方法以及行为的方法等。随着体育教学的不断改革与发展，体育教学评价也需要进行相应的变革，这样才能与体育课程改革的需要相适应。但是在体育教学评价活动中，体育教师依旧过分重视体育技能的评价，而忽视了对学生体育文化素质的评价，导致评价的片面与偏颇，这样片面的评价难以使学生发展成为全面型的体育人才，也难以使学生适应社会不断发展的需要。

第二，评价主体官方化与单一化。体育教学活动是一个全面且系统的过程，体育教学评价作为其中一个非常重要的环节，具有多方面的功能，如检验、诊断、反馈、导向以及调控等。一般来说，体育教师应积极主动地组织并实施相关的体育教学评价活动。然而，在具体实践中，被评价者的地位大部分是消极的，体育教师、学生、家长以及管理者等多元评价主体共同参与体育教学评价的理想模式没有得到全面的实施。与此同时，学校与教育部门还将体育教学评价当作是体育教学管理的一种方法与手段。当然，这是无可厚非的，这种评价式的管理方法对于客观了解和科学调控体育教学情况是有积极意义的。然而，体育教学评价毕竟是一种评价行为，将其完全作为一种管理手段，就会变成一种官方行为，会抑制教学评价功能的充分发挥。而且体育教师在评价中也难以坚持自己的价值观，会严重影响评价的价值与意义。体育教学评价的目的和评价主体参与教学评价的积极主动性会对教学评价功能的发挥造成很大的影响。通常，体育教学评价一旦作为学校的行政管理方法，就会导致其偏向于评价教学结果，而忽略教学过程的评价。而且在评价过程中，体育教师作为评价对象是十分被动的，对于确立评价方案、构建评价指标体系的工作，他们几乎不参与，只能按照规定执行已经确定的评价方案，运用已经设计好的评价指标，所以他们自己的意见很少有机会表达。在具体的评价过程中，教师为了提高自己的形象而表现出一定的敷衍行为，只对影响自己利益的评价结果表示关注与重视。所以，在体育教学评价中，要加强对自我评价方法的运用，将官方评价作为一种辅助性的评价。

第三，过分注重评价结果。在体育教学评价的实践中，普遍存在对评价结果过分关注，忽视评价客体在不同阶段的进步与发展的问题，只重视评价结果而不重视过程的评价使形成性评价难以顺利实现，也难以使体育教学评价的诸多功能得到发挥。体育教学评价的指导思想是，通过对客观标准的应用来对体育教学活动进行检查，认真分析与积极反馈评价结果，从而促进体育教学的发展。这一思想指导评价主体以评价指标为依据，对体育教学过程作出客观地评价，对教学中的积极行为作出肯定的评价，对教学行为的缺点能够及时发现，并且提出合理的纠正建议，最终形成科学的评价结果。然而，在体育教学评价结果与体育教师的切身利益具有直接关系时，评价活动就显出功利性特征，评价结果的客观性与准确性也会大打折扣。评价主体在作出评价时，会考虑一些涉及切身利益的因素，积极赞扬与肯定教学中好的行为，而对教学的缺陷与问题有所规避，这样的教学评价难以真实地反映教学行为，评价结果的准确性因此就会受到影响，评价活动的开展就显得没有任何意义了。

二、体育教学评价的改革措施

第一，改进评价体制，实施多方位评价。在原有的体育教学评价模式中，评价仅仅只是教师的“专利”，学生只是作为评价对象而存在的，其评价的权利往往得不到重视。教师作为体育教学的主导者，需要充分了解学生的身体素质基础、运动能力状况，针对学生的学习、锻炼表现情况进行多方面的评价，从而将学生的学习积极性充分调动起来，尽快实现体育教学目标。随着“水平目标”的设立，教师每个阶段的教学任务都会发生一定的变化，而且，体育教学内容的选择、教学方式方法的应用等也会相应地发生变化。这就要求在体育教学中，以五个学习领域（运动参与、运动技能、身体健康、心理健康、社会适应）为主要依据来对评价内容进行设立，从而保证评价结果的客观性和准确性。

第二，通过“学习小组”促进学生协作能力的增强。对于很多体育项目来说，以“学习小组”为评价对象都是比较合适的。其中，较为适用的项目内容主要有：队形队列练习、小组篮球、排球、足球等比赛，早（课间）操、各种距离的接力等。评价“学习小组”的主要目的是促进小组内成员合作能力的发展，促进学生社会适应能力的提高。由于学习小组内学生的成绩具有统一性，每个人的学习表现都会直接影响整个小组的学习情况，所以，每个小组内的学生都会承担起对不自觉学习的成员进行监督的职责，从而共同营造积极健康的班级学习氛围，这对于学生集体学习积极性的提高和协作能力的增强具有积极意义。

第三，对体育课特有的教学环境资源积极开发。体育课具有一定的优势，即具有得天独厚的课程资源优势来应对课程改革。课程改革提出，要不断提高学生的社会适应能力、相互协作与人际交往能力。对于体育课来说，其教学环境、教学载体等都是多样化的，甚至不同年级的体育教师都可以合作，从而使学生的社会适应能力、相互协作与人际交往能力等得到全面提高，最终使学生学会活出自我，积极参与到其他各类体育活动中。与此同时，还能够使学生学会从他人的体育活动与学习中获取健身知识，学会以“体育运动”为载体使自身的人际交往能力不断提高。

三、体育教学评价的发展趋势

现代体育教学评价呈现出如下几方面的发展趋势。

第一，评价主体互动化。现代体育教学评价强调将完整的、有感情、有个性的人当作自己的评价对象，并通过评价努力促使受教育者个性的充分发展，注重质的分析，将所有对学生个性发展有意义的东西作为评价的对象，它包括知识、能力、情感、兴趣、爱好、创造力、意志、态度、品格等多个方面；强调评价过程的开放、互动、透明和评价主体间的双向选择、沟通和协商；共同关注评价结果，学生自评、互评，师生之间的自评、互评都能够使学生对自己的优点和不足有所明确。这样就更能将评价的激励性和发展性体现出来。

第二，评价内容多元化。现代体育教学评价的内容向多元化的趋势发展，包括认知、技术、技能和情感三个方面的评价，而不是单一的技术技能达标考评或健康测验。随着素质教育的不断深入，学校开始逐步重视学生综合素质的评价，不仅关注学生的学业成绩，而且对学生的创新精神、实践能力以及心理素质的培养也给予了一定的重视，特长生的个性发展尤其受到了教师的普遍关注。充分发挥多元评价模块的作用，能够使学科成绩较差但有一定特长或潜能的学生发现自己的闪光点，从而促进学生的和谐发展，这也是落实和谐发展、张扬办学理念在体育教学学生评价体系中的突破。

第三，评价体系多维化、多元化、综合化。体育教学的考核评价体系应该是由锻炼习惯评价、日常体育行为评价、体育技术、技能评价、基础知识评价与体质状况评价等多方面评价共同构成的综合评价体系。体育教学评价中，过程评价与终结评价结合；体育教师评价与学生评价结合；学生自评与互评结合；体育技术评价与运动技能评价结合；以学生个体发展为主的纵向评价与横向对比结合；体质状况评价与心理素质水平评价结合的多维的评价体系能够使每个学生通过体育课程学习获得全面健康的发展。多元化是体育教学评价理论与实践发展的总趋势，这种多元化包括体育教学评价思想的多元化、评价方法的多元化以及评价主体的多元化。任何一种体育教学评价理论的形成与发展都是在一定的社会历史条件下实现的，永恒不变的体育教学评价标准和方法是不存在的，因而它具有历史性；任何一种体育教学评价理论都是为教育发展服务的，因此它又具有明显的社会性特征。目前有关学者正在对教学评价理论的科学化问题进行努力的探索，体育教学评价同样存在科学化问题。尽管科学化是一个漫长的历史过程，但只要体育不断发展，那么体育教学评价的科学化问题就将存在下去。

第七章　高校体育教学管理

在现代学校教育教学中，体育已成为其中的重要组成部分。随着现代教育的不断深化改革，以及在“终身体育”“健康第一”等教学思想的指导下，体育教学在现代学校教育教学中的地位与日俱增。对现代体育教学进行有效管理，已成为当下亟待研究的课题。因此，本章就现代体育教学管理体系的建设与发展进行研究。

第一节　高校体育教学的管理内容

一、体育教学管理的基本知识

（一）体育教学管理的概念

体育教学管理是一项系统的、综合性的工作，是具有一定的管理权力的组织和个人对体育教学的人、财、物、信息和时间等方面所进行的综合性管理。具体而言，其管理包括控制、监督、组织、协调、计划等方面。现代体育教学管理是一个系统的过程，并且其工作内容也涵盖了体育事业的各个方面。体育教学管理是一项综合性的活动，其各个子系统与体育管理总目标保持着一致性。在体育教学管理过程中，各个系统之间是相互影响、相互制约的关系，共同促进了体育教学管理总体目标的实现。

体育教学管理是一个周期性的活动，一般可将其分为三个阶段。第一阶段为计划阶段，这是体育教学管理的首要阶段。这一阶段主要的工作包括对教学和管理中的问题进行分析和预测，确定体育教学管理的目标，并进行相应的决策等。第二阶段为管理的实施阶段，这是管理过程的中心环节，这一阶段的主要工作包括教学管理的组织、指导、协调、检查和监督。第三阶段是体育教学管理的最后阶段，这一阶段的主要工作包括对体育教学管理开展对比、总结和评价等。这三个管理阶段构成了体育教学管理的管理周期，三者之间相互促进、相互联系。

（二）体育教学管理的原理

第一，系统原理。管理是一个大的系统，系统中包含着多个要素，这些要素之间相互依存、相互联系。它们按照一定的结构动态地相互结合在一起，依据整体目标的要求进行组合。通过对系统理论的运用，细致地系统分析管理对象，从而使现代科学管理的优化目标得以实现，这就是系统原理。根据系统原理，可以将体育管理的管理原则总结为三个方面，即“整分合”原则、相对封闭原则、优化组合原则，将这些原则应用于体育管理，可以促进体育管理工作的顺利完成。首先，“整分合”原则。具体来说，就是对整体工作进行详细地了解，并在此基础上分解整体，使之由多个基本要素组成，然后对每个要素进行明确的分工，规范每项工作，进行责任制的建立，并进行科学的组织综合，最终提高管理功效。其次，相对封闭原则。管理系统具有系统各要素之间的关系、相关系统外部之间的关系。使系统内的管理手段、措施构成一个连续的封闭回路，进而构成完整的管理，形成有效的管理运动。最后，优化组合原则。对体育教学系统各要素的组合（组织、目标、人才、环境的优化组合）要科学，只有这样才能提高教学管理系统整体的效益。

第二，人本原理。人本原理是指一切管理活动均应以调动人的积极性，做好人的工作为根本，要求管理者在管理活动中做到以人为根本。人是管理活动的核心和主体，在体育教学管理系统中，要以人为本，重视人的工作态度、工作动力、工作能力的观察和挖掘，根据人的能力水平安排工作，从物质、精神、信息等方面为工作人员提供动力支持，使人性得到最完善的发展，以促进体育管理活动的顺利开展。

第三，效益原理。体育教学管理要想实现管理效益的最大化，就必须在对各个环节、工作进行管理时，以提高效益为中心，科学、节省、有效地使用有限的人力、财力、物力、智力和时间信息等资源，这就是效益原理。从本质上讲，管理的根本目的就是效益。因此，体育教学管理也要重视社会经济效益的实现，确定管理活动的效益观，从不同的主体和不同的角度去评估管理效益，并在管理过程中及时协调影响管理效益的各因素的关系，促进最佳效益的实现。

第四，动态原理。动态原理是指系统管理目标的实现受人、财、物、时间、信息等因素的影响，再加上管理对象的变化，系统的计划、组织、控制、协调等各个环节必须相应地进行变化，以达到对管理对象的变化进行动态的适应，从而保证管理目标的实现。在体育教学中，动态原理要求管理者在管理中要给予下级一定的权利，保证管理的弹性，以便及时采取应对措施，保证管理活动的正常进行。此外，还要重视管理过程中反馈信息的收集与控制，通过信息的反馈，控制未来的行进速度，并最终实现管理目标。

（三）体育教学管理的特点

第一，阶段性。学生的年龄特点以及体育教学的年度教学特征，这些因素对体育教学管理具有重要的意义。在管理过程中，应根据不同的教学阶段来开展相应的阶段性体育教学管理工作。因此，在现代体育教学管理中，阶段性是其鲜明的特点。需要指出的是，虽然体育教学管理具有一定的阶段性特点，但是各个阶段之间还具有一定的连续性特征，管理工作循序渐进、逐步提高。第二，教育性。体育教学是我国教育系统的重要组成部分，对于学生体质健康水平的改善和学生素质的提高具有重要的作用。因此，体育教学管理也呈现出一定的教育性特点。在体育教学管理过程中，应坚持“以人为本”的原则，促进学生各方面的发展和提高。现代体育教学是教育的一个重要组成部分，因此，现代体育管理也必然离不开一定的教育性。我国体育教学的总体目标是“以人为本”。因此，现代体育管理也应突出“育人”的特点，在育人的基础上去调动管理者的积极性、主动性，从而为现代体育管理效益的不断提高创造条件。

第三，系统性。体育教学管理系统运行过程中会面临着多方面的问题，很好地分析和解决相应的问题是促进体育管理系统获得发展的重要推动力。在现代体育教学管理过程中，应坚持系统性原则，从管理工作的整体进行把握和控制，进行科学、合理的宏观调控，使得系统的各方面都能够良性发展，从而形成一个强有力的整合系统。具体而言，学校体育教学管理包括人、物、信息、时间等四个方面，对其管理也是在这四个维度上开展的。在体育管理过程中，应灵活协调这四方面的关系。

第四，方向性。体育教学管理应具有一定的方向性，以科学的理论作为开展工作的指导思想，并且贯穿于管理过程的始终。具体而言，就是要在体育教学管理过程中，坚持把马克思列宁主义、毛泽东思想、邓小平理论、“三个代表”重要思想和科学发展观作为指导思想，全面贯彻和执行党的教育方针，为实现学校教育的总目标服务，这也是现代体育管理方向性的体现。

（四）体育教学管理的要素

体育教学是一项涉及多方面的复杂活动，为了更好地对其管理工作开展研究，有关学者对其基本要素进行了如下几方面的划分。

首先是体育教学管理的对象。体育管理的对象即为各种管理活动的承受者，但是它不仅仅是人，还包括财、物、时间、信息等各方面的因素。在体育教学管理中，管理对象所指的人主要是基层学校体育工作的操作者；对财的管理则主要是指对体育教学经费的管理，保证体育教学经费能够合理使用，并创造一定的经济效益；对物的管理则主要是对体育教学过程中所使用的场地、器材设备进行的管理，科学合理地使用这些设备，尽可能提高其使用效率；对时间的管理则是对体育教学的时间和进度进行科学、合理的安排，提高单位时间内的办事效率；对信息的管理则主要是体育教学过程中的各方面信息，如学生的各项生理指标、运动成绩等，对这些信息进行有效整合、存储，提高体育教学工作的效率。

其次是体育教学管理的主体。体育教学管理的主体一般为管理活动中承担相应的管理职能的人或是相应的组织，即为学校体育教学管理机构。管理者在体育教学的管理过程中处于主导地位，负责体育教学管理过程中的计划制定、实施以及相应的监督、检查等方面的工作。体育管理主体主要是指在体育管理活动中承担管理职能的人或组织。具体来说，体育管理主体即体育管理者或学校体育管理机构。体育管理者主要包括基层组织管理者和中上层领导者，他们在管理活动中处于主导地位，负责制定计划、组织实施和指导检查等各项工作。管理者根据相应的管理办法来构建相应的管理机构，对教学过程实施科学的管理活动。体育管理机构中管理者的个体素质以及由这些管理者组合起来所形成的集体素质结构，对体育的发展起着十分重要的作用。

最后是体育教学管理的手段。所谓体育教学管理的手段，是指管理者为实现体育教学管理的目标所采取的方法和措施。体育管理手段是体育管理活动赖以进行的条件和方式，其主要包括宣传教育手段、行政手段、法规手段、经济手段等。一般而言，人是体育教学管理中的核心要素，体育管理的目标、计划、决策方案等的制定和实施都需要人的参与来实现。由此可见，人是体育教学管理的核心，对体育教学管理目标的实现有着重要的影响，因此应通过多种手段，提高人的积极性和主动性。

二、体育教学人员的管理

（一）教师的管理

体育教师是实现体育教学目标，以及保证体育教学质量的最为关键的因素。因此，在体育教学管理中，必须要重视体育师资队伍的相关管理。

1. 建立体育教师管理机制

(1) 建立约束管理机制

通过建立相关的约束管理机制，有助于在规章制度统一的情况下来对体育教师的教学行为进行有效规范，促使其能够更好地完成教学任务。约束是对体育教师思想行为的规范。服从学校的约束也是体育教师教学水平和基本素质得以体现的一部分。首先，约束着装。由于体育的特殊性，为了在体育教学中能够更好地保护学生的安全，完成教学任务，因此体育教学在体育教师和学生的穿着方面提出了相应的要求。而在具体的体育教学中，体育教师要起到模范带头作用，上课要穿着运动服。这种服装不仅有助于树立体育教师挺拔、精神干练的形象，同时也有助于体育教师在进行讲解示范时表现出的技术动作标准优美，同时也是体育教师顺利组织与完成教学任务、降低运动损伤的重要基础。对体育教师上课着装情况可以定期或不定期抽查，并将抽查结果作为对教师教学质量进行评价的重要参考。其次，约束言行。作为一名体育教师，必须要遵守善待学生、为人师表的职业道德。在体育教学中，体育教师通过言谈举止便能够将自身具有的专业水准和文化修养直接表现出来。体育实践作为一个教学过程，是通过学生执行动作来完成的，体育教师在这个过程中需要采用合理的教学方法和组织方式来使学生练习的积极性得到充分调动。这就要求体育教师要成为体育方面的鼓动家和指挥家，使学生完成各种练习的能力得到有效的提升。在课堂上对学生的教育，体育教师要通过采用丰富的语言和自己高超的技艺来完成，做到时刻爱护和关心学生，不动粗、不体罚、不说粗话、脏话。通过采用听课和收集学生反馈意见的方法，来对体育教师的教学质量进行评价，体育教师通过这些反馈意见进行及时纠正和指导。再次，约束教案。与其他学科的教师相比，体育教师由于环境的特殊性，无法手捧教材上课，这就要求体育教师要非常熟悉教学内容，这也是体育课的独特之处。但这并不是说体育教师上课不需要提前制定教案，因此要对体育教师的教案进行定期的现场检查，并将检查结果作为对教师教学质量评定的重要参考因素。最后，约束时间。作为一名体育教师，按时上下课，遵守时间约束是其必备的基本素质。体育教师在教学实践过程中，在对学生进行纪律教育的同时，自身也要做到对课堂教学时间的遵守，课堂每一分钟都要珍惜，充分利用课堂教学中的有限时间让学生能够学到更多的知识，获得更多的体育锻炼体验。要对体育教师的上课秩序进行检测，并将检测的结果作为对教师教学质量评价的重要参考因素。

（2）建立激励管理机制

为了更好地培养体育教师的创新能力，使其主动性和能动性得到充分调动，促使他们进行创造性工作，从而促进体育教学质量不断提高，这就需要不断激励教师。首先，激励教师编写教学教案。作为上课必备的资料，教案的编写是每一个体育教师都应具备的最基本的能力。为了更好地激励体育教师编写出质量高的教案，可以向其提供一些教案范例和教案格式，并采用优秀教案评选的方法，将教案作为评价体育教师教学质量的重要参考依据。其次，激励教师提升教师素质。体育教师基本素质的增长是通过长期的辛勤劳动和汗水换来的，而不是自然增长的。现阶段，可以根据学生身体素质测评、运动员比赛名次、教师公开发表论文数量、教师获省级以上奖项等对教师的素质进行综合测评，并积极创设条件鼓励体育教师提高自身素质，如可以通过健全竞聘上岗、教帅挂牌上课、学生选教师上课等激励机制，对教师进行优胜劣汰，使体育教师产生危机感，促使他们始终保持不断学习的精神，不断创新。最后，激励教师提高教学质量。作为体育教师，所有教学准备活动的最终目的就是促进教学质量的提高。为了更好地激励体育教师钻研组织教法，可以采用集体听课、集体评课、竞赛课、公开课等形式，来促使体育教师不断提高课堂教学的质量。

2．管理体育教师的编制与组织

体育教学的顺利开展在一定程度上取决于体育教师编制的制定是否科学，这是体育教师管理的一项基础性工作。如果编制富余，就会出现机构臃肿，人浮于事，将造成工作量不能满负荷；如果编制紧缺，体育工作质量又将难以得到保证。在体育教师管理中，可依据以下几个方面科学制定教师编制：首先，根据国家教委颁布的《学校体育工作条例》制定体育教师编制；其次，根据体育教师所承担的体育课教学、课外群体活动、课余训练竞赛等教学工作量总和制定体育教师编制；最后，通过“师生比”以及本校的教学工作量制定体育教师编制。

设置完备的体育教师管理机构，制定完善的体育教师管理规定，加强和落实各职能部门的职责分工，是体育教师管理工作的重点之一。在教师组织管理过程中，学校应结合学校现行的专业技术人员职称评审办法和人事分配制度改革中的“岗位津贴”评审、考核、奖惩等办法，制定具有鼓励与约束并存的管理规定。首先，鼓励“能者上，平者让，庸者下”和多劳多得；其次，对体育教师所应承担的教学工作量和科研工作量建立量化评审指标体系；最后，管理规定应体现民主原则，同时做到量化、评聘的公开、公正。

3．制定体育教师工作量计划

就目前来看，若想根据学校体育工作计划来对体育教学人力资源进行合理的分配，就需要对体育教师工作量计划进行制定。在对体育教师管理方面，一些学校在学校体育课时工作量范畴内没有将学校体育工作开展的工作量纳入其中，这就造成了学校体育教学工作量与教学实践存在很大的出入，使得体育师资队伍的结构安排方面存在不合理现象。由此来看，为了使体育师资队伍的价值得到最大程度的发挥，就必须对每一位体育教师的工作任务进行合理安排，合理分配不同体育工作量任务。

总的来说，体育教师工作量计划的制定要从以下几个方面进行考虑：在校学生中的全日制和继续教育学生的必修和选修体育课；课余体育运动训练、课外群体活动指导；学校内外相关的体育竞赛活动；对于学生的相关达标测试等。

4．体育教师的培养、培训与考评

体育教师的培养、培训与考评是整个体育教学事业发展的质量保障系统，是体育教学改革发展的要求，它对各级、各类体育教学的质量和国家体育事业的成败有着直接的影响。

（1）体育教师的培养

首先，是体育教师的培养机构。就目前来看，师范类教育系统的体育院系以及全国体育学院系统的体育专业院校是我国进行体育教师培养的主要机构。全国第5次师范教育工作会议于1996年7月召开，会议决定了要对中等师范学校进行压缩并逐步取缔，从而实现从三级师范教育体系逐步转变为二级师范教育体系。这些年来，在教育和体育事业的大力推动之下，很多综合类大学中都相继成立了体育院系，从而为体育教师的培养作出了非常重要的贡献。

其次，是体育教师的培养模式。所谓培养模式是指，在一定的教育理论和教育思想的指导下，为了保证培养目标的顺利实现，在培养过程中所采取的某种标准的运行方式和构造样式，在不断的实践过程中逐步形成一定的特征或风格，有着非常明显的规范性和系统性。

再次，是体育教师的培养目标。在我国国务院于 2003 年颁布了《国务院关于基础教育改革与发展的决定》《中共中央国务院关于深化教育改革全面推进素质教育的决定》之后，教育部也相继印发了《全国普通高等学校体育教学本科专业课程方案》，从此我国体育专业院校和高等师范院校便有了明确的体育教师培养目标：对于体育教师来说，其必须要对体育专业所需要的基本知识、基本技能和理论进行熟练掌握；对马克思教育理论进行熟练掌握；具有相应的科研能力；具备一定的问题分析和解决能力；具有从事体育教学工作的能力；具备一定的外文期刊阅读能力；能够更多地了解体育专业相关的科学成就。

最后，是体育教师培养课程的设置。合理地培养课程设置有助于提高体育教师培训的质量，通常情况下，体育教师培养课程可以划分为国家类课程、专业基础课程、专业理论课程、专业技术课程及专项训练、实践类课程。体育教师的培养在培养系统中主要表现出以下特点：体育类院校以教学为主，开设门类非常多；师范类院校更加注重教育类课程，重点突出师范性。

（2）体育教师的培训

首先，是体育教师的培训目标。体育教师的培训目标主要有以下五个方面：对体育教师的职业化信念予以强化，提高体育教师的师德修养水平以及思想政治素养；促使体育教师具备一定的现代教育观念和意识；掌握体育专业相关的教育理论和专业理论，熟练掌握教学规律和学生的学习规律；熟练掌握现代教育技术和基本教学技能，并在教学实践中进行灵活运用；掌握相应的体育科研方法，使体育教师能够开展理论研究和教改实验。

其次，是体育教师的培训形式。常见的培养形式主要有研修班、培训班、课题研究、教研活动、个别指导以及社会考察、教学实践，具有培训形式的方法和特点。

再次，是体育教师培训课程的设置。为了更好地满足体育教师专业的发展需要，要做好相关课程的合理设置，为学校体育工作的顺利开展提供保障。在设置相关培养课程体系时，要将当前体育课程中对体育教师新的期待作为参考的主要依据，同时还要将体育教师素质教育能力提高和体育课程内容选择的最优化作为指导。

最后，是体育教师的培训模式。目前，常见的体育教师培养模式主要有三种，即院校培训、岗前培训和校本培训。具体如下：第一，院校培训。这主要包括短期进修培训和学位课程培训。前者的培训时间相对较短，一般为几天或几个月；后者的培训时间相对较长，一般在1～3年。第二，岗前培训。这种培训主要是针对新教师，常用的方法主要有两种，一种是由相关的师范院校或教师进修学校来对新教师进行脱产培训；另一种是通过培训班的组织，来指定一些老教师对其进行帮助、传授和带动。第三，校本培训。其基本单位是教师任职的学校，校长是第一负责人。这种培训方式有着很强的针对性，其出发点是师生的具体实际需求，可以将教学实践与科研进行有机结合，这样有助于体育教学秩序的正常维持，因此被广泛应用。

(3) 体育教师的考评

在体育教师管理中，对体育教师进行客观考评也是其中的一项重要工作。只有建立起健全的体育教师岗位责任制、业务档案管理制度、教师工作量制度和考核奖惩制度，才能顺利实现对体育教师考评的公正、公平、客观，从而为实现制度化、规范化的体育教师考核工作打下良好的基础。

5. 体育教师的引进及学术交流

对于我国目前存在的体育教师学历结构相对较低的现象，需要通过对体育教师的引进和加强体育教师的学术交流来改善。一方面，要根据学校体育教师的定编、教师离退休情况、课程需要等来对高层次的体育专业教师进行有计划的引进；另一方面，要根据学校的具体学术交流规定，来对经费进行合理的安排，鼓励体育教师更多地参加相关学术交流活动，从而更好地促进体育教师综合素质以及科研水平的快速提高。

（二）学生的管理

在现代体育教学中，对学生的管理主要体现在教学组织形式、课堂控制以及对学生课堂违纪行为和偶发事件的预防与控制三个方面，具体如下：

首先，教学组织形式。目前，体育课堂的教学组织形式大致分为两大类，即班级教学和分组教学，这两种教学组织形式的划分对体育课堂上对学生的管理和教学有着积极的作用。它们都是以集体教学为基本形式，重视学生的多样化、综合化和个别化发展。具体来说，在体育教学中既要进一步完善班级教学，也要重视施行分组教学，以弥补班级教学制的不足。教学组织形式又分为分组教学和班级教学。所谓分组教学，指的是把一个班级根据某种形式分成若干个小组，然后由教师以小组为单位进行指导的教学形式。在教学实践中，分组形式的优势主要表现在两个方面：一方面，分组教学模式保留了班级教学的长处；另一方面，分组教学能解决对于部分学生区别对待的问题，有助于体育教师根据不同小组的不同特点进行有针对性的教学指导。在体育教学的组织和实施过程中，体育教师既可以以学号为依据对学生进行分组，也可以以性别比例为依据对学生进行分组，还可以对全体学生进行随机抽号分组。但不管是哪一种分组，体育教师都应在教学开始前为每个小组指定一名组长，小组长一般为这个组中对课堂内容掌握较好的学生，在教学中应充分发挥小组长的模范带头作用。所谓班级教学，又称班级授课制，它是当今体育课堂教学的最为基本的一种形式。这里的“班”有广义和狭义之分，广义上的班是在对班级进行改造后形成的集体或团队；狭义上的班只是传统意义上的“行政班”或“自然班”。

其次，课堂控制。在体育教学过程中，为了使体育课堂教学活动按计划有条不紊地进行，体育教师必须认真掌控学生对于课程内容的接收情况，同时重视对课堂体育教学活动效果的监控，并随时将课程上已经达成的目标与预先设定的教学目标进行对比。一旦出现完成目标与预设目标滞后或偏差的情况，就应该积极采取措施使课堂教学活动回到正确的轨道上来。体育教师应采取积极有效的措施对课堂教学活动进行管理控制，具体来说，教师可采取以下措施加快教学进程或是纠正教学偏差：引导控制学生的思维，使其集中到课程上；在教学开始前明确本次课堂教学的具体目标；客观、科学地衡量教学实际达成的目标情况；认真分析教学偏差产生的原因，并有针对性地采取纠偏措施。

最后，对学生课堂违纪行为和偶发事件的处理。在教学课堂上，正确处理学生的一些违纪行为或课堂偶发事件是教师课堂管理水平高低的重要衡量标准之一。第一，对学生课堂偶发事件的处理。教学活动中的偶发事件具体是指在教学过程中由学生或第三方人为、非人为等因素造成的在教师预料之外的偶发性事件。例如，在体育教学实践中，学生在折返跑训练中由于动作幅度过大而导致脚踝关节的扭伤；学生在做跳山羊练习时山羊支架的意外倒塌等都属于偶发事件。体育教学的特殊性要求体育教师根据经验在教学开始之前对课堂教学组织与管理作出周密、严谨的准备，对各种可能出现的问题进行预案，但是，偶发事件具有不确定性，在教学中的发生是不可避免的。在体育教学过程中，一旦有偶发事件发生，体育教师首先要保持冷静，并迅速反应、及时控制、果断处理，争取将伤害降到最低。第二，对学生课堂违纪行为的处理。体育教师应在学生出现课堂违纪行为之前积极预防。在体育教学活动开始之前，教师应凭借自己的教学经验采取积极有效的措施，在学生课堂违纪行为发生前就做出预防性的管理，避免学生违纪行为的发生。具体来说，教师可以通过以下措施来预防学生课堂违纪行为的发生：明确体育课堂教学常规和行为标准；在体育教学中重视促成学生成功的经验；尊重学生、爱护学生，建立和谐的师生关系。

三、体育教学活动的管理

课堂教学是体育教学活动的主要内容，加强对体育课堂教学的管理是体育教学管理的工作重点和难点。

（一）教学文件管理

体育教学文件是指国家的教育方针，包括上级部门颁发的各种有关教学法令、条例、规定、指示、规划、制度和体育教学大纲，同时还包括学校体育教学的工作计划、教学进度安排、单元教学工作计划和教案等。体育教学文件在体育教学中具有非常重要的作用，它是体育课堂教学的指导性文件，是体育教学活动开展的重要依据，因此对体育教学文件的管理是体育教学管理的一项非常重要的内容。体育教学文件管理一般包括学习研讨、具体制定、逐项实施以及分类管理四个步骤。

第一步，学习研讨。学习研讨是对体育教学文件进行管理的第一步，具体是指提出教学文件管理的指导性意见，并组织学习研讨。对体育教学文件进行管理的主体是体育机构和体育教研室（组）。在体育教学文件管理过程中，制定具体的教学文件前，体育机构和体育教研室（组）必须按照上级主管部门对本校体育教学活动的有关要求，对体育教学文件的制定方向给予指导性意见，也就是要在体育教学文件当中体现出教学的指导思想、任务、质量和时间等。另外，体育机构和体育教研室（组）还应组织学校的体育教师仔细地分析研究教学计划，尤其应对教学大纲进行仔细的研讨，以便能够结合学生的实际情况和《国家体育锻炼标准》《体育合格标准》等相关制度的要求，制定出符合本校校情的体育教学文件。

第二步，具体制定。制定具体的体育课堂教学文件是在学习研讨之后进行的。具体来说，相关部门和人员在进行仔细的研讨之后，应就教学文件做好具体的规划。然后进行教学文件制定的准备工作，准备工作完成后，体育教师或教学小组就可以开始正式地进行各类教学计划文件的制定。在体育课堂教学文件的制定过程中，体育机构或教学主管部门需要印制一份统一的教学计划表格，以便制定过程能够更加规范，也有助于在制定后方便检查工作的开展。计划文件初步制定完成后，学校应组织具体部门集体讨论与审议，协调与调整教学计划中场地器材的安排和各年级教材出现时间的顺序等。计划文件制定完成后，学校还应依照规定的手续将其交给教研室（组）负责人审核批准，以便于进一步的实施。

第三步，逐项实施。体育教学计划一旦经过审核批准就可以实施了。在依据体育教学文件实施体育教学计划的过程中，体育教学工作者必须严格规范执行过程，不能随意变动。教研室负责人、教学小组长等还应就计划文件的落实情况进行检查。假如发生特殊情况阻碍教学计划的正常实施，可向教研室（组）申述，有关领导应考虑具体情况，及时合理地调整计划，使之符合客观的体育教学实践。

第四步，分类整理。分类整理是对体育课堂教学文件的后续管理，在体育教学实践中，凡是制定并完成的各项教学计划，学校都应进行分类整理，并存档保管，以备日后的查询、参考与研究。

（二）教学过程管理

1. 备课管理

体育教师如果要进行教学工作，则必须要备课。对备课的管理职责主要体现在对教师的个人备课能力的明确要求上。教师在备课时，要做好以下工作：首先是要研教材。一方面，体育教师要研究教学大纲（课程标准），根据本学科总的教学目标及各单元、本节课的具体教学目标来领会教学的基本要求，把握教材的体系范围与深度。另一方面，体育教师应研究多项教材的重点与难点，及其前后的联系，并加以总结。其次是要了解学生。体育课堂教学要想充分促进学生的发展，课堂教学活动就必须切合学生的实际。因此，体育教师要全面了解学生的知识基础、身体健康状况、认知能力、运动能力，以及学习态度、兴趣需要及个性特征。第三是要组织教法。体育教师要根据教材性质、教学任务的要求，以及学生的情况、场地器材条件，设计合理的课堂教学方法，确定教学活动的类型和结构。第四是要编写教案。教案即为课时计划，是对师生课堂上预期的教学活动的设计和描述，也是对每一堂课具体深入的教学准备，它是教师进行课堂教学的直接依据。教案的编写应注意以下几点。首先，教案的编写应根据教学大纲的要求和学校的有关规定来进行。体育教师应根据学生的实际情况，如体育基础、体育骨干、伤病情况等备课，同时要考虑到场地、器材的实际情况等，并如实详细地记录；其次，教师的教案应该规范，备课的详略程度应当合理，任教班级体育教学目标应该明确，或者合理分解等；再次，备课文字精练、准确，保证教法运用正确。最后，准备场地器材。在上体育课前，体育教师应自己或组织学生帮忙准备好场地、器材，这是上好体育课的物质保证。另外，教师还要认真地规划场地和布置器材。学校还应定期或不定期地检查教师的教案或者对教师的教案进行评比。同时，在教师个人备课的基础上，组织适当的集体备课，注意建立必要的集体备课制度，科学、合理、规范、恰当地确定每次集体备课的主题。此外，在拟定集体钻研教材、教法时要抓住重点，统一必要的体育课堂教学的基本要求等。

2. 课程管理

体育教师既是体育课上的教学者又是管理者，因此，体育教师决定体育课的管理质量。体育教师对体育课的管理工作主要包括课堂常规的建立、做好思想政治工作、调动学生的积极性、课程的合理分组、科学合理的教学方法手段的运用、调度和运动密度强度的掌握、场地器材的运用、安全措施的运用，以及教师本人和学生的服装要求等。

体育教学活动的相关管理者对体育教师的上课管理方式具有重要的影响，为了使体育教师顺利地完成上课管理，管理者应给予以下几方面的支持：第一，要对体育课的教学给予与其他文化课程一样的关心与支持，并提出一定的要求。第二，应积极主动地深入课堂，去看或听课，以便加强对体育课的检查与督导，同时，应积极组织一定的示范课、公开课、研究课等多种课型，开展体育教学的业务研讨，加强对体育课的检查督导。第三，要尽最大可能为体育课提供必要的条件，帮助体育教师及时解决教学过程中产生的各种问题，为体育教师创造良好的教学环境。

在体育教学课程结束时，体育教师应提出下次课的任务，组织学生收回器材、整理场地，并按时下课。体育教学课程结束后，体育教师应总结本次课程的内容，认真开展课后小结，及时听取学生的反馈意见，以便不断地改进教学工作。

（三）教学考核管理

体育课堂教学考核是体育教学过程中的一个非常重要的环节，主要包括体育教师对体育课成绩考核管理和体育教研室（组）对体育课成绩考核管理两个方面。

一方面，体育教师对体育课程成绩考核的管理。根据对学生体育课程成绩的考核管理，体育教师可以从以下几个方面着手：第一，根据学校相关机构和体育教研室的具体要求，体育教师要对体育课成绩考核进行认真地组织实施；第二，对于体育课程成绩考核的方法和标准，体育教师要熟练掌握，并在测评的过程中做到公平、公正、合理；第三，在考核结束之后，体育教师要及时地将学生所得成绩进行登记，并根据学校的规定程序将成绩报送到学校相关部门。

另一方面，体育教研室（组）对体育课程成绩考核的管理。体育教研室（组）对大学生体育课程成绩考核的管理主要是按照体育教学大纲和教学计划的相关规定，结合学生的实际情况进行的，具体如下：体育教研室（组）组织讨论并制定体育课程成绩考核的项目、内容、评分标准、计分方法和评定总成绩时各项内容所占的比例等；体育教研室（组）对体育教师进行检查和监督，要求体育教师必须正确对待考核工作，制定出合理的、科学的评分标准与方法，统一评定尺度，认认真真地完成体育课程成绩的考核；体育教研室（组）应积极地审核各班体育课程成绩登记表，尽快报送教务部门，及时建立学生的成绩档案；体育教研室（组）应根据有关规定审核并组织体育课程成绩不及格的学生进行补考。

四、体育教学风险的管理

（一）体育教学风险

通过借助风险的定义，我们可以对体育教学活动风险的具体内涵进行界定，也就是说，体育教学风险存在于具体的体育教学活动过程之中。由于存在一些无法确定的因素，造成体育教学的具体教学无法达到预期效果，从而使得体育教学可能受到损失。这里所说的损失，没有确切的严格标准，有可能是对学生造成身心方面的不良影响，有可能是造成体育教学费用方面的损失，也有可能导致了体育教学效果不理想。而对于体育教学风险的概念主要包括以下几个方面的内涵：

第一，教师的变化。在具体的体育教学实践过程中，体育教师在教学风格和教学能力等方面出现的变化都有可能会导致在体育活动过程中学生出现意外受伤情况。这主要表现在以下几个方面：擅离职守，岗位职责没有履行或不到位；对学生进行一些体罚教育；教学活动的组织与开展没有按照体育教学大纲和教学常规的具体要求来进行；学生的安全教育受到忽视；对于可预见的一些危险因素，没有采取相应的预防性措施；教师对于学生做出的危险行为没有及时给予制止或者劝阻，使得学生继续参与一些有可能造成损伤的危险行为；对于一些体质特殊或者具有特殊疾病的学生，体育教师没有给予更多的关注，对于这类学生参与体育运动没有及时进行劝阻。

第二，体育场地、设施等变化。一些在气候以及体育场地设施等方面发生的变化，都会有可能造成学生发生一些意外伤害事故，这主要体现在以下几个方面：体育设备及体育场馆的安全制度尚不完善、管理非常混乱；一些近乎报废或者缺少维修、维护的体育设施仍在被学生使用；对于学校体育场地设施没有进行定期的检查；一些损坏的体育场地设施没有进行及时的维修，而是继续进行使用；体育教学设施、设备不符合国家规定的相关卫生和安全标准，仍存在一些不安全因素；在管理人员方面，人员素质水平总体偏低；一些具有危险性的器材缺少相应的安全操作说明；在体育设施保护方面缺少合理的措施，存在很多安全隐患。

第三，学生自身的变化。体育教学实践表明，学生的自身变化也是导致学生在体育学习过程中出现意外伤害的原因之一。常见的伤害事故主要有摔伤、擦伤、碰伤、扭伤，甚至猝死等。这里所说的学生自身的变化表现在很多方面，如观念变化、身体变化、个人习惯的变化以及心理方面的变化，等等。

体育教学风险具有以下几个方面的特点：第一，无形性。同实体物质不同的是，风险无法通过语言来确切地描绘和刻画出来。由于风险存在无形性的特点，人们难以对其进行准确地把握和认识，但是通过认真地分析其所产生的内在因素和外在因素，并通过借助相应的手段和方法，便能够更加准确地鉴定和识别风险。第二，潜在性。风险具有不确定性，它是客观存在的，它的出现具有可能性。与现实相比，这种可能性还存在一定的距离，它需要借助于一些其他条件的协助才能将这种可能性转化为现实。这种特性，即为风险的潜在性。由于风险的潜在性存在，人们可以通过借助于一些科学方法和手段，来正确地鉴定风险，改变风险产生所需的环境条件，从而降低风险所带来的各种损失，合理地对其所产生的负面结果进行控制。第三，动态性。在整个的体育教学过程中，体育教学风险都贯穿其中，随着时间和空间的不断改变，风险的种类和性质以及所造成的损失大小也在发生变化。在体育教学活动的开展中，一些潜在的风险也得到了更加有效地控制和处理。但随着一些因素的不断改变，新的风险有可能出现。第四，突发性。在爆发突发事件之前，是会有预兆提前出现的，但由于人们的疏忽大意，对于体育教学风险事件的爆发不会提前意识到，应付起来也就力不从心。从其表面来看，风险具有非常明显的突发性。当风险产生所需的各种因素达到一定的临界值时，那么一旦诱发因素出现，就会随之爆发出体育教学风险。第五，损害性。由于无法预料体育教学风险事件的产生，这就非常容易使参与体育教学活动的管理者和参与者产生恐慌，风险事件的出现常常会给体育教学带来一定程度的损失。

（二）体育教学风险管理

所谓体育教学风险管理是指，学校通过有意识地进行计划、组织、监督和控制等一系列的管理活动，并借助于一些特定的方法和程序，来使风险降低到最小程度，以此来保护体育教学顺利发展的活动和职能。

对体育教学进行风险管理，其必要性主要从以下两个方面表现出来。一方面，由风险在体育教学管理中的特征决定。体育教学之所以会面临一定的风险，这主要是由风险所具有的客观性所决定的。需要注意的是，风险与收益是相互并存的关系，风险的出现，势必会带来一定的损失，如果能够对风险进行合理的处理与控制，就有可能使其为体育教学带来相应的收益。另一方面，体育教学活动的安全需要。对于学校体育教学而言，促进学生身心全面发展和体质健康是其主要的目的，只有尽力避免出现体育教学风险，才能更好地促进体育教学的顺利开展持续与发展。如果缺少必要的风险管理方法和措施，那么就很难在体育教学中妥善处理和应对风险。

所谓体育教学风险管理程序主要包括风险的识别、评估和应对三个方面。以上三个体育风险的管理步骤是相辅相成的。通过对风险进行识别，就能够对风险事故的发生进行预测，以便更好地提醒体育教学中的管理者和参与者，有助于其提前采取一些合理的预防措施；通过从定性和定量的角度来对风险进行合理评估，对体育教学活动进行分析和计算；风险应对是指在体育教学过程中，管理者和参与者在面对风险时所采用的策略和方法。只有保证上述三个方面都能够得到合理实施，才能使体育教学风险管理的目标和任务得以顺利实现。

实施体育教学风险识别与评估主要应从以下几个方面着手：对体育教学中的各种风险因素进行识别，并对有可能造成风险事故的原因进行全面分析；针对体育教学风险识别，建立相关的资料库；对风险从定性和定量两个方面来进行分析和评估；针对风的险出现有可能造成的损失进行评价和分析；对现阶段体育教学中存在的风险进行评价，并从中找出急需要解决的风险因素。

应对体育教学风险，主要依据以下几个步骤进行：第一，选择应对风险的措施和技术。第二，制定出应对风险的相关方案。第三，对应对风险的方案进行评价和选择。第四，合理实施所选择的风险应对方案。第五，对于方案实施所达成的效果进行客观评价，如果获得了较好的效果，便可暂时停止方案的实施；如果获得的效果不理想，就需要重新检查方案，并对其进行调整和完善。

第二节　高校体育教学质量管理体系的构建过程

一、构建体育教学质量管理体系的具体要求

（一）体育教学质量评估体系的构建

作为学校内部体育教学质量的监控体系，以及为体育教学质量提供重要保证的重要环节，进行教师教学质量评估是学校负责教学工作的主管部门经常采用的对教学质量进行管理的主要方式。学校的基本任务就是教书育人，而促进教育质量不断提高也是其中永远不变的主题。其中，教学质量的提高是促进教育质量不断提高的重中之重，这也是现代教育进入到大众化阶段所产生的社会共识。为了促进现代教学质量的不断提高，相关教育主管部门制定并推行了相应的教学评估制度，同时地方教育部门也将《学校体育工作条例》这一评估制度进行了很好地贯彻，以上这两个评估制度现已成为促进我国体育教学质量不断提高的关键举措。在现代学校教学中，长久以来都是根据对人才进行培养的定位与目标来尝试建立起一个自我约束、自我完善的监控体系和内部教学质量保证。在对体育教学质量进行管理方面，对体育教师教学质量所进行的评估已成为学校教学管理部门最常采用的方式。

（二）质量管理反馈系统的构建

在质量管理方面，信息是其中最为主要的依据，为了确保学校质量管理体系能够得到正常的运转，就需要构建一个内外信息沟通的反馈系统。只有组建起

"教学督导员队伍""教学信息员队伍",同时借助于问卷调查、学生座谈会、网上信箱、网上评教、编制《教学通讯》等途径来对教学与管理方面的信息进行收集与反馈,此外在固定的时间里还要在教育质量评估和监控例会上对有关教师、学生、专家的质量信息进行汇总,从而促进体育教学工作质量得到不断提高,这样才能对教师上课的质量和学生的各种需求进行及时、便利、高效地了解和掌握。

(三)质量管理目标体系的构建

同其他学科相比,体育学科具有一定的特殊性,并且每个学校的体育教学发展实际情况存在较大差距,公共体育普遍发展相对缓慢。这就要求各学校要通过分析具体实际情况来制定质量目标,所制定目标的内容主要包括体育服务质量的全部内容,每一项内容都应规定具体的标准,其中包括定量和定性的规定,所制定的目标要符合实际,切实可行。

二、构建体育教学质量管理体系的主要程序

(一)策划和设计体育教学质量监控体系

所谓对教学质量进行监控的体系,是指为了更好地保障体育教学质量,在教学过程中所采取的一系列的教学管理机制和教学质量监控机制,在这些机制的正常运作之下,更好地巩固和提高体育教学质量。在这个体系中,其内容主要包括教学质量监控与管理的激励、竞争、创新、约束机制,教学质量评价、教学监控质量组织体系,教学基本条件、教学管理规章制度,教学环境建设诸多结构,以及决策、运行、指挥、评价、条件保证和仲裁督导等。

对于体育教学质量来说,一个完整的质量管理体系主要包括以下三个方面:负责对体育教学过程质量进行监控的体育相关部门在内部所进行的自我评价及相关监控系统;教育部以及省教育厅中有关的权威专业评估机构;以结果评价为主的包括大众传播媒体在内的民间评估机构。

(二)实施并运行体育教学质量管理体系

通过体育程序文件、作业文件以及质量手册三级文件的建立,促使学校体育教学管理模式更加文件化和制度化,进一步明确各个工作岗位的主要职责、权限以及岗位之间的相互关系,从而更好地确定各项工作的程序。在工作过程中,由于各个工作有着各自不同的内容,每个人应根据作业文件以及程序文件的详细要求来完成,不能单单依靠领导的责任心以及多年的工作经验来进行协调管理,只有这样才能使学校各项工作中的每一个环节和管理层面的准确性和高效性得到有效保障,从而更好地避免了工作的随意性。这样便使得更多感性的东西逐渐上升到更为理性的层面,以保证各项工作都能做到"有法可依"。在对体育教学质量

关系体系进行调试运行阶段，自查是不可缺少的一个环节，要经常进行自查，从而使体育教学质量管理体系能够得到正常而有效的运转。

（三）持续改进体育教学质量管理体系

学校体育所追求的目标，是通过对质量管理体系进行调整、保持和完善，从而形成一个能够让学生满意，并且能够持续发展的质量管理体系。在对学校体育质量管理体系进行贯彻实施的过程中，学校的各级管理者都对该体系始终进行关注并持续改进，针对现行的质量管理体系运行情况采用系统的方法来进行分析与评价，取其精华，去其糟粕，并对需要改进的目标进行确定，通过多渠道、多途径来找出最有效的解决问题的方法，从而实现这些目标。

第三节　高校体育教学管理的发展完善

一、体育教学管理发展的制约因素

（一）落后的体育教学管理制度

我国各级各类学校的职能部门在管理方面存在着体育教学管理部门和学校总教务部门脱节的严重现象，这是导致我国体育教学管理制度落后的直接原因，其具体表现在以下两个方面：一方面，负责体育教学工作的具体部门需要遵循体育教学自身的发展规律来制定教学管理方案，在开展工作中还要特别考虑到体育院系的特殊性，在管理中突出其特征。而同时要接受学校总教务处的领导与管理。因此，在管理方面存在一定的制约性。另一方面，学校总教务处需要处理学校的各类工作，其在核定教学计划、教学内容、教学工作量等方面容易将不同院校的区别忽略掉，会在一定程度上消减体育教学管理部门的积极性。因此体育教学管理制度的落后正是在这种矛盾中产生并加剧的。

（二）低下的体育师资队伍素质

当前，我国体育教师队伍整体素质不高是制约体育教学具体管理实务质量和效果低下的重要因素之一。具体来说，体育教师队伍素质的不足主要表现在以下两个方面：一方面，我国体育教师的培养模式比较单一，多是体育院校培养的师范类学生或由知名教练员兼任教师。这两种人员不能兼具教学技术能力与体育运动经验，因此在体育教学活动的组织管理中存在一定的不足。另一方面，我国大部分学校的体育教师队伍在整体结构搭配上存在着不足。主要表现在性别、年龄和学历三个方面。性别方面，男性体育教师占据大部分比例，女性体育教师相对较少；年龄方面，体育教师整体年龄偏大；学历方面，高学历体育教师人数较少，如我国高校体育教师的职称多为助教、讲师。

二、体育教学管理的促进措施

（一）严格制定教学管理制度

现代体育教学管理即相关的体育教学日常规则制度的研究，管理人员能动性和积极性的调动，以及正常建立教学秩序的相关问题的解决，使得学校体育教学更加具有现代性、规范性和科学性。就目前来看，只有通过引进并运用现代的管理手段和管理方法，才能对学校体育教学工作加强科学化的管理，促使学校体育教学的整个过程更加规范化，此外，促进体育教学工作水平和质量的不断提高，也有助于现代体育教学管理真正实现现代化、规范化和科学化。

（二）不断加强师资力量建设

对于教学队伍的建设，学校相关体育管理部门在体育教学管理过程中也格外给予足够的重视。作为一名优秀的体育教师，其必须具有健全的人格、健康的身心、丰富的专业知识与技能，并且还要具备丰富的创新能力和创新精神等。以上这些素质能够在学生的学习和发展过程中产生积极的影响，同时对于体育教学改革具有非常重要的意义。在具体的工作中，学校主管部门可有针对性地组织教师进行学术交流和专业技能学习，从而切实提高教师队伍的教学能力。此外，应进一步优化教师队伍的结构，使不同性别、年龄、学历以及教学和训练方面有经验的教师能相互学习，共同进步。

（三）持续提高教学管理人员素质

体育教学管理人员是从事体育教学管理工作的主体，因此提高体育教学管理人员的素质对于完善当前体育教学管理具有重要的意义和作用。具体来说，要想促进体育教学管理人员专业素质和管理素质的全面提高，应该将对体育教学管理人员的培训工作重视起来，为促进管理人员视野的开拓，提供一定的机会与途径来使管理人员了解与认识现代体育教学管理知识，从而全面促进体育教学管理人员综合素质的大幅度提高，使其所具备的素质适应新时期、新形势下体育教学管理工作的需要。

第八章　高校体育教学环境构建

环境能够给高校体育教学带来重要影响，高校需要创建良好的体育教学环境，唯有如此，才能有效提高高校体育教学的质量。

第一节　高校体育教学的环境构成

世上任何一种事物都无法脱离环境独立存在。包括人类在内，同样要依靠环境生活。具象之物是如此，抽象之物也是如此。事物与环境之间相互依存，相互促进，辩证统一。环境是事物存在或发生的条件。高校体育教学的环境是高校体育教学赖以生存的基础。

一、环境与环境影响

（一）环境概述

沙漠里生长着倔强的仙人掌，北方寒冷的山地造就了大片的针叶林，而苔藓却在阴暗、潮湿与闷热的环境中生长。植物与环境和谐相处，相得益彰，动物、人类以及其他所有事物，无论是具体的，还是抽象的也都如此。环境与事物之间相互依存，相互促进，辩证统一。关于环境的界定很多，如“环境是我们生活于其中的客观世界”“环境是我们生活的周围空间”“环境是物质的、精神的客观存在”“环境就是指自然环境和社会环境”“环境是指人类生活于其中，围绕在人类周围并影响人类发展的一切外部世界。环境是人类生存与发展的重要条件”，等等。对于这些界定我们不敢苟同，譬如前两种，只强调了人类生活的环境，忽视了其他“物”存在的环境；后两种是抛开“物”孤立地谈环境，或是从分类的层面概括环境，都存在一定的局限性。我们认为，环境是“物”存在的基础和条件，不能离开“物”谈环境，特别是离开具体事物，环境就失去了存在的意义。环境是“物”的环境，“物”是存在于环境中的事物，没有环境，“物”怎可能存在。因此，不能离开“物”孤立地谈环境，离开“物”谈环境是没有意义的。同样，也不能离开环境谈“物”，离开环境谈“物”也是没有意义的。所以，我们说环境是“物”存在的基础和条件。通常人们在讨论环境问题时，更多关注的是自然环境、物理环境、生态环境、环境污染等问题，而忽略了人文环境、社会环境。其实，人文环境、社会环境才是最重要的，并且社会环境是由人文因素所决定的。

（二）环境影响

环境对周围的“物”产生了非常重要的影响，尤其是对人类的影响非常巨大。

第一，环境影响具有自发性。环境对人类的影响是自然存在并产生作用的。人类不能拒绝环境的存在，不能设想生活在“真空”之中。即便人类能够生活在“真空”之中，但却忽视了“真空”也是一种环境。“真空”中没有氧气，人类会窒息而死。这正是“真空”这种环境对于人类最根本的影响。人类不能拒绝环境的存在，不能制止环境所发生的影响。既然如此，我们就要设法引导和利用环境的影响，开发、利用环境的积极作用，克服环境的消极作用。实施体育教学需要一定的环境，不同的环境必然会对体育教学产生不同的影响。因此，我们要探讨怎样为高校体育教学创造良好的环境，使体育教学得以良性发展。

第二，环境影响具有偶然性。偶然是相对于必然来谈的，偶然是必然的另一面。环境影响的偶然性指的是环境影响不一定是必然产生的，可能从前产生过，或是现在正在产生，抑或是未来会产生，总之，环境的影响具有偶然性。环境影响的偶然性是不可估量的，因为我们不知道这种影响何时产生、是产生积极的影响还是产生消极的影响，所以对其必须引起足够重视。对于环境的影响，我们必须创造条件，利用其影响的积极作用，克服其消极作用。使环境的影响为我们所用，以此增强体育教学的实效性。

第三，环境影响具有片面性。片面性是相对于全面性与系统性而言的。环境影响的片面性指的是环境的影响不全面、不完整，可能是支离破碎的。但是，环境的这种影响却是不可忽视的。环境的影响虽然不全面、不系统，但若产生消极的影响时，其破坏性、负面效果是严重的；若发生积极的影响，其作用、其建设性及正面效果也是极为明显的，甚而是预想不到的。因此，我们决不可轻视环境的影响，尤其是环境影响的负面效果。环境影响的负面效果一旦形成，影响极坏，并且短时间很难消除。但是，利用环境的积极影响却很难，需要我们付出更大的努力。

第四，环境影响具有盲目性。盲目性即没有目的、没有方向、没有目标。环境影响的盲目性指的是环境影响是随意的，缺乏方向与目的，也不具标准。环境的影响不可能事先做出计划和安排，更不可事先制定出标准；可能会产生消极的影响，也可能产生积极的影响；不一定只影响表面，也不一定只影响局部。环境影响本身是盲目的，但是，我们却不能盲目地允许环境的这种影响任意发生，更不能盲目地接受环境的影响，必须设法让环境产生积极的影响，消除消极影响。

第五，环境影响具有长期性。环境影响的长期性是从环境影响的时间方面来阐释的。长期性是一个模糊的时间概念，既不是一个连续的、完整的时间概念，也不是一个时断时续的、不完整的时间概念，并且“断”和“续”的比例也是不能确定的。环境影响的长期性是说环境的影响长期发生，但又不等于说环境的影响始终在发生，从来没有停止过；也不等于说环境的影响是时断时续的。

第六，环境影响具有广泛性。环境影响的广泛性是指环境从各个方面去影响人或“物”。从开始到结束，从表层到里层，从数量到质量，从现象到本质，从内容到形式，从时间到空间，环境的影响无时不在、无处不在，但环境的影响又是不具体的、不明确的。因而，环境的影响是广泛的、无所不包的。

环境影响的这些特点决定了环境的影响不能最终起决定性的作用。因此，“环境决定论”显然是错误的。但是，环境的影响也是不能忽视的。我们实施体育教学，培养社会主义事业的建设者和接班人，不能脱离现实的环境影响。我们必须认真思考和解决环境问题，创造一种有利于实施高校体育教学的环境，不断提高教学效果和教学质量，从而更快、更好地发展社会主义体育教学事业。

二、高校体育教学环境

（一）高校体育教学环境的类型

高校体育教学环境有三层含义：一是指环境对大学生体育素养形成和发展的影响；二是指环境对高校体育教学活动的影响；三是指环境的各种外部因素之间具有内在的逻辑联系。高校体育教学环境是由多种内外因素构成的，这些环境因素会对大学生体育素养的形成和发展以及高校体育教学活动的开展产生影响，并且影响的内容和方式也会有所差异。研究高校体育教学环境的类型，对高校体育教学活动的开展具有重要的意义。

1. 自然环境和社会环境

以环境构成的性质为依据，高校体育教学环境可分为自然环境和社会环境。自然环境，是由一定的自然物质如大气、水、生物、土壤、岩石、太阳辐射等组成的集合体。日月星辰、江河湖海、山川平原等，就是这种集合体的具体体现。自然环境是大学生赖以生存和发展的物质基础，它为大学生的健康成长提供必需的各种物质和进行活动的场所，对大学生的体育素养具有一定的影响和作用。社会环境是指人类社会在长期的发展过程中创造和积累的物质文化以及社会成果的总和。它包括政治环境、经济环境、文化环境、虚拟环境等。社会环境对大学生体育素养的影响是社会的经济关系、政治关系和文化关系等与大学生发生相互作用的过程中所形成的。自然环境和社会环境往往共同作用于大学生，共同影响着高校体育教学活动的开展。

2. 宏观环境和微观环境

以环境构成范围的大小为依据，可以将高校体育教学环境划分为宏观环境和微观环境。宏观环境又称为大环境，包括国际大环境、国内大环境和地区大环境，它是指国际、我国或我国某地区内各种环境因素的总和。微观环境又称为小环境，一般是指与人们活动直接相关的局部环境因素，如家庭环境、学校环境、社区环境、同辈群体环境等。一般认为，在宏观环境和微观环境中，既有自然环境的因素，也有社会环境的因素。例如，在宏观环境中既有山川、河流、平原、草地等自然环境的因素，也有经济、文化等社会环境的因素。与自然环境相比较，宏观环境和微观环境中的社会环境因素对高校体育教学活动以及大学生体育素养的形成和发展产生的影响是主要的。宏观环境和微观环境有着密不可分的关系，一方面宏观环境制约着微观环境，另一方面微观环境对宏观环境具有反作用，影响着宏观环境。它们之间相互联系，相互作用，共同对高校体育教学和大学生的体育素养产生影响。

3. 良性环境和恶性环境

以环境影响的好坏性质为标准，可以将高校体育教学环境划分为良性环境和恶性环境。良性环境是指有利于大学生体育素养形成和高校体育教学工作开展的环境。相反，阻碍大学生体育素养发展和高校体育教学工作进行的环境为恶性环境。“入芝兰之室，久而不闻其香”“入鲍鱼之肆，久而不闻其臭”“近朱者赤，近墨者黑”等都形象而深刻地说明了环境好坏对人的影响。高校体育教学工作者就是要善于创造和利用良性环境，引导大学生正确对待恶性环境。

4. 物质环境和精神环境

以环境构成的内容来看，可以将高校体育教学环境分为物质环境和精神环境。物质环境是指影响高校体育教学的各种物质因素的总和，它包括未经过人类加工改造的纯粹的物质环境和经过人类加工改造后的物质环境（即人化的自然环境），它涵盖了自然界中的人化环境、社会中的经济环境等。精神环境是指影响高校体育教学和大学生体育素养形成和发展的各种社会精神因素的总和。

（二）高校体育教学环境的特点

环境通常被定义为某一核心事物以外的情况、条件和影响因素。因此，高校体育教学环境可以定义为高校体育教学活动过程中外部条件的集合。高校体育教学环境具有诸多特点。具体如下所示。

第一，相对性和可变性。环境相对于核心事物而存在，核心事物不同，其环境也有所差异。体育教学环境就是以体育教学活动为核心的，当我们研究体育教学系统时，往往将与体育教学活动的相关因素当作一个观察系，而将与其关系相对远的因素作为其环境。譬如以高校体育教学来说，人们常常将校园当作一个系统，把校园外当作环境，或者将学校所处的城市看成大系统，城市之外的乡村则看成是环境。因为核心事物的系统越大，其环境覆盖的范围也就越大，如小系统体育教学的外部环境，是更大体育教学系统的内部构成。同时，体育教学环境又是可变的，这种变化既包括相对变化，又包括绝对变化。譬如，随着社会的变迁，体育教学环境产生了变化，这是环境的绝对变化。同时不同的体育教学活动也会面临不同的环境，同一教学活动的不同时期，环境要素及其关系也会产生变化，这即为相对变化。

第二，制约与反制约、可控和不可控的辩证性。环境与核心事物总是相互影响的，体育教学环境与体育教学系统的各个要素产生作用，影响着体育教学的实施和效果。体育教学环境的变化影响着体育教学变化的方向、进度和规模，导致教学内容与教学方式的变化。教学环境对体育教学的各个要素具有更新作用，适应环境的体育教学模式和教学方法被留存下来，不适应的则在竞争中被淘汰。在历史上，出现过“环境决定论”的思想，如法国唯物主义学者爱尔维修，他认为人是环境的产物，环境对品德的形成有一定制约性，但是如果我们将这个观点过分夸大，就会对人的主体性产生怀疑，这是极为危险的。当然，夸大人的主体性，否定环境对体育教学的制约性，否定对优化体育教学环境的努力也是片面的。正确的认识应是既要看到环境对教学的制约性，也要看到主体对环境的能动的、反制约的改造性。从制约角度看，宏观的体育教学环境对体育教学活动的影响和制约有时是无法控制的，教学系统对这种影响是无能为力的，这是不可控的一面；若从主体对环境的能动改造方面看，环境因素又具有可控性。因此，高校体育教学工作者应具有识别、评价教学环境以及善于应变的能力。而高校体育教学管理者则应在宏观决策中利用各种手段优化教学环境。

第二节　高校体育教学的环境影响

环境对高校体育教学活动产生了重要影响，环境对大学生体育素养的形成和发展的影响，既有宏观方面的影响，也有微观方面的影响。

一、宏观环境

宏观环境主要指宏观社会环境，它由经济环境、文化环境构成。宏观环境对大学生的体育素养的影响是极为明显的。

（一）宏观环境的类型

1. 经济环境

经济环境是指特定历史条件下经济关系、经济活动以及经济制度对人的思想道德素质产生影响的外部因素的总和。经济活动实质上就是人们的物质生产活动对人类活动的进行具有制约作用。经济关系是人们在物质生产中所形成的相互关系，影响着人们的生产地位和利益分配关系。经济制度则是经济关系的制度化、规范化。所有制关系是经济环境的核心，所有制关系的变化决定着经济环境形态的变化。所有制关系发展的动力来源于生产力的进步。经济环境是高校体育教学环境中的基础因素。社会物质生产力的发展水平决定着高校体育教学的发展水平。社会生产关系的性质决定着大学生的体育素养的性质。在原始的公有制经济环境里，由于生产力发展水平极其低下，这种经济环境必然要求民族集体中的每个人都必须参加劳动，要求其社会成员具有勇敢、勤劳、团结、平等、友爱和集体利益至上等朴素的思想品德。而在生产资料私有制的资本主义社会经济环境里，必然倡导个人主义。在我国实行以公有制为主体多种所有制共同发展的经济环境里，要求全社会成员应具有社会主义的集体主义品德。可见，不同性质的社会经济环境对品德的要求不同，其对人类产生的影响也是不同的。同时，社会经济环境还通过对环境中的政治因素、文化因素的影响，间接地影响着大学生体育素养的形成和发展。

2. 文化环境

文化环境是指人类社会中存在的由生产方式决定的观念、形态所构成的影响大学生体育素养的外在文化因素的总和。具体包括风俗习惯、人们的行为方式和交往规则、道德、艺术以及凝结着文化观念的物质产品。文化环境是社会经济和政治的产物，文化环境的主体内容是社会意识形态。文化环境的核心是社会占主导地位的世界观、人生观和价值观。文化环境的发展、优化与变革主要是通过进步观念与落后观念之间的碰撞，并使进步观念战胜落后观念来逐步实现的。

文化环境对大学生体育素养的形成发展的影响主要表现在以下几个方面：一是能促使大学生形成共同的体育理想。文化环境能给大学生提供良好的学习和掌握体育精神的环境条件，能促进大学生形成建设体育强国的共同理想和精神支柱。大学生有了共同理想和精神支柱，也就有了明确的体育发展方向和动力。二是良好的文化环境能促进大学生学好体育文化知识。三是良好的文化环境能促进大学生全面提高体育文化素质。文化环境对大学生体育素养的形成发展的影响具有下列特征：

一是影响的广泛性。社会文化总是通过各种各样的形式和途径，向大学生进行广泛地传播，影响着大学生的体育素养，对大学生的体育素养产生了重要影响。二是影响的时代性。任何一种文化都是特定时代的产物，反映着那个时代的要求。优秀体育文化对大学生的影响，往往体现时代的特征和要求，具有某种能够满足我国现代社会发展和现代体育素养需要的价值。三是影响的民族性。任何一种文化都是人类性与民族性的结合，文化人类性的前提是文化的民族性，因为任何一种文化首先都是由某个民族创造和传承的，是这个民族社会实践中的产物。每个个体都归属于特定的民族，其生活于特定的民族区域文化背景之中，不知不觉地被打上这种文化的烙印。具体到每一个大学生也是这样，在其体育素养形成、发展过程中都要受到中华传统体育文化的熏陶。

中华传统体育文化对高校体育教学和对大学生体育素养的影响表现在两个方面。一是中华传统体育文化影响着大学生体育素养形成和发展的方向和范围。二是中华传统体育文化能够赋予大学生对其他民族的体育文化加以创造性地理解、借鉴、吸收其他民族体育文化中的优秀成分。所以，高校体育教学工作者一方面要引导大学生吸收中华传统体育文化的养分来壮大自己，另一方面要善于引导大学生学习其他民族的优秀体育文化，使大学生能够在体育文化上“面向现在，面向世界，面向未来”，用全人类的优秀体育文化来提升自己的体育素养。

在现代文化环境中，这里要特别提到传媒环境对大学生体育素养的影响。传媒是传播媒体的简称，又称“媒体”或“媒介”，指传播各种信息的载体。换言之，传媒是指信息传播过程中从传播者到接受者之间携带和传递信息的一切形式的物质工具。传媒可分为印刷媒体（如报纸、杂志和书籍等）、电子媒体（如电影、广播、电视、网络），也可以分为报刊媒体（如书籍、杂志、报纸等）、广播媒体、电视媒体和网络媒体，其中，前三种为传统媒体，最后一种为新媒体或自媒体。随着现代印刷技术和电子技术的不断发展，传播媒体正在以前所未有的速度广泛而深刻地影响着人们的社会生活，正在潜移默化地改变着社会，改变着人们的工作、学习、生活方式和思想观念。传播媒介有三大功能：一是传播信息功能，二是舆论引导功能，三是娱乐功能。高校体育教学完全可以利用和发挥传播媒介的这三大功能来实现对大学生体育素养影响的目的。传播媒体对高校体育教学以及对大学生体育素养的形成发展的影响，主要有以下几个方面的特点：

一是影响的广泛性。传媒可以通过各种形式负载和传播各种各样的体育信息，无论大学生有无媒体偏好，只要他与任何一种媒体接触，必然会受到媒体的影响。

二是诱导性。由于大学生的学习、工作和生活需要，他们总是会寻找和利用媒介（为了学习和研究，他们会去图书馆、阅览室、书店；为了娱乐消遣，他们会去网吧、报刊亭、听广播、看电视），由于媒体系统本身具有的三大功能能够满足大学生的诸多需要，能够对大学生产生很大的诱惑，合理运用媒体系统可以把他们的关注点引向自身。在一般情况下，大学生往往不是因为想接受体育素养教育而去接触媒体的内容，而是由于媒体的诱导性所致。

三是反馈性。高校体育教学信息的传播需要大学生的反馈。这是因为，在这些信息的传递过程中，信息传递者需要及时得到接受者的反馈信息，了解体育教学信息被接受的程度，以便进行信息传递的修正与改善，进而提升体育教学的质量。为此，高校体育教学的传播媒体需要建立反馈机制。大学报刊、广播站、电视台，网站利用“读者来信”“回音壁”“意见反馈”等栏目，利用“意见箱”、网络信息交换平台、短信息、召开座谈会等就是这种信息反馈的具体形式。

四是被选择性。大学生往往会根据自己的实际情况和喜爱偏好习惯来选择传播媒体。因此，传播者（高校体育教学工作者）应当针对大学生的特点和实际情况，努力提高媒体信息的质量，制作好信源，使越来越多的大学生受到体育教学信息的影响。

五是导向性。高校体育教学传播媒体具有鲜明的舆论导向功能。高校体育教学传播媒体的舆论导向功能是通过传播媒介对所传播的信息审查筛选和解释而实现的。在大众传播日益普及的今天，人们都会自觉、不自觉地接受着媒介对世界的选择和解释。大学生体育素养信息属于价值信息范畴，高校体育教学传播媒体要传播什么样的信息，对这些信息作何种解释都鲜明地体现了传播者（高校体育教学工作者）的价值导向，而这种价值导向与传媒的传播强度和广度相结合就会形成良好的舆论环境，而这种强大的社会舆论导向和舆论环境就会使得身处这种环境中的大学生能够清楚地认识到，我国社会倡导和摒弃的体育思想、体育观念以及体育行为，从而对大学生体育素养的形成和发展产生影响。

（二）宏观环境的特点

为了实现高校体育教学的预期目标，创造性地开展高校体育教学工作，就必须充分认识和掌握高校体育教学宏观环境的结构特点。从宏观环境与高校体育教学相互作用的关系看，高校体育教学宏观环境主要有如下特点：

一是客观性。宏观环境独立于高校体育教学活动之外而客观存在，但同时对高校体育教学活动又具有制约作用。人总是处于一定的宏观环境中。宏观环境中有其自身的存在方式和运行规律，具有不以人的主观意志为转移的客观性。宏观环境的客观性要求我们必须遵循实事求是的原则和态度来把握环境，积极适应环境。

二是系统性。宏观环境是一个系统。在这个大系统中，经济环境、文化环境等小系统，相互关联、相互制约，相互之间存在着内在的必然联系，对高校体育教学有着不同的影响。宏观环境的系统性要求必须树立系统观念，重视系统整体功能的发挥，同时要重视系统之间的结构、层次和制约关系。总之，开展高校体育教学要立足于系统论，利用环境为高校体育教学服务。

三是广泛性。宏观环境对高校体育教学的影响无处不在。既有历史的，又有现实的；既有自然的，又有社会的；既有主观的，又有客观的；既有积极的，又有消极的，它是一个非常广泛复杂的网络系统。宏观环境的广泛性还表现在它在时空中的动态性上。其结构因素在空间上没有固定的界线，它随着人类科学技术的发展，人类活动范围的扩大而扩展；在时间上也没有严格的界线，它不仅蕴含着历史和现实的因素，而且能预示未来发展的趋势，揭示社会发展的规律。随着人类精神文明的不断发展，随着人类对远古社会的研究，宏观环境的领域也将不断扩大。

四是主导性。马克思、恩格斯在《共产党宣言》中指出："人们的观念、观点和概念、人们的意识，随着人们的生活条件、人们的社会关系、人们的社会存在的改变而改变。"这段话充分说明了宏观环境对高校体育教学的主导性。首先，宏观环境制约着高校体育教学职能的发挥。党的路线方针政策，既决定了高校体育教学的方向、任务和基本内容，也规定了高校体育教学的途径和方法。其次，宏观环境对高校体育教学过程的各个环节具有广泛而深刻的影响。高校体育教学目标的确立，离不开对社会客观环境的分析判断。同样，高校体育教学的内容只有符合国际国内政治、经济等方面的环境条件，体现时代特色，才能起到作用。高校体育教学的方法也只有不断适应社会环境的变化，灵活运用适合大学生兴趣爱好、接受能力、文化程度的多种方法，才能产生教学效果。除此之外，宏观环境对大学生的体育素养的形成、发展起着重要的导向作用。一般说来，环境中的文化生活以及生活方式，对大学生按照教学目标的要求，养成必备的体育素养起着积极的推动作用，但也可能存在一些消极的因素，阻碍大学生内化教育影响的过程。

宏观环境对高校体育教学的影响有两个明显的特点。

一是并存性。当代大学生在跨入大学校门前，曾经接受的体育教育已在其身上打下了一定的烙印，奠定了其体育素养的基础。所以，他们进入大学后所受到的体育教育是一种后续教育。在这样的教育过程中，大学生会将新接受的体育信息与之前的初始认识进行对照，再结合自身新的经历，重塑自己的体育价值观念。同时，当学生走上社会以后，社会环境将会通过多种渠道对他们产生更广泛和持续时间更长的影响。可见，社会环境能够对高校体育教学发挥前后相接、持续不断的影响力。因而，引导人们正确地筛选和接受社会环境影响，始终保持正确的政治方向，是高校体育教学的一项长期任务。同时，改革开放以来，我国的经济、政治、社会面貌发生巨大变化，产生了许多适应时代发展要求的体育观念，这将极大地促进大学生开阔自身的体育视野，提高体育思想境界。但是，环境的影响总是多方面的。国内外环境中的消极因素，对人们的理念态度、理想信念等往往产生不良的影响，提升了高校体育教学的难度。青年大学生的体育价值观尚处于形成过程中，体育判断和分析能力较弱，还需要教学引导，增强分辨是非、趋利避害的能力。

二是不确定性。社会环境对人们的影响范围和程度一般是不确定的，是直观的、零碎的、偶然的、随机的。社会环境对高校体育教学的影响，主要取决于高校体育教学过程中各个要素的组合及优化程度；处于相同的社会环境中，不同的学生会受到不同的影响。社会环境对高校体育教学的影响是模糊的，这要求我们充分利用其积极因素，遏制其消极影响。

二、微观环境

与宏观环境影响相比，微观环境对大学生体育素养的影响更为具体和直接。因为大学生都生活在具体的微观环境中，他们的具体活动都是在微观环境中进行的，他们的体育观念和对体育的态度是在现实的、具体的微观环境中形成和发展起来的。因此，必须高度重视微观环境对大学生体育素养的影响。影响大学生体育素养的微观环境包括家庭环境、学校环境、社区环境等。

（一）家庭环境

家庭环境，是包括家庭结构、家庭传统、家庭成员的关系、家庭气氛、家庭的经济状况和社会地位、父母对子女的教育态度等家庭综合因素的总和。家庭对每个成员的影响以及每个成员对家庭的影响都是极其广泛而深刻的。

1. 家庭环境对人的影响

家庭是人生第一个也是不可逾越的环境单元。家庭教育是人生教育的起点，是学生教育的主要力量和社会因素。但是，家庭环境的含义远远超出家庭教育的范围。家庭环境是构成家庭因素的总和。马克思指出："一个人的发展取决于和他直接和间接进行交往的其他一切人的发展。"家庭是建立在血缘关系基础上的初级群体，家庭的影响特殊而异常有力。这种影响，虽然不是有意识的、有计划的、有组织的、系统的、连贯的，但对人类早期发展的影响是极为深刻的。家庭教育的意义，体现着家庭群体在人类的社会化过程中的特殊价值。首先，家庭在子女基本生活技能的形成，社会规范、道德情操形成方面起主要作用。子女接受家庭成员的影响，逐渐形成自己的价值观念体系和行为方式，借以调节自己与他人的关系。其次，家庭在指导生活目标、形成个人理想和志趣方面起着重要作用。子女最初的兴趣爱好往往受父母的影响，并得到家人的鼓励。家庭教育的积极作用，在于能够发掘、发展孩子的各种正当兴趣和爱好，帮助其树立远大的理想。此外，家庭在儿童社会化过程中扮演着重要的角色，在儿童社会角色、人格特征、形成儿童对社会的适应性等方面都具有独特的作用。

2. 家庭环境的特征

第一，家庭教育影响具有先主性。由于家庭是个人接触的第一个环境场所，所以，其在一个人的成长过程中起着某种先入为主的定势作用，奠定其接受教育的基础。家庭环境对个人的生活习惯、行为模式、道德观念、性格态度的影响深刻，不易改变。

第二，家庭对子女的控制方式具有多维性。它主要是通过情感的影响和经济的制约来实现的，具有特殊的亲切感和依赖性，并使子女和双亲的联系成为利益一致、休戚与共的依赖关系，在教诲子女方面具有较大的优越性和权威性。

第三，家庭群体中交往接触的密切性。这种接触一般属于正式的和高频度的，可使子女在轻松自然、不受拘束的状态下接受影响。因此，大大增强了家庭教育影响的效果。

第四，家庭群体中教育和生活的统一性。家庭教育作为一个过程，是与家庭生活合而为一、联于一体的。家庭承担着重要的教育功能，家庭环境对个人的影响是潜移默化的，家庭的教育功能是其他教育主体所不能取代的。家庭教育不是通常意义上的那种正规的、有着严密计划性和系统性的教育，它与家庭生活各方面交叉渗透，随家庭生活的变化和受教育者发展情况而变化。家庭中教育和生活的这种统一性，决定了家庭中教育的因素不仅仅局限于家长的教育能力以及意识到的教育方法和教养态度，还有家庭的其他因素，如家庭自然结构、双亲职业、社会地位、物质条件、期望水平、家庭气氛、生活习惯、志趣爱好，等等，也同样有力地影响着一个人的身心发展，起着直接或间接的教育作用，最终形成其相应的个性、态度和品行。由于家庭教育和家庭生活的统一性，家庭的教育影响才永远带有连续性和潜移默化的性质。

第五，父母对子女了解和影响的深刻性。“知子莫若父，知女莫若母”，正是如此，与子女朝夕相处的父母就可以通过子女的一举一动和言谈去把握他们思想活动发展的脉络，在教育中可以因事指导，因时施教，具有很强的针对性。

综上所述，家庭对于年轻一代的教育影响是无处不存、无时不在的。家庭具有价值观念、社会经验、文化习俗的功能；是能动地开放于社会的初级参照群体；家庭为年轻一代的发展提供丰富而广泛的教育内容，同学校、社会等共同承担着大学生的体育教学职责。

（二）学校环境

1. 学校环境的组成

学校环境依据其育人的构成要素，分为学校物质环境、学校学术环境、学校文化环境。

学校物质环境，是指学校校园内对师生的工作、学习、生活产生影响的所有物质条件的总和。核心要素是与学校学术研究密切相关的各种先进设施、手段、资料等，它们是人类科学劳动的智慧结晶，也是未来发展的起点。校园物质环境作为高校体育教学的载体，是学生发展的物质条件。高校的体育教学不能离开特定的校园环境而进行。

学校学术环境，是指学校内对教学、科研、人才培养水平与质量产生影响的所有学术要素的总和，包括学科建设、学术水平和学术氛围，人才培养质量，研究成果转化为现实生产力及其对社会的贡献，对教育资源的有效使用等多种因素。核心因素是这所学校的学术水平，它是一所学校发展水平和办学实力的重要因素和体现。高校学术环境对大学生的成长及高校体育教学活动的开展有着重要作用。

学校文化环境，是指学校师生员工在长期的学校教学、工作、学习过程中共同形成的各种文化要素的总和。包括办学理念、学校精神、学校制度、校风等。办学理念是学校在长期办学过程中所形成的指导学校发展方向、发展重点的价值选择观念，它是学校数代创业者立场、观点、智慧的结晶。学校精神是指一所大学在其长期的发展和办学历程中逐步形成的能够鼓舞师生勤奋学习、教学相长、科研创新的独特的核心价值。它是学校历代创业者业绩、品格、精神的结晶，是一个渐进的形成过程。学校制度是指学校在长期的办学过程中所形成的调节校内各种社会关系以及师生员工行为的管理制度和规范体系。校风是指学校师生在教学、科研和学习过程中形成的具有学校特色的行为作风和精神氛围，是学校管理和办学水平的集中表现。学校的办学理念和学校精神是学校文化环境的核心，决定着学校的发展水平，也对体育教学产生重要影响。

2. 高校环境

从高校环境对大学生体育素养的影响来看，其对学生体育素养的奋斗目标、体育内涵的形成发展产生了直接作用。高校整体的良好的教学、科研、育人环境会激发学生内心迫切的成才愿望，高校深厚的学术积淀和丰硕的学术成果形成的学术氛围会使大学生逐渐形成比较高的体育目标，学校一代代体育学者在多年的教学、科研、育人活动中形成的开拓进取、求真务实、追求真理的体育教学精神会使大学生在潜移默化中形成无畏的探索勇气。高校体育文化环境对大学生的体育精神、体育价值观、体育道德的形成发展起到了熏陶作用。不同时代、不同高校在办学观念方面形成的传授知识、学术研究、服务社会、追求卓越等理念将帮助学生在多样化的文化环境和价值观念中形成正确的价值选择。大学精神孕育了学生远大的理想和信念、良好精神品质及强烈竞争意识。体育道德则帮助学生形成符合职业要求的操守。学校物质环境对学生的审美情操、意志品质的形成发展起到了感染作用。

（三）社区环境

社区的特征及结构、农村社区和城市社区的特点，决定了社区环境与体育教学有一种必然的联系，而这种联系最为直接的联结点是在高校体育教学领域。社区环境具有育人功能，全面实施体育教学必须依靠社区环境，尤其是社区的文化环境，它对学生的体育素养形成与发展具有潜移默化的作用。马克思认为人是社会动物，只有在社会中，人才能发展自己真正的天性。将体育教学与社区环境联系起来，就是将实施体育教学置于现代社会的大背景中去考虑，置于经济、政治、文化、教育、科技体制改革的大背景中去考虑。这样就使体育教学从理论走向实践，从封闭走向开放，从稚嫩走向成熟，解决体育教学存在的脱离社会、脱离实际的问题，使学校、家庭、社会融为一体，构建多层次、全方位、多渠道的体育教学格局。社区环境对体育教学的影响深刻，这不是人为的结果，而是社区环境本身具有内在的体育教学特点和功能，这即是社区环境的价值所在。

1. 内容更具体

社区内各种环境因素对大学生的影响具有生动形象、具体可感的特点，最容易为学生所接受，成为他们成长的真正的“水”“空气”“土壤”和“阳光”。在社区环境内，师生们能够将体育教学的具体内容同社会生活实践紧紧地联系在一起，将体育理想、体育信念、体育价值观、体育道德具体化、形象化，能使学生在社会生活的具体实践过程中，验证所学的体育理论知识，缩短学生心目中“理想”与“现实”认识上的差距。社区环境能把抽象的体育理论教学同社会实践相结合，有助于学生把学到的体育知识、体育技能应用于实践，形成全面发展的思想，进而成长为合格的社会主义事业建设者和接班人。

2. 时空更广阔

将社区环境纳入体育教学环境的范畴，学生们在五彩缤纷的世界里，时间、空间都延伸了，视野更加开阔了。体育教学工作者可充分利用社区广大的时空条件，借助社区的力量，使学生可以对千姿百态的社会体育现象进行鉴别、筛选、判断、取舍，并潜移默化地受到教育、影响和熏陶。

3. 影响更综合

在陶行知看来，生活即教育，社会即学校。也有学者提出，社区处处是学校，社区人人是老师。特别是在知识经济的信息时代，社会对学生的影响是全方位的、综合性的。社区中各种政治、经济、文化现象无不通过自身特有的渠道释放其能量，因而社区环境的影响具有广阔的覆盖面、综合的渗透性、强大的辐射力。社区环境是实施体育教学的重要因素。

4. 资源更丰富

社区地域广大，社会实践条件丰富，各种人才应有尽有，蕴藏着丰富的体育教学资源。社区政治、经济、文化、教育、科技状况构成了学生赖以生存和成长的社会“土壤”。来自各行各业的体育教学因素为高校实施体育教学提供了丰富的资源；极具特色的社会实践是广阔的体育教学基地；富有传统特色的体育景观是丰富的体育文化资源。深入挖掘，合理统筹，把潜在的体育教学资源转化为现实的体育教学资源，这是我们研究社区环境的体育教学特点所面临的重要课题。

5. 结果更实效

内容的具体性、时空的广阔性、资源的丰富性、影响的综合性是潜在的社区体育教学优势。我们要充分发挥社区环境在体育教学中的作用，坚持社区协调下的学校、家庭、社会三位一体的体育教学，形成体育教学合力，即可把潜在的社区体育教学优势转化为现实的体育教学优势，降低体育教学过程中的内耗，以此增强体育教学的实效性。

第三节　高校体育教学环境的优化途径

高校体育教学环境的优化，是指充分发挥环境中的积极因素的影响，同时尽可能变消极因素为积极因素，利用各种环境因素的合力，充分发挥环境在高校体育教学中的作用。高校体育教学环境对大学生体育素养的形成发展的影响是客观存在的。但是，人的主观能动性又决定了高校体育教学并不是消极地适应环境，而是可以积极能动地作用于环境，通过高校体育教学的实践活动来改变环境、优化环境，使环境更适合于高校体育教学，更有利于促进大学生体育素养的形成和发展。优化高校体育教学环境，不仅是社会的长期任务，同时也是高校的一项艰巨任务。

一、确立环境在高校体育教学环境中的位置

（一）基础环节——优化家庭环境

家庭是以婚姻血缘关系为纽带的群体组织，作为社会的细胞，家庭是社会的基本组成单位。家庭环境是指家庭总的境况，包括家庭的经济状况和社会地位、家庭成员的文化水平及其相互关系等。家庭环境是影响大学生体育素养的一个基础性因素，这种基础性影响一方面表现为大学生对家庭经济上的依赖，另一方面表现为大学生对家庭情感上的依赖。前者构成大学生成长的物质基础，后者构成大学生成长的精神基础。物质基础和精神基础为大学生体育素养的形成和发展提供必需的生理和心理保障，尤其在心理需求上可以使人获得安全感、依恋感、归属感和幸福感等。家庭环境是大学生体育素养形成和发展的基础性因素，所以，优化家庭环境也就成为体育教学环境优化工作的基础环节。

（二）重点环节——优化校园风气

学校是建立在一定社会关系基础上的社会组织体系，是专门培养人才的单位。学校环境，是指由学校的教职工、教育内容、校园文化、校风、教风、学风等诸多因素构成的境况。尽管终身体育教育理念强调要打破传统学校体育教学的

终极性和垄断性，但专家学者们还是承认在很大程度上高校体育教学在大学生的人生发展中起着至关重要的作用。一方面是由于大学生在学生时代具有极强的可塑性，无论是生理还是心理都处在生长发育的高峰期。而在这段成长的关键时期，大学生的大部分时间是在学校环境中度过的。所以，学校环境的影响是频繁、直接甚至紧密的。另一方面，学校环境的建设和发展是有组织、有计划的，这种目标性明确的环境影响与家庭环境以血缘亲情为纽带及社会环境中复杂人际网络等的自发影响是截然不同的。大学生在这种正规的教学环境熏陶下，容易形成科学理性的体育思维方式。虽然人的一生不可能总是在学生环境中度过，但学生时代的感受和经历是刻骨铭心的。即便是在走出校门、步入社会后，人不得不根据变化了的环境重新投入学习，这种学习能力也是在学校的环境中获得的。所以，联合国教科文组织呼吁各国教育组织：学校教育教学的真正使命是教会学生“学会学习”。学校环境正是这未来一代日习夜息的场所，所以，优化学校环境理应成为高校体育教学环境优化工作的重中之重。

（三）保障环节——优化社区环境

社区是社会的一个重要组成部分。社区环境是一个社区内的服务设施状况、体育文化传统、人际交往等因素的总和。通常，人们的学习、生活、工作基本上都是在相对稳定的社会区域内进行的，社区环境为人们的衣食住行提供了相应的物质和精神条件。社区环境不同于家庭环境和学校环境，它犹如社会的一个缩影，成分复杂、良莠不齐。良好的社区环境既可以为家庭生活、高校体育教学工作提供必要的物质和精神保障，也可以成为家庭体育教育和高校体育教学的有益补充。因而，优化社区环境是高校体育教学环境优化工作的重要依托。

二、持续优化高校体育教育宏观环境

宏观环境的优化是在党和政府的正确领导下对国内大环境的优化。其优化基本途径包括如下内容：

一是通过大力发展经济来优化体育教学大环境。

二是通过大力发展体育文化事业来优化体育文化大环境。优化体育文化大环境就是要引导人们去寻找与建立同经济体制改革、政治体制改革相适应的新的体育思想观念和新的体育文化观念，将体育价值观持久地渗透到体育文化活动载体之中。因此，要用科学的理论武装人，用优秀的作品鼓舞人，努力繁荣体育事业。

三是优化社会舆论大环境。高校体育教学作用的发挥，需要借助大众传媒和社会舆论。缺少这种客观的大“势”和大风气，高校体育教学就难以发挥好作用。优化社会舆论大环境，必须坚持“以科学的理论武装人，以正确的舆论引导人，以高尚的精神塑造人，以优秀的作品鼓舞人”的原则，依靠大众传媒，强化舆论监督管理，促使社会环境的净化、育人环境的优化。作为高校体育教学工作者，有依法向党和政府提出优化大环境的建议、意见、批评、监督的权利和义务。另外，高校体育教学工作者做好了自己的工作，也就是对优化大环境作出的贡献。

第九章　高校体育教学队伍建设

第一节　高校体育教学队伍建设的实践研究

一、高校体育教学队伍概述

高校体育教学队伍是根据社会主义体育事业的发展要求，用科学的体育思想向学生进行有目的、有计划、有组织的体育教学活动，以提高学生体质健康与体育素养的群体，是高校体育教学实施的主体。广义上，高校体育教学队伍是高校体育教学工作者的集合体；狭义上，高校体育教学队伍则是指从事高校体育教学的人员所组成的群体。高校体育教学队伍作为高校体育教学的主体，在高校体育教学工作中发挥着重要的主导作用。

二、高校体育教学队伍的结构

结构，是指构成整体的各个部分及其结合方式。高校体育教学队伍的结构是指高校体育教学队伍这个整体是由哪些部分构成的以及构成的方式。结构决定功能，有什么样的结构，就会产生出什么样的功能，好的结构必然产生好的功能。系统论的观点认为，一个系统功能的发挥，主要取决于两个基本要素：一是系统内各要素的质量；另一个是系统内各要素之间的组合方式，即系统的结构。因此，要研究高校体育教学队伍的职能，就必须先研究高校体育教学队伍的结构。高校体育教学队伍的结构，按照不同的标准，可以划分为以下几种类型。

（一）人员

高校体育教学队伍的人员结构是指这支队伍中人员的构成状况。目前，我国高校体育教学队伍主要由两部分人员构成。

一是专职人员，主要是指高校体育教师。尽管他们人数不多，但却是高校体育教学的中坚力量，在教学活动中发挥着核心作用，决定着整个高校体育教学队伍功能的强弱。搞好专职队伍的建设，是加强高校体育教学工作的关键。高校体育教学是一项科学性、实践性很强的工作。要搞好这项工作，必须按照中央有关文件的要求，建设好专职队伍，使这支队伍具有良好的理论修养和专业素质，具备高校体育教学专业知识和相关学科知识，较强的工作能力和研究能力，注重这支队伍的专业化和职业化发展，使越来越多的专职人员成为高校体育教学的专家。

二是兼职人员，是指那些既担负着其他业务工作，又担负着高校体育教学任务的人员。它有狭义和广义之分。狭义的兼职人员，主要是指体育理论课兼职教师。尽管他们只是用部分精力和时间来从事高校体育教学工作，但他们却是这支队伍中的重要力量。广义的兼职人员，它包括专职高校体育教学人员之外的高校其他人员和社会上与高校体育教学相关的人员。

由于高校体育教学是一项与业务工作紧密结合的大众性工作，所以，应把体育育人理念和原则贯彻落实到高校体育教学队伍的建设中去。这样既有利于调动广大教职工和高校各个职能部门来关心和参与高校体育教学工作，也有利于高校体育教学与业务工作的结合。另外，由于高校体育教学是社会性很强的工作，除了发挥本校教学力量以外，还应发挥社会各战线、各部门的教学力量。因此，高校可以有目的、有计划地聘请一批校外体育工作人员来做高校体育教学工作，使他们成为兼职队伍的一部分。实际上，已经有不少高校对此付诸实践，并且取得了良好的效果。社区的优秀人员也可以成为高校体育教学的力量。因此，从广义上理解，兼职人员具有广泛的社会性。高校体育教学要依靠大家来做，全社会都应关心高校体育教学工作。

（二）知识和能力

知识能力结构是指高校体育教学队伍的知识和能力的构成。首先，高校体育教学队伍要具备合理的知识结构。一般而言，高校体育教学工作者都应具备完善的知识结构，要有扎实的体育理论知识、高校体育教学的专门知识和相关学科的知识等。根据不同高校的性质和情况，以及不同专业学生的情况，高校体育教学队伍的成员还应有各自不同的知识构成。在一支完善的高校体育教学队伍中，各成员的知识结构是有所不同的。对队伍成员应有共性的知识结构要求，也应鼓励成员之间围绕工作的需要具有知识结构的个性和知识专长，以形成队伍内部成员之间知识互补。其次，高校体育教学队伍还应当具有相应的能力结构。知识和能力紧密相关。知识是能力形成和发展的基础，能力是在掌握和运用知识的过程中产生和发展起来的。如果没有相应的知识，高校体育教学工作者的能力就不能形成和发展。实践充分证明，知识的多寡、深厚和完善程度影响高校体育教学工作者能力活动的广度、深度以及分析问题和解决问题水平的高度。高校体育教学工作者的能力只有在学习和运用相关知识的过程中才能形成，只有随着相关知识的获取和运用，才能促使其能力不断提高。另外，高校体育教学工作者的能力又是获取、运用和创造相关知识的前提。能力的大小强弱，往往会制约着高校体育教学工作者掌握相关知识的深浅、快慢、难易和巩固程度，制约着相关知识的运用和创造。因此，知识不等于能力，能力也不等于知识。知识多的人并不意味着能力强。学到了知识并不等于具备了应用这些知识的能力。知识，只有经过理解，融会贯通，联系实际运用，才能促进能力的发展。好的知识结构可以形成和发展成好的能力结构，但好的知识结构并不一定会有好的能力结构。因此，高校体育教学队伍不仅要有好的知识结构，还应当有好的能力结构，主要包括高校体育教学信息的整体获取能力、整体分析能力、整体预测与决策能力、组织与实施能力、宣传能力、组织协调能力、创新能力、信息化教学能力、科研能力等。队伍的知识能力结构与队伍的学历层次结构有密切联系。高校体育教学队伍应由多层次学历结构的人员组成。学校类别不同，这支队伍的学历结构就有所不同。例如，普通类高校与“985”类高校，前者队伍的学历结构可以低一些，后者可以适当高一些。一所高校的体育教学队伍学历结构是以本科学历为主，还是以硕士学历为主，应视这所学校的具体情况而定，不能一概而论。一般而言，层次高的高校，其体育教学队伍的学历结构层次相应要高一些。

（三）年龄和性别

高校体育教学队伍的年龄结构是指高校体育教学队伍中不同年龄段成员所占的比例。年龄能够折射出一个人知识、经验的多少和能力的强弱。通常，年龄增加能带给人能力的增长和经验的积淀。一支年龄结构合理的高校体育教学队伍，应由不同年龄阶段的成员按照比例组合而成。高校体育理论课教师队伍和体育实践教师队伍这两支队伍是高校体育教学队伍的重要组成部分。一般而言，高校体育教学队伍应由老中青三代组成，但“老”和“中”在这两支队伍中的含义是不同的。由于这两支队伍所承担的教学任务性质的差异，其年龄结构要求也应有所不同。前者承担的是体育理论课程的教学任务，队伍成员年龄的上限是正常退休年龄，其“老”和“中”年龄与其他教师是一个意思。后者承担的是大学生日常的体育实践教育与管理，由于其工作的特殊性，年龄一般在20多岁到40多岁之间，以20多岁到30多岁者居多，而且，40多岁的就为“老”，30多岁的就为“中”。由于老中青人员在队伍中的比例不同，高校体育教学队伍的年龄结构一般有三种模式。第一种是正三角形模式，即青年人多于中年人，中年人多于老年人。这种结构既有利于发挥老中青各自的优势和作用，也有利于不断培养接班人。由于这种结构模式在现实工作中效率高，又有助于队伍的正常发展，所以称它为前进型。第二种是橄榄型模式，即两头小、中间大。这种年龄结构因“中间大”而有利于眼前工作的开展，但由于青年少而不利于队伍未来的发展，因而这种年龄结构模式又称为静止型。第三种是倒三角形模式，老年人多于中年人，中年人多于青年人。这种结构问题比较多：一是因老年人太多，难以胜任繁重的工作，且容易因循守旧，排斥创新；二是青年人太少，会使队伍缺乏生气和开拓精神；三是不利于接班人的培养。这种模式故又叫衰退型。在高校体育教学队伍的建设中，我们所需要的是前进型，要避免的和要改造的是静止型和衰退型。高校体育教学队伍建设除了要有合理的年龄结构，还应有合理的性别结构。高校中有男有女，有些工作比较适合女性做，有些工作则比较适合男性做。因此，队伍中男女成员都应占有一定的比例。如果性别构成单一，不利于性别上发挥互补效应。一般而言，男生多的学校，队伍中男性成员的比例就应大一些，女生多的学校，队伍中女性成员的比例就大一些。

三、高校体育教学队伍的建设基础

（一）思想工作

高校的发展离不开人才，高校体育教学队伍作为高校体育教学工作者的集合体，是体育教学工作中宝贵的、不可或缺的人才资源，是高校发展的第一资源，也是最有增值潜力的资源。目前，高校体育教学队伍还存在着总量不足、结构不合理的问题，这直接制约了高校体育教学工作的深入开展。因此，加强体育教学工作人才引进力度，构建“以人为本”的现代人力资源管理开发体系，不断提升整体水平，是高校体育教学队伍建设的当务之急。在高校体育教学队伍建设工作中，要“加强引进，做好稳定，重视开发，激励贡献”。加强引进是前提，做好稳定是基础，重视培养是关键，发挥作用是目的。应将体育教学工作者的全面成长与高校体育教学工作的深入开展进行有机结合，实现“双赢”。

（二）基本原则

首先，增加队伍总量与优化结构。一方面要注重提升体育教学队伍总量，加大体育教学人才引进的力度。另一方面，要注重改善高校体育教学队伍的结构，包括年龄结构、学历结构、专业结构、职称结构等，形成科学合理的体育教学队伍梯队。

其次，注重培养开发。建立合理的培训机制，运用现代人力资源管理开发技术，对体育教学人力资源进行开发、培养，促进其自我完善和自我增值。

最后，激励发挥作用。通过建立合理的人才选拔机制、队伍培养机制、队伍管理机制，以合理使用体育教学工作人力资源为目的，使高校体育教学工作者充分实现自身的自我价值和社会价值。

四、推进高校体育教学队伍建设

高校体育教学队伍建设是一个系统工程，切实加强队伍建设应从队伍的选拔、培养和管理着手。

（一）队伍选拔

应通过合理的选拔标准、科学的选拔方式，按照“严格标准、精心挑选、优化结构”的方针，坚持专兼结合的原则将优秀人才选拔到体育教学岗位上，为高校体育教学队伍建设奠定良好的基础。

首先，要明确选拔规定。目前，根据德才兼备的原则，对高校体育教学工作者的选拔标准和条件在思想政治素质、专业知识、实践能力等方面做了一些规定。也就是说，体育教学工作者要达到一定的学历、素质能力要求，应从体育教育学科的优秀本科以上毕业生中选拔，他们都应该具备较强的组织管理能力；兼职人员可以从有志于从事高校体育教学工作的教师中选拔。

其次，要重视选拔过程。一是确立选拔的人数和要求。高校体育教学队伍尤其是专职队伍的选拔，要在学校的统一领导下，由学校相关学科专家、有经验的教师和人事、组织、学工、教务等部门和院系组成体育教学队伍选拔工作领导小组，汇总对体育理论课教师的需求，根据现有人员的编制、性别、学历、专业结构等，研究决定选留的具体人数及相关要求，然后向社会发布信息，包括岗位设置、人员数量、任职资格等准入要求，面向社会公开招聘和选拔。二是笔试和面试。经资格审查合格的人员参加学校组织的笔试，从上线人员中按一定比例确定面试对象进入面试。面试应注重考核综合能力。对专职体育理论课教师除了要考核专业知识和科研能力外，还要着重考核授课能力。三是广泛征求意见后报学校党委审批。对面试合格的人员，选拔领导小组要进行认真讨论，实行无记名投票表决制度，确定公示名单，进行公示，广泛征求意见，公示无异议后，报学校党委审批，审批后最终确定任用。需要注意的是，在公开选拔、竞争上岗的过程中，要建立高水平的考官队伍，分门别类、科学合理地确定拟选拔职务的报考资格、选拔程序、笔试、面试内容、测评方法；科学地对拟任高校体育教学队伍进行综合测评，力求选拔合适的人做合适的事，做到人与事的完美结合。

（二）队伍培养

高素质的体育教学队伍，是高校体育教学工作取得成效的保障。应通过完善的培训体系，有计划、有步骤地对高校体育教学队伍进行培养。

1. 构建培训体系，改善教学队伍素质

高校要制定体育理论课教师与体育实践课教师培训规划，建立健全有重点、分层次、多形式的培训体系，让所有专兼职体育教学人员都具备专业技术资格和水平。第一，对于体育理论课教师，要重点深化岗前培训、课程轮训、骨干教师研修和在职培训。第二，对于体育实践课教师，要做好先培训后上岗，坚持岗前培训、日常培训、专题培训和骨干培训相结合。对于新上岗的高校体育教学工作者，要先集中一段时间对其进行岗前培训，使其明确自己的职责、任务，学会进行教学的方法和艺术。岗前培训要规范化，培训要有计划、要有培训教材，对培训成果进行考核等。高校应结合本校的实际和优势，既可建立相应的培训机构，

对本校体育教学工作者进行日常培训，努力提高理论水平和业务能力。也可以通过有计划、有目的的日常活动，提高高校体育教学工作者的素质，以达到培训的目的。专题培训可聘请体育工作专家和优秀体育工作者对体育教师进行培训，从而提升体育教学工作者的业务水平。

2. 搭建实践拓展与交流平台

要组织体育理论课教师与体育实践课教师开展社会实践和学习考察活动。通过“引进来走出去”、打破校园界限、广泛利用社会资源等方法丰富充实培训内容。通过学习考察、社会调研、挂职锻炼等形式，使教师开阔视野，拓展思路，提高解决实际问题的能力；帮助体育教师进一步了解国情，了解世界，开阔视野，丰富教学素材。地方党委和高校可以在沿海发达地区、西部落后地区、厂矿企业、农村和基层组织建立高校体育教学队伍社会实践锻炼基地，形成体育教学队伍参加社会实践活动的制度。积极创造条件，选派体育教学人员到基地参加社会实践活动、挂职锻炼和学习考察。政府和高校在组织体育教学工作者参加全国性和省市的各项学习及培训外，还要加强兄弟省市间的沟通和交流，高校间的学习交流，校际间互派交流，教学研讨，上下交流，岗位互换。注重通过举办体育教学工作者工作论坛、研习班等形式，促进体育教学队伍内部的工作经验交流，提升工作水平。通过建设专门工作网站和精品课程等形式，进行体育教师的教学研究。积极创造条件，设立高校体育教学队伍出国研修项目，制订专项培养计划，鼓励和支持高校体育教学人员赴海外访问、进修、学习和学术交流。

（三）队伍管理

科学的队伍管理能有效激发高校体育教学队伍的工作热情，提升其工作效率。建立健全高校体育教学队伍的队伍管理机制主要包括建立健全考核、激励等机制。

1. 完善考核机制

建立健全公开、立体、动态、客观的高校体育教学队伍考核机制，是高校体育教学队伍管理的重要环节和有效手段。当前，要着重做好以下几个方面的工作。

第一，成立高校体育教学队伍考核领导机构。对教师的考核一般由学生工作领导小组统一领导部署，成立由分管校领导、相关职能部门负责人、体育教学工作者代表、学生代表和有关专家组成的考核工作小组具体组织实施。对于体育理论课教师的考核一般由教务处和体育理论课教学部门牵头进行。

第二，制定科学的高校体育教学队伍考核标准。一是对高校体育教学队伍的思想政治素质进行考核，考查内容包括高校体育教学工作者的世界观和人生观、作风、思想方法等。二是对高校体育教学队伍业务知识和工作能力进行考核。主要包括体育理论、体育实践能力等。三是对高校体育教学队伍的工作绩效进行考核。考核内容包括高校体育教学工作者的工作质量、成效和贡献等。四是对高校体育教学队伍理论学习和业务学习的考核。考核内容包括高校体育教学工作者培训的出勤情况，高校体育教学工作者对履行职责必备知识、技能的掌握情况等。

第三，完善高校体育教学队伍考核方法。一是素质考核与业绩考核相结合。既要注重高校体育教学工作者“德、能、勤”的考核，如理论水平、业务技能等的考核，也要注重“绩”即工作实绩的考核。二是“软件”与“硬件”相结合。“硬件”主要是指学历考核和资格证书的考核。“软件”主要是指岗位培训、专业知识培训、知识更新、继续教育等业务素质提高的考核。三是年终考核与平时考核相结合。对体育教学工作者业务工作能力、工作实绩状况等，既要进行年度的集中考核，又要开展经常性的检查，对某一阶段性的工作和某一具体工作进行考核。四是学校考核和学生评议相结合，将考核考评与监督管理相结合，使考核结果与职务聘任、奖惩、晋级挂钩，形成高效、务实的评价机制，实现对高校体育教学队伍全面真实的考核。

2. 完善激励机制

建立健全高校体育教学队伍的激励机制是高校体育教学队伍管理中不可或缺的一个重要环节。

第一，坚持物质激励与精神激励并重。对高校体育教学队伍进行激励时，要把物质激励和精神激励有机结合起来，才会产生实际的、持久的、强有力的激励作用。物质激励从满足高校体育教学工作者工作、生活的物质需要的角度出发，通过提供良好的工作环境，提升工资待遇和福利水平，对工作表现突出的人员以物质奖励等。精神激励主要是满足高校体育教学工作者的精神需要。精神激励主要通过表彰、给予荣誉称号、提供晋升及培训机会和发展条件等形式来完成，主要为满足高校体育教学工作者的尊重、成就、自我实现等高水平的需要，以帮助高校体育教学工作者正确认识和评价自身工作的价值，使其对从事的工作产生认同感，在工作中不断产生成就感，形成不断推动工作进步的精神动力。通过物质和精神双重激励，使高校体育教学工作者工作有条件，做事有平台，发展有空间，以保证队伍的专业化发展。

第二，营造竞争氛围。环境对人有重要的影响作用。良好的竞争氛围对体育教学工作者具有重要的激励作用。所以，一是要培育和强化高校体育教学工作者的竞争观念，使高校体育教学工作者在实践中能够自觉地参与竞争、积极地接受竞争。二是创造多种竞争激励形式。多样化的高校体育教学队伍竞争激励，能够创造更多的激励机会，给高校体育教学队伍的管理增添活力。竞争机制可以被引进高校体育教学队伍建设的多个环节中，如教师的上岗、升职、升级、转任资格等，加强竞争环境的培育，加速高校体育教学工作者竞争习惯的形成。

第三，综合运用多种激励方法。一是目标激励。通过设置长期、中期和短期的高校体育教学队伍建设目标，激发其工作动机，激励他们在工作、学习中不断提高素质。激励目标的设置需要注意合理性、可行性、科学性。二是政策激励。通过制定合理的有导向性的政策，引导高校体育教学队伍的发展。如科学制定高校体育教学工作者职称评聘条件；规范高校体育教学队伍的工资待遇和表现突出的高校体育教学工作者的特殊待遇等。三是考评激励。预先设置合理的定量激励目标，并在高校体育教学工作者的职务聘任、培养培训、工资资金等管理环节中充分运用定量考核结果。针对个体差异等特点，有的放矢地实施激励，把握好激励的频率和激励的方法，就能使高校体育教学工作者始终保持工作的积极性，不断提高工作效率。

第二节 高校体育教学师资队伍建设的认知

在党和政府的关怀下，我国高校体育教学队伍获得了极大发展，整体状况是不错的。从个体角度来看，我国高校的体育教学工作者政治立场坚定，旗帜鲜明，思想敏锐，创造性强；学历层次较高，受过比较系统的现代高等教育；知识结构比较合理，业务素质比较好；成才意识较强，有潜力有希望，在高校体育教学工作中发挥着越来越大的作用。从队伍整体角度来看，高校体育教学队伍的整体素质有了进一步提高。教师队伍职称结构得到明显改善。但是，我国高校体育教学队伍建设虽然获得了加强，但与迅速发展的社会经济相比，与现代社会的需求相比，这支队伍还存在许多不容忽视的问题。知识经济时代不仅要求每个体育教师对自身的观念、知识、能力结构进行调整和更新，而且也要求对整个教师队伍的年龄、学历、职称等结构进行调整和优化，从而推动高校体育教学队伍不断走向现代化。

一、教师队伍问题研究

当前，高校体育教学队伍建设中“数量不足、质量不高、队伍不稳”的状况正在得到逐步改变。但是这并没有解决我国高校体育教学队伍建设中长期存在的一系列矛盾和问题。

（一）教师队伍严重缺编

目前高校体育教学队伍严重缺编的原因主要在于体育教学工作对教师的吸引力低。

第一，专职教师尤其是青年教师一般比较乐意从事专业性强的教学工作，愿意一直从事体育教学工作的比例较低，因此他们在获评高级职称后，都会将自己的研究重点转移到其他学科和方向上。

第二，兼职教师的工作重心会随着学生的升级、毕业而不断变化，所以其流动性比较大，队伍稳定性较差。

第三，在学校引进人才时，优秀人才大部分都不愿意从事体育教学工作，表示愿意从事体育教学的求职者往往又达不到学校对体育教师的要求。这些因素造成了高校体育教学队伍尖锐的供需矛盾。由于缺编比较严重，高校体育教师的教学任务都很繁重，如此重负之下，哪里还有精力关注自身能力的发展和提高？无奈之下，很多非专业的教师或是尚未完成学业的在读研究生也被纳入到体育教学领域。在这样的情况下，高校体育教学队伍的质量当然无法得到保障，教学水平下滑，无法达到现代化的发展要求。

（二）教师队伍结构失衡

高校体育教学队伍结构，应体现为专兼结合、年龄适中、学历较高、学缘合理、职称平衡。但现实的调查数据却显示，大多数高校体育教学队伍的结构尚达不到均衡合理发展的要求。

第一，人员构成不合理。高校体育教师一般是由专职人员和兼职人员两部分构成，由体育教育的专业性质和重要性决定，教师队伍的人员构成应以专职教师为主、兼职教师为辅，形成专兼结合的合理结构。但当前很多高校的体育教学队伍中，兼职人员大大超过专职人员。

第二，年龄结构不平衡。高校体育教学队伍年龄结构存在的主要问题是过度年轻化和过度老年化现象并存，两极分化严重，中坚力量明显不足。考虑到现在高等教育规模还有不断扩大的趋势，教师队伍过度年轻化的问题将显得更为严重，这将加剧我国高校教师队伍年龄结构的失衡。

第三，学历结构不合理。高校体育教学队伍在学历结构方面存在的主要问题是高学历教师人数少，所占比例低，有的教师只有专科及其以下学历。这与时代发展要求是相违背的。

第四，学缘结构不科学。高校体育教学队伍在学缘结构方面存在的主要问题是，教师队伍“近亲繁殖”现象严重，在专任教师队伍中，本校毕业的教师所占比例偏高，而且在层次越高的院校，本校本学科毕业的教师所占比例越高。本校本学科师生几代同堂的教师结构，易损害青年教师的积极性和创造性，而且易于导致知识老化的恶性循环，无法适应现代化发展对教师队伍学缘结构科学化的需要。

第五，职称结构不合理。高校体育教学队伍的职称结构中高级职称尤其是正高职称的比例偏低，且高级职称教师一般年龄较长，老年化现象严重，这样的结构阻碍了教学、科研质量的提升，不利于培养具有创新精神和实践能力的高级专门人才。

（三）完善的管理手段不足

管理对于高校体育教学队伍的建设起着重要的作用，良好的管理可以使体育教学队伍建设制度化、长期化。但是，目前许多高校尚未建立起优化体育教学队伍的有效机制。

第一，学校管理部门对体育教学及教师的重视程度不够。由于体育教学的公共课性质，它往往不受学校管理部门的重视，这种忽视会影射到任课教师和学生身上，影响他们对待体育教学的态度。有关统计表明，社会环境的影响及学校的重视程度是影响体育教学效果的重要因素。同时，管理部门对体育课程的不重视，进而导致对体育教师素质提高的忽视。学校如果没有形成适度竞争、合理流动的人事机制，将使体育教学队伍缺乏活力和长足发展的动力，无法达到教师队伍现代化的发展要求。

第二，学校管理部门给予体育教师的待遇总体偏低。马克思认为，人们奋斗所争取的一切，都是同他们的利益有关的。高校体育教师也希望能够通过自己的付出和奉献，使自己的待遇得到一定程度的改善。目前高校体育教师的待遇虽然较之前得到一定提高，但与其他专业教师相比还存有差距。体育教师由于任课多、任务重、难度大，把相当多的时间和精力都投入到教学中，很难通过从事科研或兼职工作获得其他收入。如果学校缺乏合理的分配制度和有效的激励机制，使奉献与所得不成比例的话，就会严重挫伤体育教师的积极性，加剧人员的流失，整个体育教学队伍的素质和结构也必然受到影响，队伍建设的现代化目标自然无法实现。

第三，学校管理部门给予体育教师的培养经费严重缺乏，培养制度不健全。目前，高校由于整体投入不足，教师培养经费一般只占高校经费的5%左右，甚至更少，而体育教师的培养经费更是不足。同时，由于体育课程的综合性强，教师培训的难度大，管理部门对体育教师的继续教育往往重视不够，导致教师进修制度不健全。这些情况都不利于教师知识更新，不能适应学科结构和内容调整的需要，达不到现代化发展的要求。有的学校即使开展了一些针对体育教师教学能力提高的培训活动，但活动内容还缺乏系统性、针对性、前瞻性，培训效果事倍功半。缺乏专业的继续教育和进修，教师所获得的提高和发展是极为有限的。

二、教师队伍建设路径探索

高校体育教师承担着光荣而艰巨的使命。这支队伍是高校教师队伍中的重要力量，为大学生健康成长保驾护航。

（一）创建科学的教师队伍

首先，高校体育教师应该是高素质的教师。教师的素质决定着体育教学的实效，优秀的高校体育教师应具备教书育人的责任感、坚定的理想信念、广博的知识、娴熟的教学技巧及驾驭课堂的能力、关爱学生的热忱、高尚的师德等素质。

其次，高校体育教师队伍应该是一支结构合理、数量充足的宏大队伍。这支队伍应以教学领军人物、中青年学术带头人和骨干教师为主要成分。教学领军人物往往是体育学者，凭高深的学术造诣和丰富的经验，能够有效解决重大理论与实践难题。中青年学术带头人，往往奋战在教学和科研第一线，在解决体育学科建设、教材建设、队伍建设等方面起示范带头作用。这两个层次的人才引领高校体育教学的发展，能够有效提高高校体育教学的实效性。高校体育教师队伍除要保持合理的结构外，数量也应得到保证。因为长期以来，一些高校的体育教学师资紧缺，教师超负荷工作，素质提升受到影响。因此，应从实际出发，合理确定教师队伍的编制，满足教学的需要。加强高校体育教师队伍的建设，必须要建立科学的高校体育教师的任职标准和实行高校体育教师队伍的准入制度。高校体育教师的任职标准应当包括：学历规定，学科规定，政治素质规定，道德素质规定，教学能力规定，科研能力规定。

（二）增强对体育教师的培训力度

1. 提高体育教师队伍的马克思主义精神信仰

中国的飞速发展，人民生活的显著改善，社会的安定团结，这些都有力地证明，马克思主义的实践是富有成效的，这更坚定了广大体育教师对马克思主义的信仰。同时不能排除有少数体育教师对马克思主义的信仰还不坚定，其学习马克思主义理论课程，也只是出于职业需求，对自己的工作的意义认识还不够。有调查显示，有29％的体育教师感觉自己的社会地位低，63％的教师感觉自己的社会地位不高不低，还有23％的老师想转行从事其他行业，导致这种结果的因素众多，其中重要的原因之一是教师缺乏对马克思主义的信仰，对体育教学缺乏热情。可以看出，大部分体育教师是没有受过专业的马克思主义教育的，而较年长的教师即使接受过马克思主义教育，但因为社会发展太快，学生的思想变化太快，许多老教师都感觉无法适应变化中的社会新问题、新情况。切实解决高校体育教师对马克思主义的信仰问题，是强化大学生体育教学的关键。高校体育教师对马克思主义信仰的树立，绝不能靠空洞的说教。一方面，体育教师要学习社会主义发展史，学习中国共产党党史；另一方面，要有计划、有目的地组织广大教师深入社会实际考察，通过国内外实际考察，从事实中比较，了解中国的国情、党情，真正感受到马克思主义理论的价值和力量，从而产生信仰上的自觉。各级领导要坚定对马克思主义的真诚信仰，带动整个社会形成尊重并信仰马克思主义的氛围。作为体育教师，应充分认识自己所从事职业的意义及重要性，增强社会责任感和历史使命感。坚定对马克思主义的信仰、信念和信心，提高马克思主义理论素养，增加教学的科研含量、信息量。各级教育主管部门和高等学校必须采取积极措施，加强物质条件的改善和精神环境的优化，不断提高体育教师的地位和待遇，充分调动这支队伍的积极性和创造性，为搞好体育教学工作奠定坚实基础。

2. 促进教师间的交流学习

经验需要在交流中互相借鉴，知识需要不断地更新，才能适应不断变化的教学实际，尤其是青年教师可塑性强，培训学习的机会对他们的成长更为重要，然而，大部分高校体育教师参加培训的比例较低，参加国家级和国外的培训也很少，这不利于体育教师的个人提高和学科的发展、完善。参加国家级的培训少或者不能参加国外的培训，不利于体育教师放眼世界，了解世情；不利于教师站得高、看得远，增强体育教学的说服力。所以加大对体育教师培训和学习的投入，并且把学习和培训的机会向青年教师倾斜，是各级教育部门加强高校体育教师队伍建设的当务之急。因而应有系统的培训计划，多层次、多方式的培训安排，丰富的培训内容。另外，培训交流的后续工作也要跟上，毕竟参加培训交流的是少数教师，因此每次培训交流之后，还要在一定范围进行座谈和研讨，以带动广大教师共同进步，防止资源浪费。

（三）推行互查制度

定向教师互换是指甲校向乙校，乙校向甲校派出优秀的体育教师为大学生们讲授特定的体育课。凡被认为不受大学生欢迎的教师将被无情地辞退回本校。不对称教学实效的互查是指在上级主管部门的安排下，甲校对乙校，乙校对丙校，丙校对丁校，丁校对甲校体育教学实效性的督查。定向教师互换和不对称教学实效的互查均基于三点原因，一是在很多高校，教师讲课得好与坏一般不与学生的评价挂钩，同校教师之间讲得好与不好，取决于所谓同行、专家、领导的评判，同行之间好像是谁也不含糊谁，“专家”通常情况下又是同行担当的，如果恰恰赶上“专家”属于“武大郎”型的，评判结果可想而知。至于领导对“属下”的评判也往往是一句“各有各的特色”，难能起到提高教师讲课水平的目的。二是对引进校的教师来说，“外来的和尚能念经，说你行你就行，说你不行你就不行，不服不行”；对输出校的教师来说，“事不关己，秉公处理，有一说一，无所避讳”。三是年年互查，经常更新互查的对象可以起到责任心长期亢奋的状态。这两种制度如果能够实行，很大程度上能够提高高校体育教学的实效。

（四）强化考察与监督

实行科学的高校体育教师考核制度，能激发高校体育教师工作的积极性，督促其认真履行职责，促进高校体育教学师资队伍建设。高校领导要充分重视体育教师考核工作，将其提到议事日程上来，深入分析、研究工作中出现的新问题，不断改进高校体育教师考核方法，用科学的理论指导体育教师考核工作。考核中“唱主角”的高校体育教师更要深刻认识到高校体育教师考核工作在学校发展中的重要作用。

第三节　高校体育教学辅导员队伍的路径创建

体育教学辅导员作为一种专职教师和学生体育教学的管理者，平日担负着教育、管理和指导等多项工作。体育教学辅导员是高校教师队伍和管理队伍中不可或缺的角色，是高校从事体育工作、开展高校体育教学的骨干力量，是大学生日常体育教学和管理工作的组织者、实施者和指导者，在高校体育教学和推动学校各项事业持续健康发展中承担着重要职责并发挥着十分关键的作用。

一、高校体育教学辅导员队伍建设概况

通过调查我国高校体育教学辅导员队伍的结构情况，可以归纳出几类具有代表性的结构类型。一是“专兼结合，以兼为主”，即辅导员队伍以兼职辅导员为主，专职人员很少；二是“专兼结合，专兼相当”，即辅导员队伍中专职人员和兼职人员数量相当；三是“专兼结合，以专为主”，即辅导员队伍以专职辅导员为主，兼职人员很少。下面分别就这三种辅导员队伍结构类型进行说明，对高校体育教学辅导员队伍专兼职建设现状进行比较分析。

（一）以业务学习为主，兼顾体育教学工作

在高等教育深化改革过程中，对管理水平的要求也日益提高，“双肩挑”模式受到挑战，已经很难适应当前高校体育教学的发展趋势。

其一，双肩挑的高校体育教学辅导员既要进行教学工作，又要兼顾学生的管理工作，任务繁多，工作量大，难免会顾此失彼。

其二，高校体育教学辅导员虽以指导学生发展为中心工作，但其不同于一般的专业教师，虽也肩负着重要的管理职责，但有别于一般的行政管理干部。高校体育教学辅导员是一种独立的职业存在。这就要求辅导员具备更专业的知识、技能，需要经过专业化的培训。然而对于绝大多数兼职辅导员而言，因没有经过专门系统的训练，专业化水平低，分析和解决新问题的能力比较弱，常常出现工作滞后现象。而且以兼职为主的辅导员队伍结构模式不利于使管理能力强的辅导员脱颖而出。

其三，兼职辅导员的思想状况不稳定，兼职辅导员职业信念淡化。有调查结

果显示，对于从事高校体育教学工作，过半数的人认为不被理解、社会地位低下、没有发展前途；还有少部分人仅将此看成是谋生的手段。在高校体育教学辅导员队伍中，有相当一部分兼职人员对所从事的工作抱有临时观念，把工作当成“跳板”或“过渡”，缺乏长期从事的信念和心甘情愿为学生服务的热情。而且由于思想压力大，对工作前途感到迷茫等原因，高校体育教学辅导员队伍人员更替频繁，或准备转行从事教学和科研工作或报考研究生等，这些直接影响了高校体育教学辅导员队伍建设和工作水平的提高。可见，因高校体育教学辅导员队伍中兼职辅导员过多而造成的状况不容乐观。他们中绝大多数人沉溺于烦琐事务，缺乏成就感，而一些能力强的体育辅导员，由于种种原因离开了工作岗位，工作缺乏连续性和整体性，大大影响了这支队伍的质量。因此，建立一支相对稳定的高校体育教学辅导员队伍，是当前高校面临的一个突出问题。

（二）专职与兼职结合

“专兼结合、专兼相当”的高校体育教学辅导员队伍结构在我国很多高校中都存在，专兼结合结构模式的优势在于，通过专职辅导员和兼职辅导员的共同努力，形成体育教学的合力，为学生综合素质的提升提供有力保障；另一方面兼职辅导员发挥的作用较大，能够处理一定量的工作琐事，减轻专职人员的工作压力，确保专职辅导员有足够的精力和时间深入思考体育教学工作的规律，发现高校体育教学工作的漏洞和缺陷，促进专职辅导员的专业化、职业化发展。专兼职人员各有其特点和优势，共同做好体育教学工作有利于优势互补，形成合力。专职人员在体育教学的第一线，与学生接触得较多，具有良好的服务意识和业务能力。兼职人员与学生年龄相仿，经历相近，表现突出，能够起到示范作用，并且在运用自己的专业知识、学习技能开展体育教学工作时，既教育了别人，又锻炼了自己。然而，专兼职相当的辅导员队伍也有其不足之处。学历层次多，年龄差距大，知识结构不尽合理，人员素质不一，思想统一难度大，无形之中给高校的管理增加了难度。专兼职队伍的考评机制不够健全，体育教学工作的实效性有待加强。有调查显示，有近一半的专职辅导员认为考核机制不够科学，考核难以形成激励约束的杠杆，对正确引导专兼职辅导员们勤奋工作、锐意进取，全身心地从事学生体育教学工作造成了影响。

（三）以专职为重点

以专职辅导员为主的辅导员队伍优势也很明显。

首先，有利于明确辅导员的工作职责。通过辅导员职业化的政策导向，可以使辅导员更加安心地从事体育教学工作，以充足的时间和精力高质量履行职责，完成工作任务。

其次，促进辅导员工作队伍的稳定性。通过对专职辅导员发展阶梯进行合理指导和系统设计，使其树立职业理想，培育责任感，确保辅导员队伍的稳定性。

再次，有利于辅导员的专业技能的发展。辅导员在长期的体育教学工作实践中，能够积累大量的工作经验，再加上系统的专业训练，自身的专业水平较高。同时，随着社会主义市场经济体制的逐步建立和改革开放的不断深入，大学生的体育价值观不断发生变化并呈现出多样性的特点。在当前新的形势下，高校体育教学辅导员对学生的正确引导和帮助显得尤为重要，专职辅导员更易形成和具有坚定的政治信念及终身学习的理念，从而保证在教学过程中能够坚决执行党的体育教学方针，促进大学生健康成长成才。

最后，有利于辅导员工作职业声望的提高。通过职业化建设，规范准入制度和从业标准可以使辅导员工作定位得到改观，使辅导员职业得到社会的理解和尊重，提高其社会认可度。但是，高校体育教学专职辅导员队伍建设仍存在缺编现象，团队构成有待改善。许多学校把主要精力放在学科建设和创收上，对体育教学工作却往往抱有“不出事即可”的心理，忽视了体育教学工作需要经历一段较长时间才能产生实效的客观规律。更何况在当前新的社会历史条件下，体育辅导员更是肩负着学生体质发展指导的重任，是高校体育教学和管理工作的组织者、实施者，应该努力成为大学生的体育导师。因此，辅导员队伍的职业化、专业化建设至关重要。然而，很多高校的专职辅导员队伍尚不稳定，当辅导员离岗后，需要经过一段时间，经历一定的程序才能得以补充，从而造成一定时间内辅导员的缺编。在现实中，一些辅导员还常常带有兼职，如行政方面的兼职、管理方面的兼职，甚至部分基层学院一线辅导员还存在“在岗不在职”现象。这些都影响着专职辅导员队伍的建设和发展。专项调查结果显示：高校体育教学辅导员队伍构成“以专职为主”的比例达到64%，“专职兼职相当”的占21%，“完全专职”和“以兼职为主”的比例较小。当问及“辅导员学历比例最高的为哪个层次”时，92%的被调查高校选择“研究生”，辅导员学历以“本科”为主的被调查高校仅占9%，可以看出目前高校体育教学辅导员的整体学历层次是比较高的。现如今，“专兼结合，以专为主”是高校体育教学辅导员队伍结构的主要类型，推进辅导员队伍向职业化、专业化方向发展是高校体育教学辅导员队伍建设的重点。

二、高校体育教学辅导员队伍建设中的问题

长期以来，高校体育教学辅导员对于自身的职业规划和自我实现的要求与现实反差较大，辅导员的队伍建设也面临着亟待解决的问题，例如对辅导员的工作待遇和职业培养等方面要进一步提高重视。随着高校办学体制改革的深化，高校体育教学辅导员队伍建设取得了较大的进展，辅导员的来源越来越多样化，学历

层次也在逐步提高，他们在高校体育教学和管理方面，做了大量卓有成效的工作。但我们也必须清醒地认识到辅导员队伍建设方面还存在不少的问题。

（一）人数减少

近几年随着高校扩招，高校大学生数量迅速增长，师生比例加大而体育教学辅导员数量不足的趋势愈加明显。体育辅导员所带的学生越多，烦琐的事务也就越多，工作压力也就越大，导致其没有足够的时间去做大量细致的体育教学指导工作。这也是体育教学工作不到位的原因之一。

（二）综合素养缺乏

近年来，随着对高校体育教学辅导员队伍建设的重视，研究生担任辅导员的比例越来越大。现在，大部分学校在选聘体育辅导员时更多强调的是思想素质好、专业突出，至于是什么体育专业就不太在乎了。于是就出现了辅导员中具有硕士文凭的人多，但体育教学专业“科班出身”的辅导员很少或几乎没有。辅导员最基本的工作是体育教学。体育教学本身就是一门科学，需要不断的研究和探索，才能更好地适应新形势的发展与要求。高校体育教学辅导员岗位虽并没有要求必须是体育教学专业出身，但对其业务水平的要求还是很高的，需要不断的学习与提高，只依靠着学生期间的积累难以胜任该项工作。现在的辅导员对体育教学的研究明显落后于形势的发展，工作方式也难成系统，工作专业化水平较低，不能保证工作的规范性与有效性。所谓专业化，就是某种职业发展成专业的过程。从职业发展的角度看，专业化对从业人员的内在素质有更高的要求，强调专业人员的专业知识和业务能力，注重专业队伍的培养与培训。当前，由于高等教育社会功能、管理体制的转变以及大学生思想、行为方式的变化，对高校体育教学辅导员提出了更高的专业化要求。当前，大多数辅导员虽还能够应付日常的体育管理工作，但因缺乏对体育教学工作的深入研究，专业化、职业化发展受到限制。

（三）激励考核机制缺乏

高校体育教学辅导员面对的直接工作对象是学生，平时工作繁琐复杂，导致辅导员无暇进行体育科研。而科研又直接跟待遇挂钩，没有科研，职称评不上，待遇就上不去，直接造成“工作辛苦，生活清苦”，影响了工作积极性。实际工作中，辅导员经常会面临一些突发事件，在费用等方面的经济损失长期得不到重视与补偿。而且，因在分房、补助等福利待遇方面缺乏相关政策的倾斜，使没有职称、实际工作支出又大的辅导员们明显处于弱势。据调查，上岗不久的辅导员工作热情较高，但工作二到三年以后，工作劲头衰减。有 33％的辅导员对工作的积极性不高，49％的辅导员对工作的发展前途持消极态度，67％的辅导员认为学校缺乏对辅导员的激励政策。辅导员不能全身心地投入工作，学生的工作学习很难得到保障，这种局面又将给辅导员工作带来更大的难度和心理压力，从而造成一种恶性循环。因缺乏有效的考核评价机制和激励机制，导致出现“无事就是功，有事功全无”，“干与不干一个样、干多干少一个样”的现象。

三、高校体育教学辅导员队伍建设的路径

（一）健全队伍制度体系

促进高校体育教学辅导员队伍制度逐步走向发展和成熟的过程中，也是高校深化“培养什么人，如何培养人”这一重大问题的思考与实践的过程。高校体育教学辅导员队伍是高校教师队伍的重要组成部分，应根据队伍自身特点和实际作出恰当、科学的制度安排，推动辅导员队伍持续、健康发展。为确保政策设计的系统性与整体性，要坚持科学发展观的指导，全面构建高校体育教学辅导员队伍的制度体系。要按照“高进、明责、严管、精育、优出”的原则，在职能定位、配置模式、队伍结构、职务待遇安排、管理考评等方面都要精心设计、科学安排，力求在制度创新中体现辅导员发展的活力。

第一，在整体性的制度设计中，要体现促进辅导员科学化发展的思路，按照辅导员的职责和定位，在选聘、任用、管理、教育、培养和发展等各个方面，切实采取有效措施，优化辅导员结构，强化教育功能，科学构建高校体育教学辅导员队伍建设的制度性框架。

第二，在系统性的机制探索中，要体现统筹兼顾的原则，增强机制改革创新的勇气和毅力，兼顾现实条件和各方需求，着眼于可持续发展的前瞻性思考，健全高校体育教学辅导员队伍组织机制、培养机制、管理机制、考核机制和激励机制等，逐步健全高校体育教学辅导员队伍组织体系、管理体系和培养体系，进而通过采取有力措施，有效调动广大辅导员的积极性，切实为深入推动高校体育教学辅导员队伍建设提供坚强的制度保证。

第三，在全面规划中，要秉承以人为本的理念，着眼于促进辅导员全面发展的目标，激发辅导员主体意识，征求辅导员发展需求和建议，增进思想沟通、达成情感共鸣，研究辅导员队伍分阶段、分层培养的可行性方案，以进一步促进辅导员科学发展。

（二）完善培养体系

国家近些年对高校体育教学辅导员队伍建设越来越重视。其中，加强培训工作是建设职业化、专业化、专家化体育教学辅导员队伍的重要前提。为了使高校体育教学辅导员队伍越来越职业化、规范化和专家化，高校积极努力对其进行培训，应在做好辅导员培训需求分析的基础上，不断增强辅导员在岗学习力度，形成有效的培训机制，使辅导员进一步提高学习力，提升领导力，增强执行力，激

发创新力，力求形成学历、学位、岗位立体交叉的全方位的培训体系。

第一，建立高校体育教学辅导员队伍培训专家库。高校要充分利用各方有利资源，整合并利用校内外教育资源，尤其是校内资源，着力建立高校体育教学辅导员队伍培训专家库，专家组成以校内为主、校外为辅。选聘长期从事学生体育教学工作和研究的专家为辅导员导师，增强辅导员对岗位的认同和热爱，积极掌握专业知识，提高工作能力和水平，在专家化发展方向上不断强化科研意识。通过辅导员导师的“传、帮、带”，有效促进辅导员的全面发展。

第二，通过举办培训班及高级研修班，定期邀请校内外知名体育专家为全校体育教学辅导员开设讲座等，开阔辅导员的视野，提升其理论水平，提高体育教学辅导员队伍的整体素质。学校要继续举办辅导员专业业务普及班、辅导员骨干研修班等，有针对性地开展培训，并继续加强学生系统内部的多岗位锻炼与交流。

第三，积极支持辅导员走出去，充分利用省级、国家级和国际级三级相关培训平台，经常性组织辅导员到省内外院校考察学习、出国研修，通过不断的对外交流，吸取一些其他高校的先进经验，不断提高辅导员整体工作实力。

第四，继续坚持岗前培训、日常培训、专题培训和骨干培训相结合。对辅导员进行政治理论、法律法规、心理健康教育、体质健康教育等方面的专门培训，不断提高高校体育教学辅导员队伍的专业化水平。坚持体育教学与职业精神、专业伦理教育相结合，不断提高高校体育教学辅导员队伍的爱岗敬业精神以及专业技能水平。

第五，健全辅导员培训考评机制，强化培训效果。辅导员的培训考评机制直接决定着培训的成效，可以把辅导员工作考核情况和参加培训情况相挂钩，改变以往“参不参加一个样，学好学坏一个样”的现状。把辅导员参加培训的情况与辅导员的评优机制、待遇以及职称评定结合起来，激发辅导员参加培训的自觉性和积极性。

第六，把参加培训的辅导员与资格证书相挂钩。此外，要把取得相关资格证书作为辅导员的晋升与职称评定的必要条件。通过以上种种措施鼓励辅导员积极主动参加各种培训，切实提高自己的工作能力与工作水平，促进高校体育教学辅导员队伍的职业化、专业化、专家化。

（三）优化队伍发展体系

一方面，通过开放，创新培养机制，促进辅导员多样化发展。要尝试以构建人力资源配置机制为突破口，突破队伍建设的资源“瓶颈”，获取资源整合与协同合作的机会；探索建立辅导员与校内专业教师的交流机制。另一方面，通过试点，创新培养平台，促进辅导员优出。探索拔尖人才的培养路径，试点开展辅导员拔尖人才培养的试点，及时总结培养经验，探索辅导员优出机制，不断在动态中优化辅导员结构。探索建立专职辅导员与社会岗位之间的双向交流机制，为辅导员队伍搭建社会专门人才交流的通道，积极探索辅导员多样化发展的可行路径。应对挑战，把握新的机遇，在高校体育教学辅导员队伍建设的总体思路基础上，要按照“政治强、业务精、纪律严、作风正”的要求，大力推进制度建设，统筹考虑队伍的稳定性和流动性。其一，建设一支有稳定骨干力量、专兼结合、动态平衡的高校体育教学辅导员队伍，需要建立健全辅导员聘用制度、培养制度、管理制度、考核制度和优出制度，切实采取有效措施，提高辅导员的专业水平和职业能力。其二，要切实改变辅导员工作临时性、过渡性的被动态势，通过高校体育教学辅导员队伍的职业生涯规划，激发辅导员工作的积极性。结合专业背景和综合素质，引导他们将个人前途与队伍建设的整体目标结合起来，增强辅导员的职业认同感和归属感，帮助辅导员制定职业生涯发展规划。其三，科学构建辅导员发展体系还需扎根实践，以创新的精神和改革的勇气，积极推动高校体育教学辅导员队伍建设的科学化构架、专业化培养和多样化发展的探索。

参考文献

[1] 阿伦·古特曼（美）. 从仪式到记录：现代体育的本质 [M]. 北京：北京体育大学出版社，2012.

[2] 邴特. 高校体育教学评价体系的构建策略探究 [J]. 好家长，2016 (47).

[3] 蔡舒. 翻转课堂在高校体育教学中的应用思考 [J]. 当代体育科技，2017 (32).

[4] 陈军. 论高校体育教学评价体系的构建 [J]. 知音励志，2016 (03).

[5] 陈蔚云，米秦生. 美国大学体育赛事赏析 [M]. 北京：人民教育出版社，2010.

[6] 陈序经. 文化学概观 [M]. 北京：中国人民大学出版社，2005.

[7] 丁葳. 影响我国高校体育教学发展的因素及对策分析 [J]. 快乐阅读，2015 (08).

[8] 董奇，陶沙. 动作与心理发展 [M]. 北京：北京师范大学出版社，2004.

[9] 杜俊娟. 体育教学设计 [M]. 北京：北京体育大学出版社，2007.

[10] 方爱莲，赵晓红. 体育文化导论 [M]. 北京：高等教育出版社，2009.

[11] 方慧. 体育教育的价值回归——促进大学生素质教育和终身体育培养的体育教学模式研究 [M]. 北京：化学工业出版社，2015.

[12] 方新普，杨叶红，董红刚. 中国体育利益均衡的理论抉择及其发展 [J]. 安徽师范大学学报（自然科学版），2013 (01).

[13] 葛毕敬，郝宗帅，郑寿存. 河北省高校体育教育专业足球专选课教学评价体系构建 [J]. 沧州师范学院学报，2017 (02).

[14] 龚正伟. 体育教学论 [M]. 北京：体育大学体育出版社，2004.

[15] 顾明远，孟繁华. 国际教育新理念 [M]. 海口：海南出版社，2005.

[16] 关北光，毛加宁. 体育教学设计 [M]. 成都：西南交通大学出版社，2016.

[17] 郝光安. 北京大学体育史 [M]. 北京：人民教育出版社，2008.

[18] 郝勤. 体育史 [M]. 北京：人民体育出版社，2006.

[19] 何克杭. 教学系统设计 [M]. 北京：北京师范大学出版社，2007.

[20] 胡小明. 体育美学 [M]. 北京：高等教育出版社，2011.

[21] 胡小明. 新时期体育社会功能的转变 [M]. 体育文化导刊，2003.

[22] 黄莆全. 现代课程与教学论学程 [M]. 北京：人民教育出版社，2006.

[23] 季浏，殷恒婵，颜军. 体育心理学 [M]. 北京：高等教育出版社，2009.

[24] 姜新生. 个别化教学策略 [M]. 北京：人民教育出版社，2012.

[25] 金宏伟. 影响高校体育教学发展的因素与对策探赜 [J]. 成才之路，2018 (01).
[26] 靳玉乐，于泽元. 后现代主义课程理论 [M]. 北京：人民教育出版社，2005.
[27] 孔繁敏. 奥林匹克文化研究 [M]. 北京：人民体育出版社，2005.
[28] 李定仁，徐继存. 课程论研究二十年 [M]. 北京：人民教育出版社. 2005.
[29] 李力硕. 解读体育文化 [M]. 北京：中国社会出版社，2004.
[30] 李启迪，邵伟德. 体育教学基本理论研究 [M]. 北京：北京师范大学出版社，2014.
[31] 李相如. 全民健身导论 [M]. 高等教育出版社，2008.
[32] 李晓文，王莹. 教学策略 [M]. 北京：高等教育出版社，2006.
[33] 李野. 影响我国高校体育教学发展的因素及对策分析 [J]. 体育世界（学术版），2015 (02).
[34] 林崇德. 学习与发展 [M]. 北京：北京师范大学出版社，2003.
[35] 林志超. 大学体育标准教程 [M]. 北京：北京体育大学出版社，2007.
[36] 蔺新茂，毛振明. 体育教学内容论 [M]. 北京：北京体育大学出版社，2014.
[37] 刘宝存. 大学理念的传统与变革 [M]. 北京：教育科学出版社，2004.
[38] 刘大春. 教师如何使用教材 [M]. 天津：天津教育出版社，2008.
[39] 刘国永. 机遇与挑战：全民健身上升为国家战略的思考 [J]. 体育文化导刊，2015 (3).
[40] 刘华锦. 教师如何备好课 [M]. 天津：天津教育出版社，2008.
[41] 刘家访. 上课的变革 [M]. 北京，教育科学出版社，2009.
[42] 刘丽群. 课堂讲授策略 [M]. 北京：北京师范大学出版社，2012.
[43] 刘忆湘. 体育与文化 [M]. 武汉：武汉理工大学出版社，2010.
[44] 刘志敏. 大学体育健康教程 [M]. 北京：北京体育大学出版社，2008.
[45] 卢元镇. 体育社会学 [M]. 北京：高等教育出版社，2002.
[46] 毛振明. 体育教学改革新视野 [M]. 北京：北京体育大学出版社，2004.
[47] 裴娣娜. 现代教学论 [M]. 北京：人民教育出版社，2005.
[48] 皮连生. 学与教的心理学 [M]. 上海：华东肺范大学出版社，2006.
[49] 任勇. 高校体育教学评价体系构建研究 [J]. 中外企业家，2014 (27).
[50] 石成银. 体育教学评价体系的现状与优化路径探讨 [J]. 内蒙古师范大学学报（哲学社会科学版），2017 (06).
[51] 石华胜. 等院校体育教学评价体系研究 [J]. 桂林师范高等专科学校学报，2016 (04).

[52] 石华胜. 我国高校体育教学发展的制约因素及优化策略 [J]. 南阳师范学院学报，2014 (09).

[53] 宋晓洁. 浅谈俱乐部模式下的吉林省高校体育教学改革 [J]. 体育世界 (学术版)，2014 (10).

[54] 孙大光. 体育文化与概论 [M]. 北京：高等教育出版社，2013.

[55] 孙科，杜成革. 中国竞技体育的发展模式及其变革走向 [J]. 体育学刊，2012 (01).

[56] 孙耀，刘琪，杨鸣. 大众健身行为的理论研究 [M]. 北京：中国商务出版社，2008.

[57] 谭华. 体育史 [M]. 北京：高等教育出版社，2005.

[58] 谭永昌. 移动互联网对高校体育教学影响探析 [J]. 当代体育科技，2017 (32).

[59] 汤际澜. 国外公共体育服务均等化的理论研究与实践经验 [J]. 西安体育学院学报，2012 (06).

[60] 唐大鹏. 高校体育教学评价体系的构建——评《体育教学评价技巧与案例》[J]. 教育理论与实践，2017 (02).

[61] 田雨普. 中国群众体育探究 [M]. 北京：人民体育出版社，2004.

[62] 王崇喜. 体育课程与教学改革研究 [M]. 开封：河南大学出版社，2014.

[63] 王建生. 学校体育教学评价体系构建与可操作性研究 [J]. 吉林教育，2014 (26).

[64] 王涛，王嵘蓉，王健. 体育文化基本概念分析 [J]. 体育文化导刊，2014 (3).

[65] 王勇. 构建科学与人文相融合的高校体育教学评价体系 [J]. 现代交际，2015 (09).

[66] 乌卫星. 目前高校体育教学中存在的困境与出路探析 [J]. 华中师范大学学报（人文社会科学版），2014 (S7).

[67] 吴名菊. 教学评价体系在体育教学中的构建与可操作性分析 [J]. 人才资源开发，2016 (16).

[68] 吴维宁. 新课程学生学业评价的理论与实务 [M]. 广州：广东教育科学出版社，2004.

[69] 熊晓正. 体育概论 [M]. 北京：北京体育大学出版社，2008.

[70] 徐飚. 奥林匹克精神与文化 [M]. 北京：电子工业出版社，2008.

[71] 许明荣，谢东. 体育运动与健康教程 [M]. 桂林：广西师范大学出版社，2007.

[72] 杨弢，姜付高. 中西方体育文化比较 [M]. 北京：社会科学文献出版社，2008.

［73］杨文轩，杨霆．体育概论［M］．北京：高等教育出版社，2005.
［74］叶向东．多媒体技术在高校体育教学中的应用研究［J］．才智，2015（30）.
［75］易剑东．体育文化学［M］．北京：北京体育大学出版社，2006.
［76］于可红．体育文化［M］．桂林：广西师范大学出版社，2003.
［77］俞达．高校体育教学存在的问题及其应对措施［J］．教书育人（高教论坛），2015（03）.
［78］袁振国．教学策略［M］．北京：教育科学出版社．2004.
［79］张亚平．学校体育教学与管理［M］．北京：中国书籍出版社，2014.
［80］赵学森，蒋东升，凌齐．体育文化与健康教育［M］．北京：北京理工大学出版社，2015.
［81］赵翼虎．人文体育教学概论［M］．北京：化学工业出版社，2014.
［82］周西宽．体育基本理论教材［M］．北京：人民体育出版社，2004.